Olgierd E. J. Graf Kujawski

# Die neue Wildküche

4., überarbeitete und erweiterte Auflage

Leopold Stocker Verlag
Graz – Stuttgart

**Umschlaggestaltung:**
DSR | Werbeagentur Rypka GmbH., 8020 Graz

**Fotogestaltung:** Ursula Gräfin Kujawski
**Bilder und Rezepte:** Olgierd E. J. Graf Kujawski

Der Inhalt dieses Buches wurde vom Autor und Verlag nach bestem Gewissen geprüft, eine Garantie kann jedoch nicht übernommen werden. Die juristische Haftung ist ausgeschlossen.

Bibliografische Information Der Deutschen Bibliothek
Die Deutsche Bibliothek verzeichnet diese Publikation in der Deutschen Nationalbibliografie; detaillierte bibliografische Daten sind im Internet unter http://dnb.ddb.de abrufbar.

Hinweis: Dieses Buch wurde auf chlorfrei gebleichtem Papier gedruckt. Die zum Schutz vor Verschmutzung verwendete Einschweißfolie ist aus Polyethylen chlor- und schwefelfrei hergestellt. Diese umweltfreundliche Folie verhält sich grundwasserneutral, ist voll recyclingfähig und verbrennt in Müllverbrennungsanlagen völlig ungiftig.

ISBN 978-3-7020-1170-3

Layout und Repro: Werbeagentur | Digitalstudio Rypka GmbH., 8020 Graz
Druck: Druckerei Theiss GmbH., 9431 St. Stefan

# Inhalt

# Inhalt

# Inhalt

# Wild – ein hochwertiges Nahrungsmittel

Über Geschmack soll man bekanntlich nicht streiten. Tatsächlich? Wenn es um Wild für die Küche und in der Küche geht, bin ich durchaus bereit, zu streiten.

Zuerst mit den Jägern, die bei Ausübung ihrer Passion eines der köstlichsten Nahrungsmittel dieser Welt gewinnen. Vorausgesetzt, sie sind hierzu in rechtem Maße befähigt. Daß hieran in Einzelfällen Zweifel berechtigt sein mögen, weiß ich aus eigener Erfahrung. Deshalb streite und kämpfe ich um ein jagdliches Bewußtsein, das der Qualität des späteren Wildbratens absoluten Vorrang vor der Erbeutung einer begehrenswerten Trophäe einräumt. Darin bin ich mir mit den skandinavischen, kanadischen, amerikanischen und vielen osteuropäischen Jägern einig. Sie jagen vorrangig „für den Kochtopf" und weniger um der Trophäe willen. Erfreulich, daß sich inzwischen immer mehr westeuropäische Jäger dieser Auffassung anschließen.

Der von der Jägerin, dem Jäger sauber angetragene Kugel- oder Schrotschuß, der das Wild sofort und schmerzfrei tötet, bietet die beste Voraussetzung für ein qualitativ hochwertiges Nahrungsmittel. Wird die Beute dann noch unmittelbar nach dem Erlegen und fachlich gekonnt ausgeweidet, ist ein weiterer Pluspunkt für ein später vorzüglich schmeckendes Wildgericht gegeben. Nach zwei, drei Stunden in eine Kühlung verbracht, in der das Fleisch, vom Fell oder Federkleid umhüllt und gegen Austrocknung geschützt, reifen kann, dann, ja, dann wird seine nachfolgende Zubereitung zum kulinarischen Hochgenuß führen.

Was dies alles mit Geschmack, besser: Wohlgeschmack, zu tun hat? Ganz einfach: Draußen im Revier entscheiden jagdliches Können, handwerkliche Geschicklichkeit und Wissen um biochemische Abläufe letztlich über Geschmack, Zartheit und Saftigkeit des Wildfleisches. Mancher, der einmal Wild probierte und es nachfolgend stets dankend ablehnte, hatte seine Erfahrungen Fehlern zu verdanken, die sich in der Wildbahn, im Revier ereigneten. Schließlich, und das darf nie vergessen werden, ist Wildfleisch ein naturgewachsenes Nahrungsmittel, das in heutiger Zeit unterschiedlich gewonnen wird: Einmal auf der Jagd von Tieren in freier Wildbahn und damit zeitaufwendig und oft auch des Jägers Kräfte zehrend. Zum anderen von Wildtieren, die auf Farmen (Neuseeland) oder in Gatterhaltung (Deutschland, Österreich u. a.) aufgezogen werden. Diese Tiere unterliegen während der Aufzucht und bei der Schlachtung (in Neuseeland von der EU lizenzierte Schlachtbetriebe) der Aufsicht amtlicher Tierärzte und liefern ein qualitativ hochwertiges, weitestgehend keimfreies Wildfleisch. Es wird von vielen im Geschmack angenehmer empfunden als das von in Wald und Flur erlegtem und dort auch ausgeweidetem Wild stammende Wildbret.

*Wild-Schlachtbetrieb in Neuseeland.*

Sodann streite ich mit Köchen und Restaurantbesitzern. Die Ärmsten! Beruflich meist hoch passioniert, verfügen längst nicht alle von ihnen über Kenntnisse oder gar Erfahrungen im Bereich Jagd, Wild und Wildfleisch. Wie sollten sie auch? In ihrer Ausbildung lernen sie Fleischzuschnitte, Zubereitungsarten, Garnituren und anderes mehr. Selbst durch Kochkunst erworbene Sterne, Mützen und Kochlöffel schützen sie nicht vor Fehleinschätzungen beim Einkauf von Wild und Wildgeflügel.

Frische der Ware ist eine Sache. Ihre innere Beschaffenheit und ihr Geschmack eine andere. Woher sollte ein Koch, ein Restaurantbesitzer, eine Bedienung – aber auch mancher Restaurantkritiker – wissen, wie köstlich ein Rehrükken, eine Hasenkeule, ein Frischlingsnacken, eine Wildtaube, ein Rebhuhn oder ein Fasan wirklich schmeckt, wenn sie geschmacklichen Auffassungen und Behandlungsweisen von Wild anhängen, die aus grauer Vorzeit stammen oder einer der Wildzubereitung eigentlich fremden und deshalb abwegigen Kreativität entspringen? Wäre es anders, hätte ich bei Reklamationen in Restaurants nicht immer wieder zu hören bekommen, „Das ist typisch Wild!", „So schmeckt Wild halt!", „Das muß so zubereitet werden, das ist doch schließlich Wild!"
Halt! Zur Ehre vieler und guter Köche, deren Zahl dank des Generationswechsels und einer auch in Warenkunde Wild in den letzten Jahren immer besser werdenden Ausbildung stetig zunimmt, sei gesagt, daß sich glücklicherweise eine Wende in Richtung „neue Wildküche" vollzieht. Immer mehr von ihnen verzichten auf das Marinieren und das Beizen von Wild, weil sie wissen, daß dieses das Wildfleisch – wie von Lehrmeistern und anderen über Generationen behauptet – nicht zarter macht (wissenschaftlich belegt!). Weil sie wissen, daß Marinaden und Beizen einst nur dazu gedient haben, bereits vergammeltes Wildfleisch geschmacklich noch akzeptabel zu machen. Weil sie erkannt haben, daß eine Marinade oder Beize den feinen Eigengeschmack der einzelnen Wildart überdeckt und letztlich alles mehr oder minder gleich schmecken läßt. Und weil sie wissen, daß der viel gerühmte „Hautgout" kein typischer Wildgeschmack, sondern das Geruchs- und Geschmacksergebnis eines sich bereits in Zersetzung befindenden Fleisches ist.

Immer mehr akzeptieren auch die Empfehlung von in der Lebensmittelhygiene tätigen Veterinärmedizinern, Wild im Kern auf 70° bis 80° C zu erhitzen. Zum Schutz ihrer Gäste und in der Ahnung, daß im Jagdbetrieb manches anders als in einem Schlachtbetrieb läuft. Wie bei den Jägern ein Umdenk- und Lernprozeß, der mich bald nicht mehr streiten läßt. Weil die Jäger erkennen – und sei es durch die neuen, seit 2005 und 2006 geltenden Lebensmittelhygiene-Verordnungen der Europäischen Union –, daß Wildfleisch mehr ist als „das Anhängsel an einer Trophäe".
Worum und mit wem lohnte es sich dann noch zu streiten? Sicherlich um die Erhaltung einer gegenüber der Natur und den Wildpopulationen verantwortungsvoll ausgeübten Jagd als eigenständige Art der Gewinnung eines naturgewachsenen Nahrungsmittels. Sie ist die Quelle von Gaumen und Zunge gleichermaßen beglükkenden Speisen. Sodann gegen Verblendung und Dummheit all jener, die naturgegebene Zyklen nicht erkennen oder sehen wollen. Die, aus welchen Beweggründen auch immer, gegen alles, was Jagd ist, sind, auch wenn sie im nächsten Augenblick selbst Leben beenden, weil sie eine Fliege abklatschen, eine Spinne zertreten, Insekten an der Windschutzscheibe zerplatzen lassen, einen Wurm mit dem Spaten halbieren oder eine Mausefalle aufstellen.

Lassen Sie uns gemeinsam für Jagd und Wild streiten, damit nicht nur uns, sondern auch den nachfolgenden Generationen Wildgerichte köstlich munden, auch wenn anderes ebenfalls durchaus sättigend ist.

*Olgierd Graf Kujawski*

# Warenkunde

Obwohl in Deutschland, Österreich und der Schweiz pro Kopf und Jahr zwischen 300 und 400 g Fleisch von Haar- und Federwild verzehrt werden, ist dies weniger als ein Prozent vom gesamten Fleischkonsum. Die Nachfrage nach Wild ist jedoch in den letzten Jahren steigend. Dies aus zweierlei Gründen: Einmal gilt Wildfleisch als ein aus der Natur gewonnenes, unverfälschtes Nahrungsmittel, zum anderen besitzt es die Vorzüge, relativ fettarm, reich an ungesättigten Fettsäuren, an Mineralstoffen (Kalium, Phosphor, Eisen, Kupfer und Zink) und an Vitamin B zu sein. Wild ist jedoch nicht beliebig verfügbar und deshalb gegenüber anderen Fleischarten relativ hochpreisig.

Auch wenn Deutschland und Österreich, in großen Teilen auch die Schweiz, bezogen auf ihre Fläche, zu den wildreichsten Ländern der Erde zählen, vermag der eigene Ertrag an Wild die Nachfrage nicht zu decken. Während Rehe (in Deutschland auch Wildschweine) zum größten Teil und Gemsen ausschließlich aus heimischen Revieren kommen, stammen die im Handel angebotenen Hirsch- und Hasenteile überwiegend aus dem Ausland. Gleiches gilt zum Teil auch für Federwild, wie Fasan, Rebhuhn, Ente, Perlhuhn und Wachtel, die in Wildgeflügelfarmen gezüchtet und in Geflügelschlachtereien küchenfertig gemacht werden.
Neben den traditionellen Wildexportländern, wie Polen und Ungarn, beliefern uns neben Neuseeland (Hirsch aus Farmhaltung), Argentinien (Abkömmlinge des europäischen Hasen aus freier Wildbahn), Spanien (Hirsch und Wildschwein), Großbritannien (Hirsch), Australien (Fleisch verwilderter Hausschweine und Hirsch), Tschechien und der Slowakei (Reh, Hirsch und Wildschwein) noch mehr als ein Dutzend weiterer Länder mit Fleisch von Wildtieren, darunter auch Südafrika und Namibia. Die Gesamtmenge an importiertem Haarwild und Fleisch von diesem deckt inzwischen über die Hälfte der heimischen Nachfrage, wobei rund 80 Prozent der angebotenen Hasenteile argentinischen Ursprungs und ebenfalls 80 Prozent des bei uns verzehrten Hirschfleisches neuseeländischer Herkunft sind.

### Nicht jedes Wild wird veterinärmedizinisch auf seine Genußtauglichkeit untersucht

Im Gegensatz zu Deutschland und Österreich, in denen nur das aus freier Wildbahn an Wildbearbeitungsbetriebe gelieferte bzw. aus landwirtschaftlicher Gehegehaltung stammende Wild (hier insbesondere Damwild, aber auch Schwarz-, Rot- und Muffelwild) vom Gesetz her generell der amtlichen Fleischuntersuchung unterliegt, ist das bei aus dem Ausland kommendem Wild anders. Jedes zum Export in die Europäische Union bestimmte Wild wird in von der EU zugelassenen Wildbearbeitungsbetrieben durch einen amtlichen Veterinärmediziner auf seine für den Verzehr unbedenkliche Beschaffenheit untersucht. Ob dies auch tatsächlich so ist und die Deklaration der jeweiligen Wildart immer korrekt erfolgt, darf je nach Herkunftsland (Asien!) in Einzelfällen angezweifelt werden.
Bei aus deutschen, österreichischen und Schweizer Revieren stammendem Wild, das direkt an die Gastronomie, an Metzgereien, an den Feinkosthandel oder an Privatpersonen abgegeben wird, entscheiden der das Stück Wild erlegende Jäger bzw. der Revierinhaber als „in der Sache kundige Person", in Österreich zusätzlich ein in Wildfleischhygiene geschulter Berufs- bzw. Aufsichtsjäger, über dessen Verzehrfähigkeit. Eine Überprüfung durch einen amtlichen Tierarzt erfolgt nur in Einzelfällen und auch nur dann, wenn der Jäger oder Revierinhaber am Stück Wild und seinen inneren Organen für dessen Verzehr bedenkliche Merkmale feststellt und es zur amtlichen Fleischuntersuchung gesondert anmeldet.

## Qualitätsmerkmale

Fleisch von jungen Tieren gilt allgemein als zart und saftig, jenes von älteren als in der Struktur kerniger und trockener. Diese Erkenntnis läßt sich auf erlegte Wildtiere nur bedingt übertragen. Es sind die bei der Jagd gegebenen Bedingungen, die die nachfolgende Behandlung des erlegten Wildes und die Art der Zubereitung seines Fleisches, die Zartheit und Saftigkeit des auf den Teller kommenden Bratens bestimmen. So kann ein sich in einer Streßsituation befindendes und geschossenes Rehkitz, Hirschkalb oder Frischling, ebenso aber auch Hase und Wildkaninchen, ein zäheres und weniger saftiges Wildbret liefern als ein älteres Stück, das – selbst ungestreßt – mit gutem Schuß erlegt wurde.

Wesentlich für ein qualitativ hochwertiges Wildfleisch ist der Verlauf der Fleischreifung. Diese wird von der Menge des sich in der Muskulatur befindenden Glykogens (Energielieferant für die Muskelarbeit) bestimmt. Je höher der Glykogengehalt, umso intensiver und langanhaltender verläuft die Fleischreifung – ein komplizierter biochemischer Vorgang, bei dem das Glykogen in Milchsäure umgewandelt wird. Diese wirkt keimhemmend, verleiht dem Wildbret eine bessere Haltbarkeit und fördert die Entwicklung von Enzymen. Diese zersetzen die sich in den Muskeln befindenden Muskelverhärter (Myofibrillen) und die im Bindehautgewebe (Kollagen) gegebenen großen Eiweißkörper. Eine gute Fleischreifung macht das Wildfleisch zart und begünstigt die Entwicklung des fleischeigenen Aromas. Dabei wirken nach wissenschaftlichen Erkenntnissen über 500 verschiedene chemische Verbindungen mit.
Unter Streß erlegtes Wild besitzt in seiner Muskulatur wesentlich weniger Glykogen. Sein Fleisch durchläuft eine weniger gute Fleischreifung. Erkennbar ist dies meist erst bei der Zubereitung (lange Brat- und Garzeiten) und beim Verzehr, ganz selten nur beim rohen Wildbret.

*Qualitätskontrolle und Hygiene sind oberstes Gebot.*

Weitere Qualitätsmerkmale sind Farbe und Geruch des Wildbrets. Hinsichtlich der Farbe vermitteln die in diesem Buch im Rahmen der Küchentechnik dargestellten Abbildungen eine optische Hilfe. Überaus dunkles, fast schwarz wirkendes Wildbret ist ein Hinweis darauf, daß es sich bereits länger im Angebot befindet und dabei wechselnden Temperaturen ausgesetzt war. Es ist als minderwertig zu beurteilen. In Teilen kupferrot wirkendes Wildbret deutet dagegen darauf hin, daß das Fleisch eine stikkige Reifung durchlaufen hat. Auf dieses sollte ebenso verzichtet werden wie auf Teile, die eine grünliche Verfärbung mit feucht schimmernder Oberfläche aufweisen. Was den Geruch anbetrifft, so muß man sich auf seine eigene Nase verlassen. Ein leichter, als angenehm empfundener säuerlicher Geruch ist ein gutes Zeichen. Riecht das Wildbret dagegen unangenehm, dumpf, faulig, scharf oder gar urinös, dann sollte auf seine Verarbeitung in der Küche verzichtet werden (siehe auch „Wissenswertes in der Wildküche“).

## Tiefkühlware = frisches Fleisch

In der EU-Verordnung (EG) Nr. 853/2004 Anhang I Ziffer 1.10 wird definiert, was der Gesetzgeber unter „frischem Fleisch" versteht: „Fleisch, das zur Haltbarmachung ausschließlich gekühlt, gefroren oder schnellgefroren wurde, einschließlich vakuumverpacktes oder in kontrollierter Atmosphäre umhülltes Fleisch". Das bedeutet, daß Wildfleisch, das vakuumiert und eingefroren wurde, als frisches Fleisch vermarktet werden kann. Tiefgefrostete Ware, die nicht überlagert ist, ist qualitativ genauso gut wie frisch angebotenes Wild, wobei man bei letzterem nicht immer sicher sein kann, ob es zuvor nicht schon gefrostet war. Ein Indiz hierfür kann das Angebot von „frischen" Wildteilen außerhalb der geltenden Jagdzeiten sein, zumal, wenn es als „aus heimischer Wildbahn stammend" deklariert ist. Kritisch zu bewerten sind auch die bei gefrosteten Wildteilen angegebenen Haltbarkeitsdaten. Aus Verkaufsgründen werden sie meist länger angegeben mit der Folge, daß sich das Fleisch durch Ranzigwerden der Fettanteile geschmacklich so verändert, daß es nicht mehr genießbar ist. Vorsicht ist auch bei gespickten Teilstücken geboten. Während das Fleisch noch in Ordnung ist, kann der Speck bereits ranzig geworden sein. Eine Hilfe für die Bewertung der auf Tiefkühlware angegebenen Daten bieten die in diesem Buch bei jeder Wildart angegebenen Tiefkühl-Lagerzeiten für frisch eingefrostetes Wildfleisch in Verbindung mit den für diese Wildart angegebenen Jagdzeiten. Zu berücksichtigen ist hierbei allerdings, daß es für die Gewinnung von Fleisch von gefarmtem Wild keine zeitlichen Begrenzungen gibt und daß auf der südlichen Halbkugel entsprechend der dort herrschenden Jahreszeit gejagt wird (z. B. in Argentinien Hasen von Mai bis Juli, der dortigen Herbst- und Winterzeit).

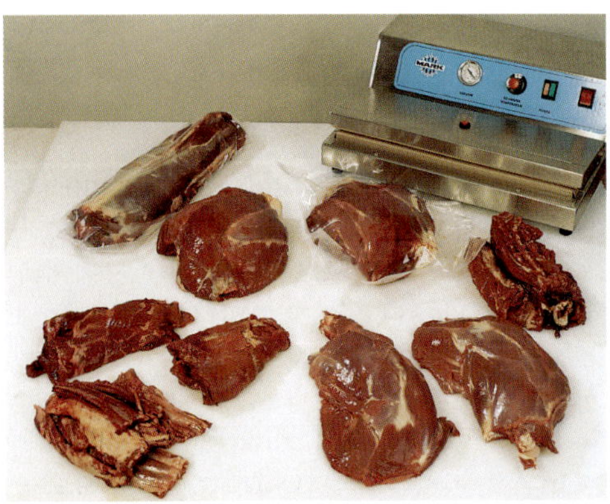

*Vakuumverpackte Wildteile haben in der Tiefkühlung unterschiedlich lange Lagerzeiten.*

Woher das angebotene Wildfleisch letztlich stammt, war bisher im Handel nur auf Nachfrage zu erfahren. Inzwischen muß sowohl frische als auch tiefgefrorene Ware hinsichtlich ihrer Herkunft klar deklariert sein. Allerdings sind klangvolle Namen auf der Verpackung und der Sitz des Anbieters kein Garant dafür, daß das Wild aus heimischen Revieren stammt. So ist es durchaus üblich und rechtlich zulässig, küchenfertig tiefgefrostete Wildteile als aus dem EU-Land stammend zu deklarieren, in das aus einem Drittland Wild im Haar- oder Federkleid oder in großen Teilstücken importiert und in einem dort zugelassenen Wildbearbeitungsbetrieb verarbeitet wurde.
Große Stücke (Rücken und Keulen) frisch eingefrosteten und einmal aufgetauten Wildbrets von Reh, Hirsch, Wildschwein, Muffelwild und Gams, aber auch Hase und Wildkaninchen, können ohne Bedenken noch ein zweites Mal gefrostet werden. Die beim ersten Auftauen aufgetretenen Saft- und Nährstoffverluste sind minimal und damit unbedeutend. Außerdem läßt sich die Saftigkeit des Bratens bei der späteren Zubereitung steuern. Zum zweiten Male eingefrorenes Wildbret sollte jedoch innerhalb der nachfolgenden 30 Tage verarbeitet werden!

## Einkauf

Etwas, das sich offensichtlich noch nicht allgemein herumgesprochen hat: Wildfleisch schmeckt zu jeder Jahreszeit. Gut geführte

Wildhandelsgeschäfte und diesen entsprechende Bedienungsabteilungen in Kaufhäusern und Supermärkten gelten allgemein als eine gute Einkaufsquelle. Immer mehr Liebhaber feiner Wildzubereitungen nutzen auch die Möglichkeit, über das nächste Forstamt oder direkt beim Jäger Wild zu erwerben. Gegen einen kleinen Aufpreis werden Förster oder Jäger es auch in seine Einzelteile zerlegen. Wie man diese für die Küche zurichtet, wird in der Rubrik „Küchentechnik" vermittelt.

## Mineralstoffe und Vitamine

In Untersuchungen im Forschungsinstitut für Wildtierkunde und Ökologie der Veterinärmedizinischen Universität Wien bestätigte sich die Vermutung, daß Wildtiere auf Grund ihres Nahrungsspektrums über einen hohen Anteil an ungesättigten Fettsäuren und Omega-3-Fettsäuren verfügen (siehe Nährwerttabelle). Ungesättigte Fettsäuren, insbesondere die Omega-3-Fettsäuren, haben positive Auswirkungen auf die menschliche Gesundheit. Sie sind nicht nur Energielieferanten für den Körper, sondern bilden auch die Vorstufe für Vitamin D, ohne das keine Kalziumaufnahme im Körper möglich wäre, und für entzündungshemmende Stoffe. Insofern ist der Verzehr von Wildfleisch nicht nur ein geschmackliches Erlebnis, sondern er vermag auch einen Beitrag zu einer gesunden Ernährung zu leisten. Allerdings: ungesättigte Fettsäuren wandeln sich bei Lagerung in gesättigte Fettsäuren um. Ein Vorgang, der die Haltbarkeit beeinflußt, zu einer schnelleren Verfärbung des Muskelfleisches führt und bei längerer Lagerung das Fleisch ranzig schmecken läßt.

Neben ungesättigten Fettsäuren ist Wildfleisch reich an den Mineralstoffen Phosphor, Kalium und Magnesium sowie an den Spurenelementen Eisen, Zink und Selen. Von den Vitaminen sind Vitamin B 1 und B 2 in nennenswerten Mengen enthalten. Im Cholesteringehalt gibt es praktisch keinen Unterschied zu den anderen Fleischsorten. Alles zusammen eine Empfehlung, Wild in der Diätküche einzusetzen. Dabei sollte vorzugsweise das Fleisch älteren Wildes (drei Jahre und älter) verwertet werden. Der Grund: Wildfleisch junger Stücke sowie alle verzehrfähigen Innereien von Wild enthalten deutlich mehr Purine (eine aus der Nukleinsäure der Zellkerne entstehende organische Verbindung) als das Fleisch älterer Stücke. Wird viel an purinreichem Fleisch verzehrt, steigt der Harnsäurespiegel. Dieser kann Gicht und damit Schmerzen in den Gelenken verursachen.

## Strahlenbelastung

Der Reaktorunfall von Tschernobyl hat den traditionellen Wildesser verunsichert. Auch alljährlich in der Presse auftauchende Meldungen, es sei Wild mit radioaktiver Belastung festgestellt worden, schüren zu Unrecht diese Verunsicherung. Tatsache ist, solche Untersuchungen werden aus wissenschaftlichen Gründen – Wildtiere sind gute Umweltindikatoren – kontinuierlich durchgeführt. Tatsache ist auch, daß Wildbret mit einer Belastung von 600 Becquerel und mehr pro kg generell nicht in den Handel kommt. Es wird entsorgt, der Revierpächter entschädigt. Tatsache ist weiter, daß diese Belastung nur kurzfristig in bekannten Regionen auftritt; dort, wo vom Wild als Nahrung in der Notzeit aufgenommene Flechten und Moose radioaktive Substanzen aus dem Boden enthalten. Das im Wildkörper angesammelte Cäsium 134 und 137 wird von den Tieren kontinuierlich und nach wenigen Wochen völlig ausgeschieden. Sie sind danach, wie Reihenuntersuchungen belegen, unbelastet. Übrigens: Ein Interkontinentalflug über 8.000 und mehr Flugkilometer führt meist zu einer stärkeren Strahlenbelastung des Körpers als der Verzehr eines mit mehreren Tausend Becquerel belasteten kg Wildbrets.

# Rehwild *(Capreolus capreolus)*

Es ist die häufigste in Europa vorkommende Schalenwildart. Die Entnahme von Rehwild aus der Natur durch jagdlichen Eingriff ist in Stückzahl, Alter und Geschlecht von Amts wegen in einem Abschußplan reglementiert. In den einzelnen Ländern und Regionen sind die Jagd- und Schonzeiten unterschiedlich. Die Hauptjagdzeiten sind nachstehend angegeben. Stükke im Alter bis zu 12 Monaten heißen je nach Geschlecht Bock- oder Rickenkitz (Geburt Mai/Juni), einjähriges Rehwild Jährlingsbock oder Schmalreh, älteres Rehwild Bock oder Ricke.

Männliche Tiere tragen ein Geweih, das von Dezember bis Juni unter einer Basthaut heranwächst. Stärke und Ausformung sind abhängig vom Alter, der Ernährung und der im Biotop gegebenen Wilddichte. Beim entwickelten Geweih stirbt die Basthaut ab. Ein Juckreiz veranlaßt den Bock, den Kopfschmuck an Büschen zu verfegen, wobei Rindensaft das Geweih färbt. Ende Oktober/Anfang November wird es abgeworfen.

In Deutschland werden pro Jahr rund eine Million, in Österreich zwischen 250.000 und 300.000 und in der Schweiz zwischen 50.000 und 60.000 Stück erlegt. Die Jagdstatistik erfaßt dabei auch all jene Stücke, die Opfer des Straßenverkehrs oder von wildernden Hunden gerissen wurden. Je nach Region können dies bis zu 50 Prozent, bezogen auf die Jahresstrekke eines Landes rund 20 Prozent sein. Verunfalltes Wild darf im Normalfall – da nicht nach jagdrechtlichen Vorschriften erlegt – nicht verwertet werden. Ausnahme: Der zuständige Jäger ist unmittelbar nach dem Unfall vor Ort, kann es ordnungsgemäß versorgen und meldet es unter Vorlage der inneren Organe zur amtlichen Fleischuntersuchung bei einem amtlichen Tierarzt an. Ansonsten ist überfahrenes Wild unschädlich für die Umwelt zu entsorgen.

Edelster Teil vom Rehwild ist, wie bei den anderen Haarwildarten auch, der Rücken. Es folgen in der Rangfolge die Keulen, die Blätter (Schultern), der Träger (Hals) und die Rippen mit anhängenden Bauchlappen, letztere auch als Kochwildbret bezeichnet.

**Erlegungsgewicht (ausgeweidet):**
je nach Alter und Ernährungszustand 6–25 kg.

**Ausschlachtergebnis:** ca. 70 Prozent mit Knochen, 50–55 Prozent ohne Knochen.

**Tiefkühllagerung:** bis zu 18 Monaten.

| | |
|---|---|
| Hauptjagdzeit: | (Achtung: regional stark unterschiedlich)<br>Rehböcke: Mai – Oktober<br>Schmalrehe: Mai – Januar<br>Ricken: September – Januar<br>Kitze: September – Februar |
| Paarungszeit: | Juli / August |
| Qualitätsmerkmale: | kurzfaseriges Fleisch von heller, rotbrauner Farbe. |
| Zubereitungsempfehlung: | Rücken, Medaillons, Steaks braten.<br>Hals, Rippen und Bauchlappen als Ragout oder Rollbraten.<br>Keule und Blätter schmoren. |

# Rehkeule bratfertig zurichten

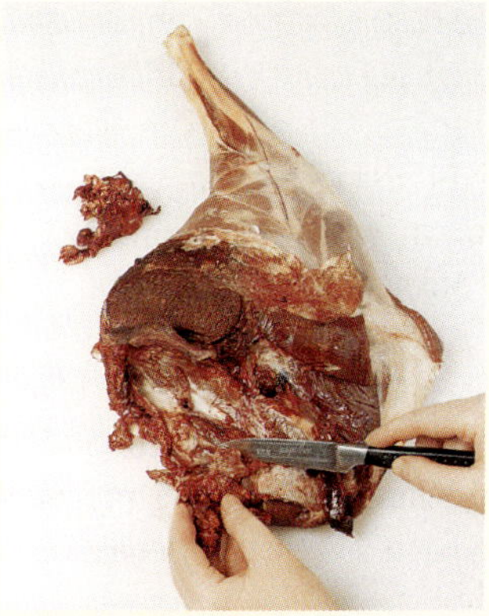

1. Fettanhängsel und Blutgerinnsel am Beckenknochen entfernen.

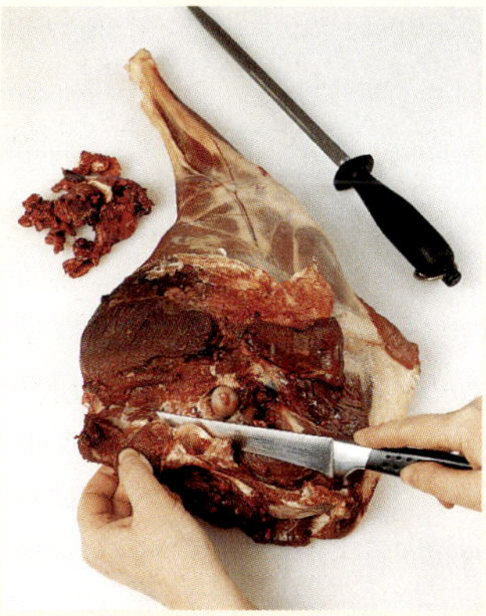

2. Beckenknochen mit Schnitten gegen den Knochen herauslösen.

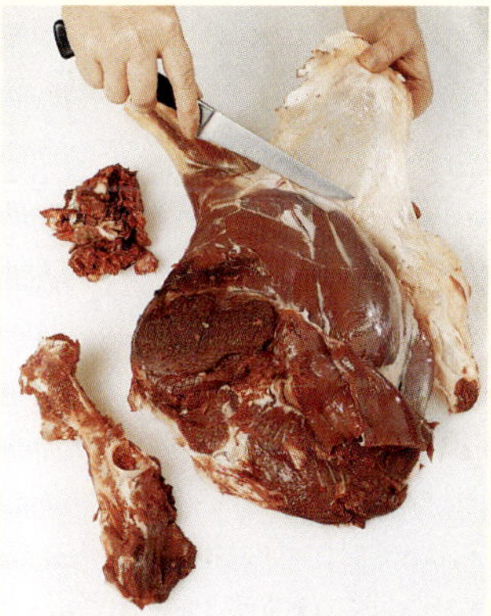

3. Alle hochziehbaren, lockeren Häute von der Keule ablösen.

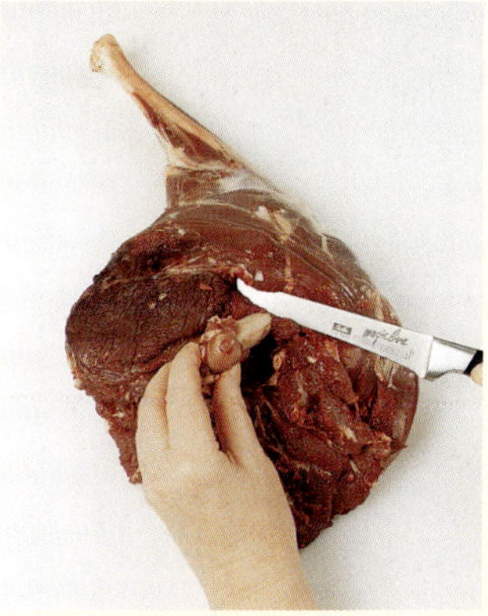

4. Knochenkopf umschneiden, vom Knochen Fleisch wegschaben.

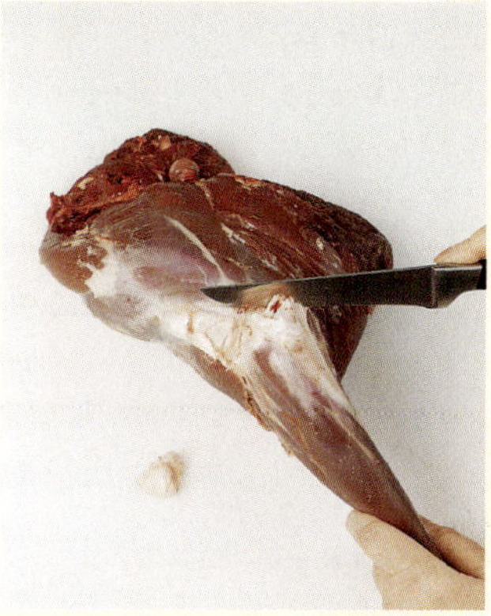

5. Gelenk zwischen Unter-/Oberbein eröffnen, Knorpel entfernen.

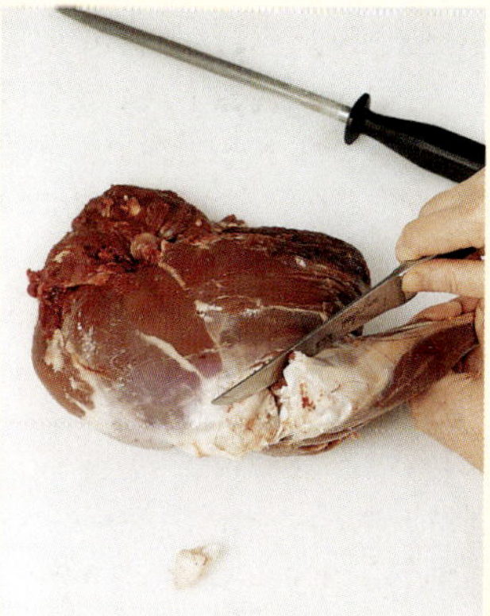

6. Oberbeinkopf freilegen, ohne Muskelverbindung zu trennen.

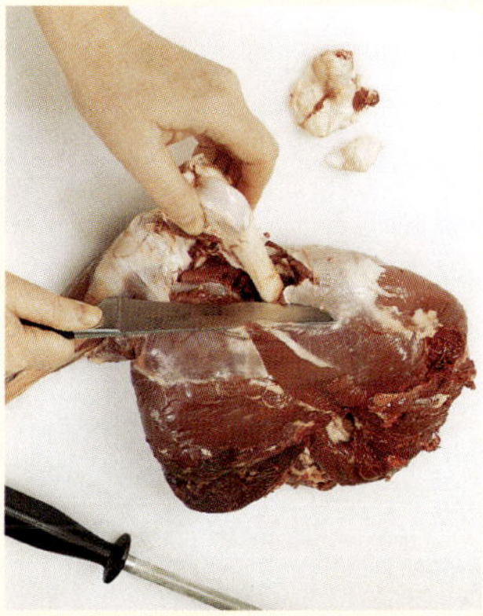

7. Knochen fassen, Fleisch abschaben, Knochen herausdrehen.

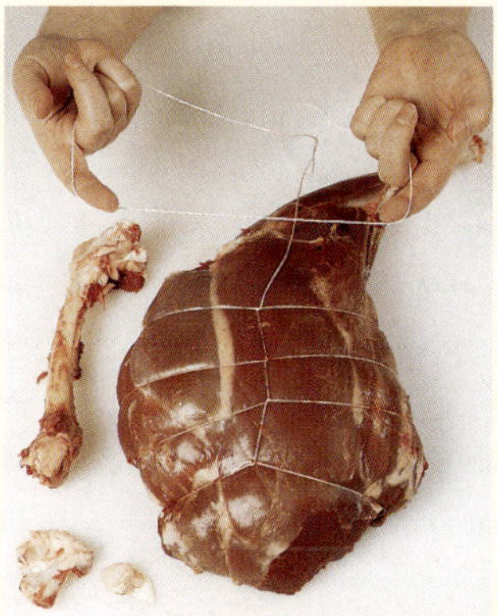

8. Keule mit Unterbein in Form legen, mit Küchengarn binden.

9. Für den Bräter zugerichtete, hohl ausgelöste Rehkeule, die geschmort wird.

# Rehrücken und -medaillons bratfertig zurichten

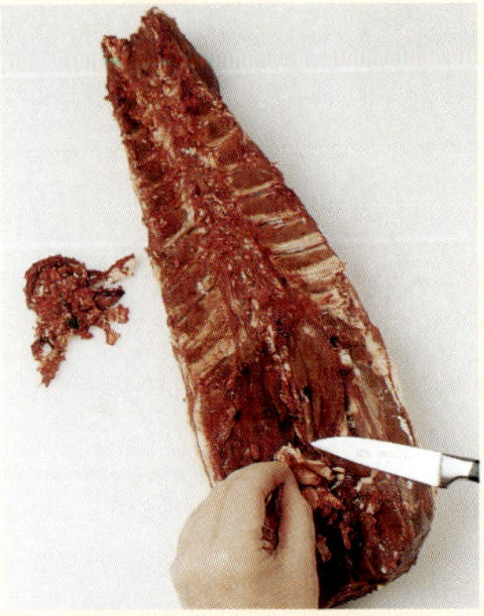

1. Rückenunterseite von Fetteilen und Blutresten säubern.

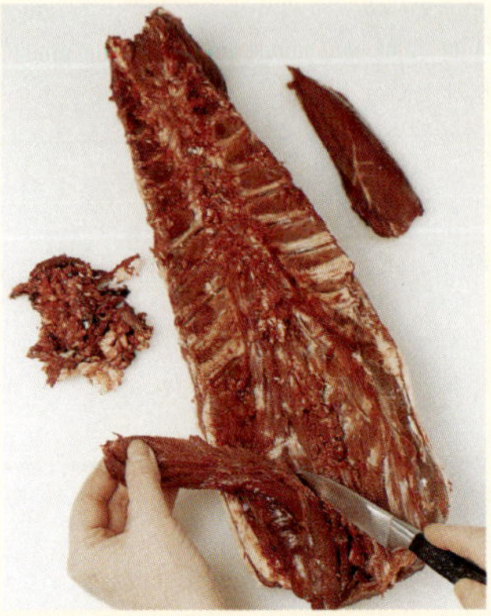

2. Mit Schnitt von der Rückenmitte die kleinen Filets herauslösen.

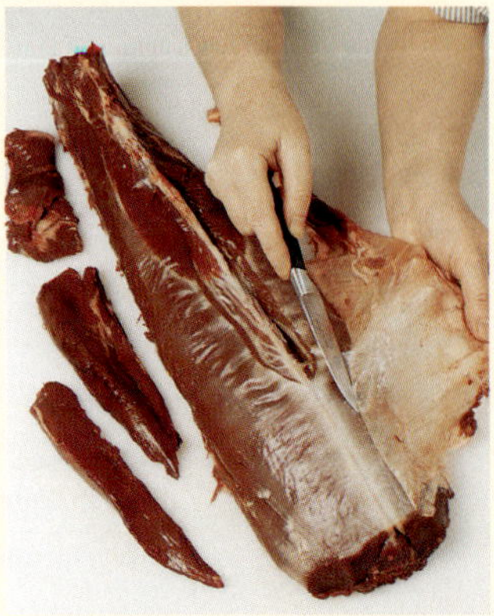

3. Locker sitzende Häute, insgesamt zwei, vom Rücken ablösen.

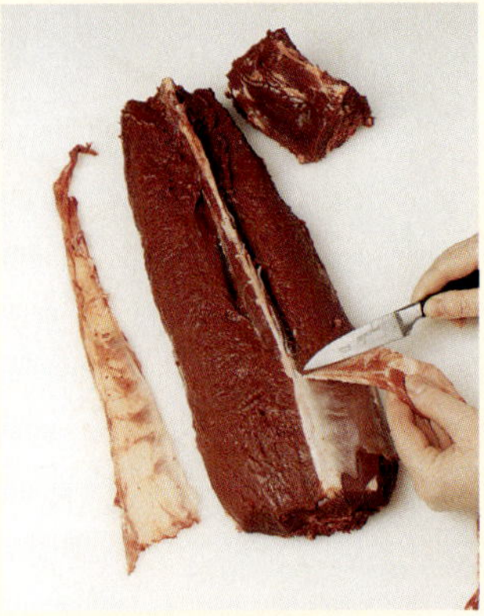

4. Blaue Sehnenhaut mehr schabend als schneidend abtrennen.

5. Enthäuteter, für den Bräter zugerichteter Rehrücken, gekürzt werden die Dornfortsätze.

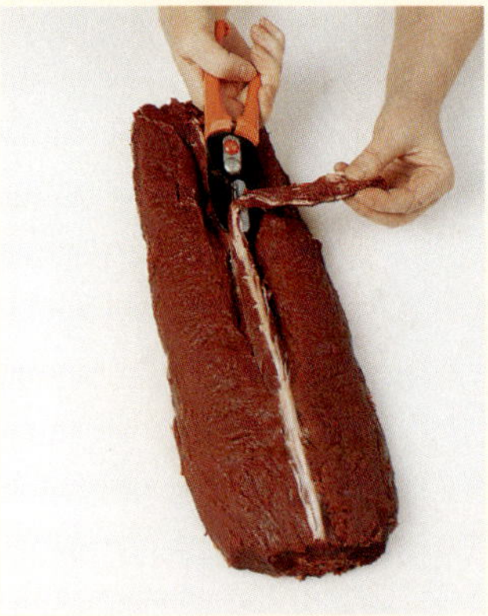

6. Entlang des Rückgrats den Knochen kürzen (kaltes Buffet).

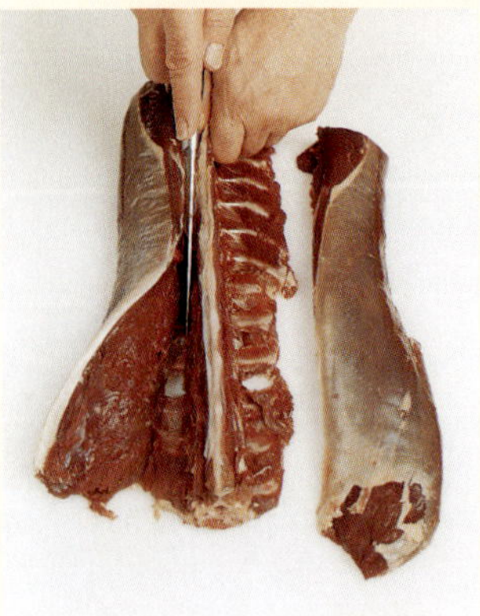

1. Medaillons gewinnen: Rückenmuskeln vom Rückgrat trennen.

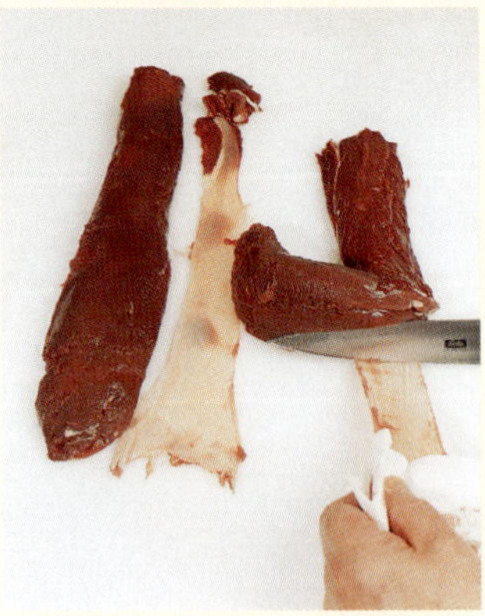

2. Breites Hautende ablösen, gegen Messerschneide abziehen.

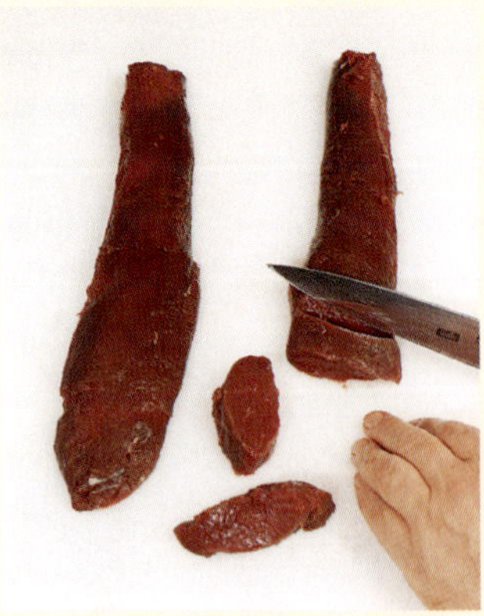

3. Rückenmuskel in ca. 5 cm dicke Medaillonstücke schneiden.

# Rehblatt und -hals entbeinen

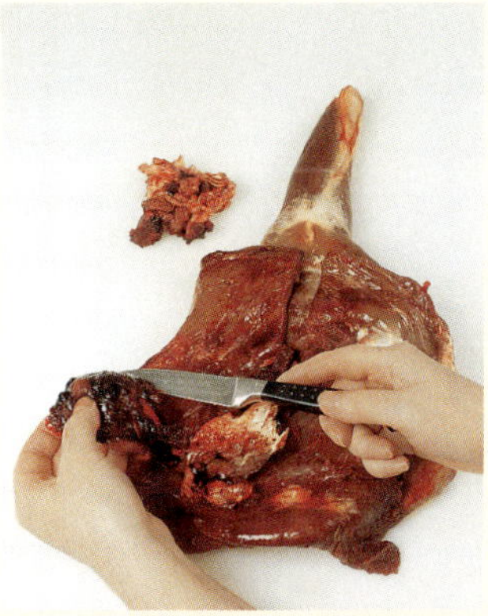

1. An der Blattunterseite Fett und anhaftende Blutgerinnsel entfernen.

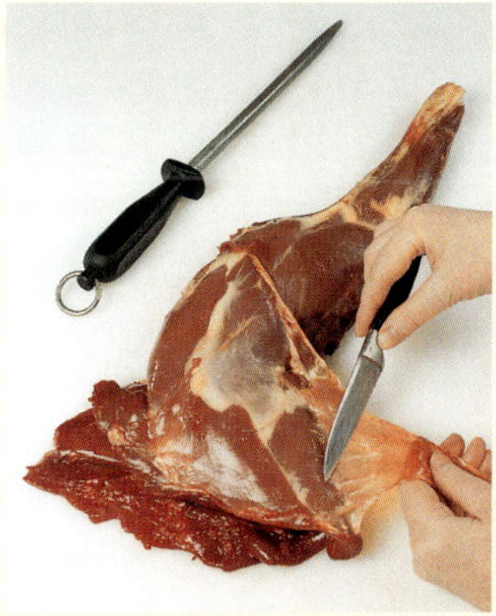

2. Locker sitzende Häute rundum mit dem Messer abschneiden.

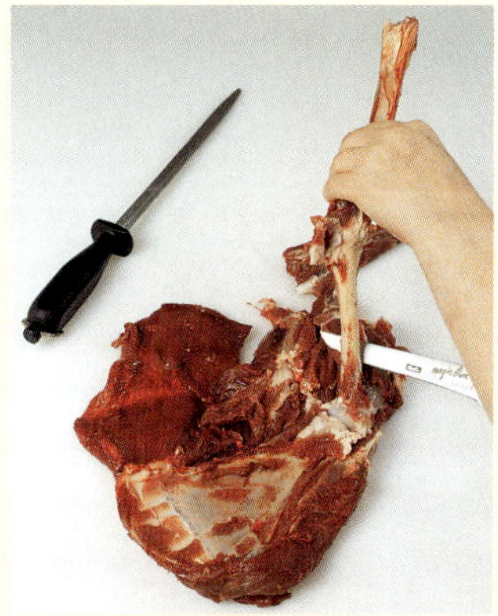

3. Vom Blattknochen Fleisch abschaben, Beinknochen auslösen.

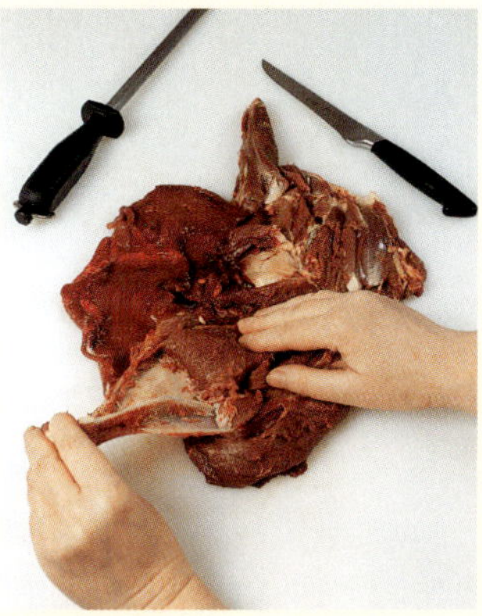

4. Blattknochen unter den Rändern einschneiden und abziehen.

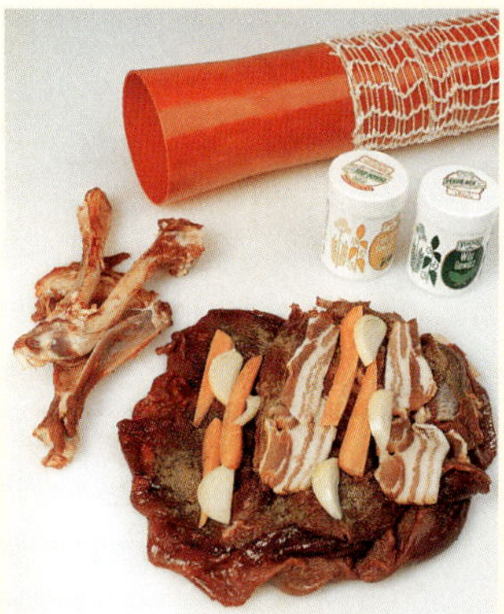

5. Fleisch mit Fleischabschnitten und Zutaten belegen, würzen.

6. Blatt zur Roulade rollen, in ein Bratnetz geben oder binden.

1. Am Rehhals auf der Unterseite der Länge nach die Haut ablösen.

2. An der Unterseite beginnen und Halsmuskel rundum ablösen.

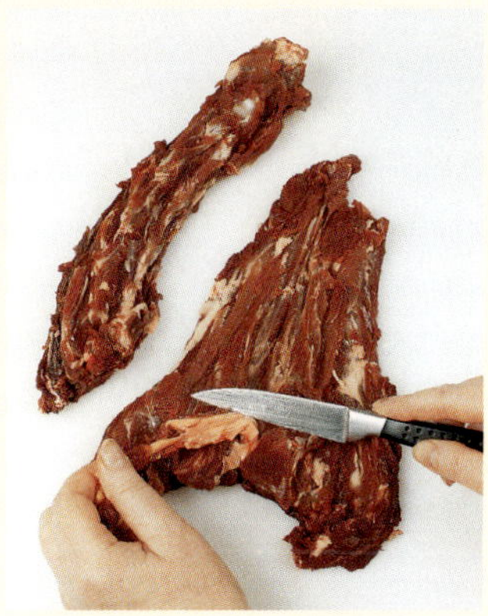

3. Nackensehnen herausschneiden, Fleisch zu Ragout verarbeiten.

# Rippenbogen ausbeinen, Keule zum Grillen

Alle zuvor und auf dieser Seite gezeigten Techniken für die Zurichtung von Wildteilen für die Küche werden auch bei anderen Haarwildarten angewendet.
Sollen die Teile eingefrostet werden, wird alles sichtbare Fett entfernt. Rücken werden erst unmittelbar vor der Zubereitung gehäutet.

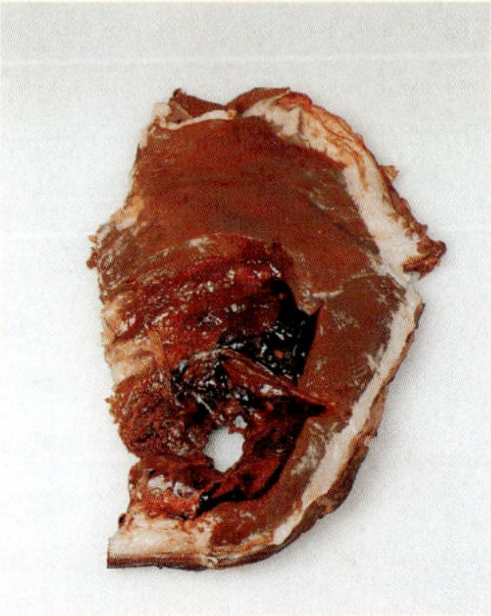

*1. Vom Schuß lädierter Rippenbogen, der verwertet werden soll.*

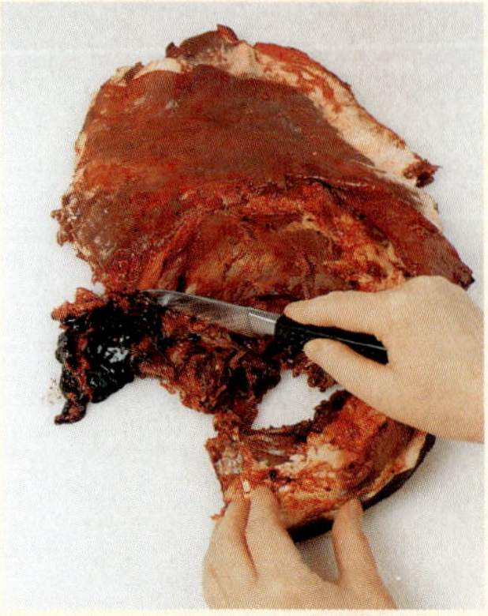

*2. Im Bindegewebe locker aufsitzende Blutergüsse entfernen.*

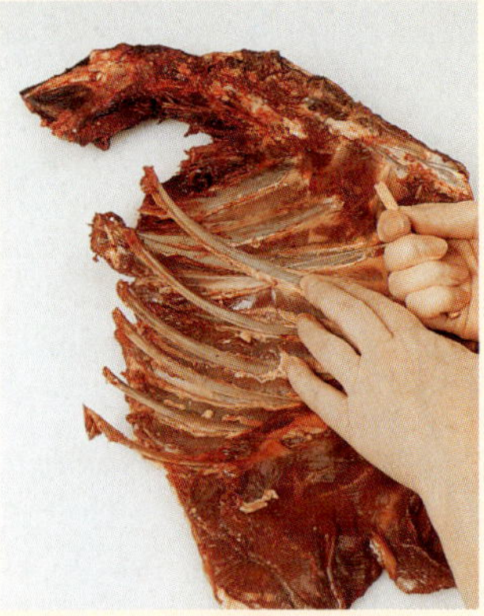

*3. Knochenhaut auftrennen, Rippen mit Schnur herausziehen.*

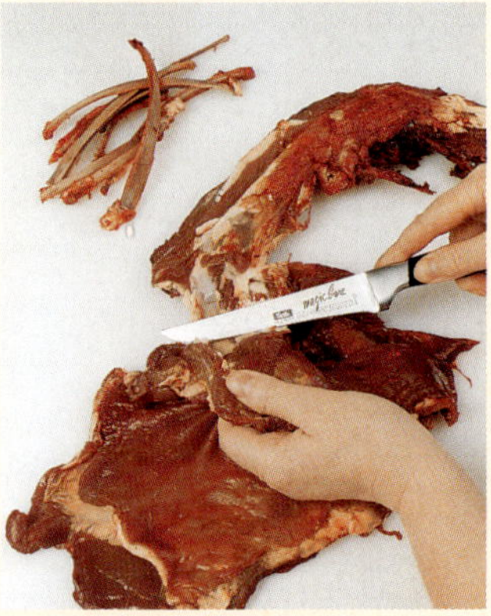

*4. Brustbein entlang des Knochens vom Fleisch abschälen.*

*5. Rippen- und Bauchfleisch für Roulade oder Ragoutzuschnitt.*

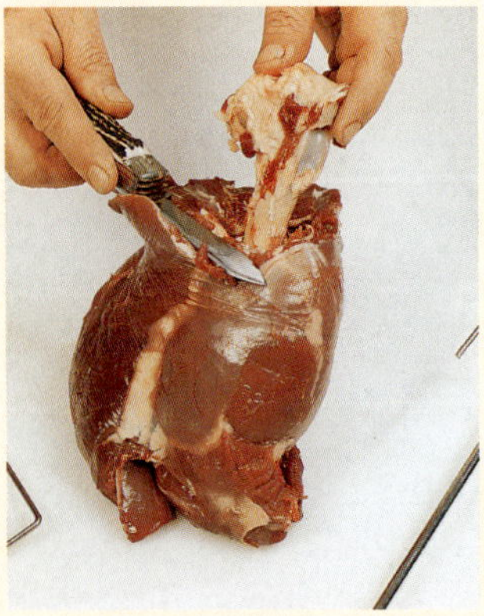

*1. Rehkeule für den Grill zurichten: Knochenköpfe freilegen.*

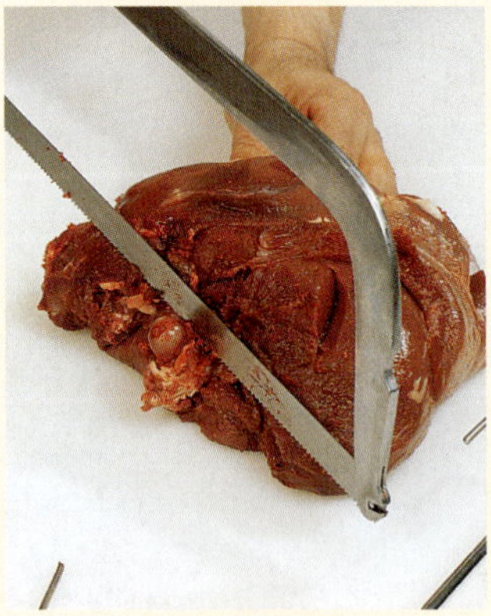

*2. Beidseitig die Köpfe mit einer Knochensäge vom Oberbein absägen.*

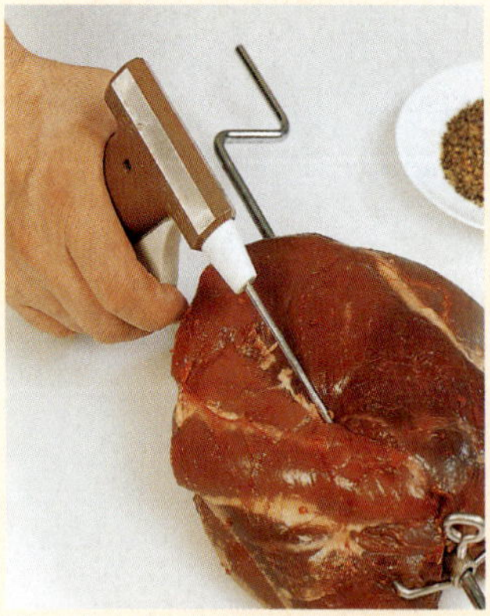

*3. Spieß durch den Knochen schieben, Fleisch mit Würzsud würzen.*

### *Maibock - ein kulinarischer Leckerbissen*

*Liebhaber eines würzigen und saftigen Rehbratens können sich bereits im Mai auf einen solchen freuen.*
*Mit dem Aufgang der Jagd auf Rehbock und Schmalreh gibt es wieder Köstliches: Wildbret vom „Maibock", der auch ein „Maireh" sein kann (Bezeichnungen für Rehwild, das im Monat Mai erlegt wird).*

*Nach karger Nahrung im Winter machen die seit März verfügbaren frischen, würzigen Kräuter sein Fleisch besonders aromatisch. Da zu Beginn der Jagdzeit überwiegend einjährige Stücke geschossen werden, ist das Wildbret besonders zart und saftig.*

*Sicher, Fleisch von einem Maibock oder einem Maireh zu erhalten, darf man sein, wenn es frisch angeboten wird (helle, braunrote Farbe). Damit der feine Eigengeschmack gut zur Geltung kommt, das Wildbret von einem Maibock nur mit frisch gemahlenem Pfeffer, Salz und einer Prise Wildgewürz zubereiten und zum Schluß mit süßer Sahne begießen.*

#### *Hinweis*

*Wer das Glück hat, ein im Mai geschossenes Stück Rehwild ganz zu erwerben, der muß folgende Rechnung berücksichtigen:*
*Von einem 13 kg schweren Stück verbleiben nach Abzug von Fell (Decke) und Haupt ca. 70 Prozent an Wildbret und Knochen. Ohne Knochen beträgt der Wildbretanteil ca. 55 Prozent.*

# Tournedos vom Reh

(Foto vorige Seite)

**Zutaten für 4 Personen**

600 g Rehrückenfilet • 1.000 g Spargel (16 Stangen) • 20 g Butterschmalz • 800 g gekochte Kartoffeln • 30 g Butter • Schalenabrieb von zwei unbehandelten Zitronen • 120 g gekühlte Butterstücke • Pfeffer • Salz.

**Beilagen:** Spargel-Kartoffel-Püree, Spargel.

Nährwert pro Portion: ca. 750 kcal = 3.150 kJ.

Hilfsmittel: Schnellkochtopf, Küchenmaschine mit Mixmesser, Stieltopf, Bratpfanne, Stabmixer.

**Zubereitungszeit:** ca. 50 Min. Garzeit Tournedos: ca. 6 Min.

**Zubereitung:** Den Spargel schälen, aus den Schalen im Schnellkochtopf ca. 200 ml Sud ziehen. Den Spargel in Stücke schneiden, die Spargelspitzen separieren. Spargelstücke im Sud ca. 20 Minuten dünsten, herausnehmen, abtropfen lassen und im Mixer pürieren. Das Püree im Stieltopf bei mittlerer Hitze auf ein Drittel einkochen. Die warmen Kartoffeln in einer Schüssel zerdrücken und mit dem Stabmixer unter Zugabe der Butter und des Spargelmuses zu einem Püree verarbeiten. Mit Pfeffer, Salz und der abgeriebenen Zitronenschale würzen.

Die Spargelspitzen in den Sud einlegen und bei mittlerer Hitze ca. 10–15 Min. garziehen lassen. Die aus dem Rehrückenfilet geschnittenen Tournedos (8 Stück) etwas klopfen, pfeffern und salzen. In der Pfanne das Butterschmalz erhitzen, die Tournedos von beiden Seiten jeweils ca. 3 Min. braten, aus der Pfanne nehmen und warm stellen. Überschüssiges Fett vorsichtig abgießen. Den Bratensatz mit etwas kalter Butter anlösen und unter Zugabe der restlichen Butter eine schaumige Sauce aufschlagen. Die Tournedos mit dem Spargel-Kartoffel-Püree, den Spargelspitzen und der Sauce anrichten.

# Rehrückenfilet im Briocheteig

**Zutaten für 4 Personen**

500 g Rehrückenfilet • 20 g Butterschmalz • Pfeffer aus der Mühle • Salz. *Teig:* 250 g Mehl • 15 g Hefe • 125 ml lauwarme Milch • 1 Ei • 25 g Butter • Prise Salz • 1 Eigelb • 50 g Sesamkörner • 500 g Mischgemüse (Mohrrübe, Kohlrabi, Lauch, Blumenkohl) • 30 g Butter • 120 ml Sahne • Pfeffer • Salz • Muskat.

**Beilage:** Ratatouille-Gemüse:
1 Zwiebel • 2 Tomaten • 1/2 rote und 1/2 gelbe Paprikaschote • 1/2 Zucchini • 1/2 Aubergine • 1/2 Knoblauchzehe • 30 g Butter • Pfeffer aus der Mühle • Salz.

Nährwert pro Portion: ca. 670 kcal = ca. 2.800 kJ.

Hilfsmittel: Bratpfanne, Stieltopf, Stabmixer, Backpapier.

**Zubereitungszeit:** ca. 110 Min. Garzeiten: Filets ca. 15. Min., im Briocheteig ca. 30 Min.

**Zubereitung:** Das in zwei Stücke (à 250 g) geteilte Rehrückenfilet pfeffern und salzen und in heißem Butterschmalz von allen Seiten ca. 15 Min. braten, dann kalt stellen. Aus dem Mehl und der in der Milch aufgelösten Hefe einen Teig herstellen und ca. 20 Min. gehen lassen. Anschließend das Ei, die zerlassene Butter und etwas Salz in den Teig einarbeiten und diesen nochmals ca. 30 Min. gehen lassen. Das Mischgemüse in Butter anschwitzen, die Sahne zugeben und weich schmoren. Mit dem Mixer zu einer feinen Masse pürieren, anschließend nochmals etwas eindicken und erkalten lassen. Den Backofen auf 200° C vorheizen. Den Briocheteig auf Backpapier ausrollen, mit der Gemüsemasse bestreichen, dabei rundum ca. 3 cm Rand freilassen. Die Rehrückenfilets mit etwas Abstand zueinander aufsetzen. Die Ränder mit Eigelb bestreichen. Den Teig von der Seite her zur Mitte einschlagen. Die Teigoberfläche mit Eigelb einstreichen und mit Sesamkörnern bestreuen. Auf ein Blech geben und im Backofen ca. 30 Min. backen.

Die Tomaten und die Paprikaschoten überbrühen, häuten, entkernen und in Würfel schneiden. Das übrige Gemüse würfeln, Zwiebel und Knoblauchzehe fein hacken. Die Zwiebel mit dem Knoblauch in der Butter anschwitzen, das übrige Gemüse bis auf die Tomaten zufügen, pfeffern und salzen. Das Gemüse bei kleiner Hitze gardünsten (bißfest), zum Schluß die Tomatenwürfel unterheben.

# Würzsud-Rehkeule mit Pfifferlingen

**Zutaten für 4–6 Personen**

1 Rehkeule, hohl ausgelöst • 750 ml Wasser • 6 zerdrückte Wacholderbeeren • 5 zerstoßene Pimentkörner • 1 Zweig Thymian oder 1 Tl zerstoßener Thymian • 1 Zweig Liebstöckel oder 1 Tl getrockneter Liebstöckel • 2 geviertelte Schalotten • 1 Lorbeerblatt • 2 Gewürznelken • 5 g getrocknete, eingeweichte Steinpilze • 30 g Butterschmalz • Pfeffer aus der Mühle • Salz • Speisestärke • 500 g Pfifferlinge (frisch oder aus der Dose) • 20 ml Pflanzenöl • 80 g gewürfelter Frühstücksspeck • 1 kleine feingeschnittene Zwiebel • Pfeffer • Salz.

**Beilagen:** Klöße von rohen Kartoffeln, Apfel-Rotkohl.

Nährwert pro Portion: ca. 500 kcal = 2.100 kJ.

Hilfsmittel: Bratentopf, kleine Bratpfanne, Töpfe, Haarsieb, Schüssel, drei Gabeln, Küchenkrepp, Alufolie.

**Zubereitungszeit:** ca. 150 Min., Marinierzeit: über Nacht, Garzeit: 130 Min.

**Zubereitung:** Gewürze mit Wasser einmal aufkochen, bei mittlerer Hitze 10 Min. ziehen lassen, dann kalt werden lassen. In eine Schüssel drei Gabeln, Zinken nach unten, sternförmig einlegen, Keule daraufsetzen, mit Würzsud bedecken. Schüssel abdecken und über Nacht kühl stellen.

Keule auf einem Sieb abtropfen lassen. Sud durchsieben, auf die Hälfte einkochen. Backofen auf 180° C vorheizten. Keule mit Küchenkrepp trockentupfen, pfeffern und salzen. Im Bratentopf das Fett erhitzen, die Keule rundum anbraten. Zwischendurch mit etwas Würzsud Bratensatz anlösen. Zugedeckt im Backofen 120 Min. braten. Keule in Alufolie einschlagen. Bratensatz mit Würzsud loskochen. Sauce mit Speisestärke binden, mit Pfeffer und Salz abschmecken.

In der Pfanne Öl erhitzen, die Pfifferlinge hineingeben, Saft ziehen lassen. Zwiebel und Frühstücksspeck zufügen. Zugedeckt ca. 20 Min. schmoren. Pfeffern und salzen.

# Rehrücken klassisch

**Zutaten für 6–8 Personen**

1 Rehrücken ca. 2 kg • 50 g Butterschmalz • 20 g Butter • Pfeffer • Salz. *Sauce:* 10 g Butterschmalz • 1 klein geschnittene Schalotte • 50 ml Sahne • 350 ml dunkler Wildfond • Rotwein • Pfeffer aus der Mühle • Salz.

**Beilagen:** Scheiben vom Semmelkloß, Rotkohl.

Nährwert pro Portion: ca. 650 kcal = 2.700 kJ.

Hilfsmittel: Bräter mit Deckel, Messer, Geflügel- oder Rosenschere, Küchengarn, Alufolie, Stieltopf, Haarsieb.

**Zubereitungszeit:** ca. 70 Min. Garzeit Rücken: ca. 35 Min.

**Zubereitung:** Backofen auf 200° C vorheizen. Den Rehrücken bis auf das schiere Fleisch häuten. Dabei alles sichtbare Fett entfernen. Die Rückenfilets entlang des Rückgrats ca. 1–2 cm anlösen. Die freistehenden Dornfortsätze mit der Schere herunterschneiden. Den Rücken mit Küchengarn umbinden, mit Pfeffer und Salz würzen. Das Butterschmalz im Bräter erhitzen. Den Rücken auf der Fleischseite wechselseitig ca. 10 Min. bei mittlerer Hitze anbraten, dann auf den Knochen stellen. Eine Tasse heißes Wasser angießen. Deckel schließen und den Bräter auf der untersten Schiene in den Backofen geben. Den Rücken nach 20 Min. herausnehmen, in Alufolie einschlagen und 10 Min. ruhen lassen.

**Sauce:** Butterschmalz im Stieltopf erhitzen. Darin die Schalotte andünsten. Die Sahne und den Wildfond zufügen und alles aufkochen. Mit einem Schuss Rotwein aromatisieren, Fond um ein Drittel einkochen. Mit Pfeffer und Salz abschmecken. Vor dem Servieren durch das Haarsieb seihen.

# Rehkeule im Tontopf geschmort

**Zutaten für 4–6 Personen**

1 Rehkeule à ca. 1.800 g (mit Knochen) • 50 g fetter, geräucherter Speck • 1 El gemahlenes Wildgewürz (Fuchs) • 1 El Liebstöckelsalz • je 40 g in Scheiben geschnittene Sellerieknolle, Petersilienwurzel, Zwiebel und Lauch • 100 g kleine, braune Champignons • 2 Zweige Rosmarin • einige Zweige Thymian • frisch gemahlener Pfeffer • Salz. *Sauce:* 10 g Butter • 1 kleingeschnittene Schalotte • 2 El Tomatenmark • 150 ml trockener Rotwein • 400 ml durchgeseihter, entfetteter Sud von der Rehkeule (ersatzweise Fleischbrühe, darf Instant sein) • 1 gestrichener Tl frisch geriebene Ingwerwurzel • 50 ml Sahne • Speisestärke.

**Beilagen:** Schupfnudeln, Lauch-Möhren-Gemüse.

**Nährwert pro Portion:** ca. 400 kcal = ca. 1.650 kJ.

Hilfsmittel: Tontopf (Römertopf), Ausbeinmesser, kleines spitzes Messer, Schneidbrett, kleine Schüssel, kleiner Teller, Küchengarn, Stieltopf, Haarsieb, Entfettungsgefäß.

**Zubereitungszeit:** ca. 150 Min. Garzeiten: Rehkeule ca. 120 Min. bei 200° C (Backofen, Ober- und Unterhitze), Sauce: ca. 10 Min.

**Zubereitung:** Backofen vorheizen. Speck in ca. 2 mm starke Scheiben schneiden. 4 Scheiben beiseite legen, restliche Scheiben in 5 mm breite Streifen schneiden. Wildgewürz und Liebstöckelsalz in der Schüssel mischen, darin die Speckstreifen wälzen und nebeneinander auf den Teller legen. Speckstreifen im Tiefkühlfach anfrosten. Die Rehkeule ausbeinen, dabei das Oberschenkelbein hohl auslösen. 1 Speckscheibe in der Würzmischung wenden und in die Mitte der Keule legen. Mit spitzem Messer Löcher in das Fleisch stechen, in diese die Speckstreifen stecken. Keule mit Küchengarn umbinden, pfeffern und salzen. Auf den Boden des Tontopfes die Gemüsescheiben und einige Champignons legen. Rehkeule auflegen, restliche Speckscheiben und Pilze sowie Rosmarin und Thymian auf das Fleisch geben. Deckelinnenseite mit Wasser anfeuchten und aufsetzen. Tontopf in den Backofen geben (unterste Schiene). Am Garende Rehkeule aus dem Topf nehmen, in Alufolie einschlagen und ruhen lassen. Schmorsud durchseihen und entfetten.

**Sauce:** Im Stieltopf die Butter erhitzen, darin die Schalotte andünsten. Tomatenmark einrühren, Rotwein angießen und auf die Hälfte einkochen. Schmorsud mit der Sahne vermischen und zur Sauce geben. Flüssigkeit aufkochen, den Ingwer zufügen. Sauce mit Speisestärke leicht binden. Mit Pfeffer und Salz abschmecken.

**➥ Tip**

Scheiben von der Rehkeule aus dem Tontopf bei der Sommerparty anstelle von Steaks mit Folienkartoffeln, Schmand und einem bunten Salat servieren.

**➥ Hinweis**

Aus Resten der Rehkeule lässt sich ein vorzüglicher Fleischsalat herstellen: Fleisch und einige Delikatessgurken in Würfel schneiden. Mit feingeschnittener Schalotte, Radieschenscheiben, Essig, Öl, Pfeffer und Salz zu einem Salat verarbeiten.

# Gespicktes Rehblatt mit Kürbissauce

**Zutaten für 4 Personen**

1 Rehblatt ohne Unterbein (ca. 800–1000 g) • 30 g fetter, in Streifen geschnittener Räucherspeck • 30 g Butterschmalz • 1 mittelgroße Mohrrübe • 50 g Lauch • 50 g Sellerieknolle • 1 Zwiebel • 1 Zweig frischer Liebstöckel • 1 kleines Glas süßsauer eingelegte Kürbisse • Pfeffer aus der Mühle • Salz • 1 Tl Zucker.

**Beilagen:** Spätzle, Lollo rosso.

Nährwert pro Portion: ca. 510 kcal = ca. 2.130 kJ.

Hilfsmittel: Spickmesser, Bratentopf, Stieltopf, Fleischgabel, Alufolie, Haarsieb, Entfettungsgefäß.

**Zubereitungszeit:** ca. 90 Min. Garzeit: ca. 60 Min. nach dem Anbraten bei 200° C.

**Zubereitung:** Backofen auf 200° C vorheizen. Speckstreifen mit Pfeffer übermahlen, im Tiefkühlfach frosten. Mohrrübe, Sellerieknolle, Zwiebel schälen und zusammen mit dem Lauch in kleine Stücke schneiden. Kürbisse aus dem Glas abseihen, Flüssigkeit auffangen und mit Wasser auf 250 ml auffüllen. Vom Rehblatt lose Häute entfernen. Mit dem Messer Spicklöcher ins Fleisch schneiden, Speckstreifen hineinschieben. Fleisch rundum pfeffern und salzen. Im Bratentopf Butterschmalz erhitzen, darin das Fleisch rundum anbraten. Zwischendurch das Wurzelgemüse zufügen und mitanrösten. Fleisch und Gemüse im Topf an die Seite schieben. Zucker einstreuen und karamelisieren lassen. Hälfte der abgeseihten Kürbisse und den Kürbissaft zufügen. Liebstöckelzweig einlegen. Deckel schließen und auf der untersten Schiene in den Backofen geben. Nach Ende der Garzeit das Fleisch herausnehmen und in Alufolie einschlagen. Etwas warmes Wasser angießen. Fond durch ein Sieb in eine Schüssel passieren. Das Gemüse soweit möglich mit durchdrücken. Fond über ein Entfettungsgefäß entfetten und in den Stieltopf geben. Restliche Kürbisstücke zugeben und miterwärmen. Fleisch aufschneiden, mit der Sauce und den Beilagen servieren.

# Rehblatt mit kandierten Maronen

**Zutaten für 4 Personen**

1 Rehblatt mit Unterbein (ca. 1.100 g) • zerstoßener Thymian • 5 zerdrückte Wacholderbeeren • 2 Tl Weinbrand • Pfeffer aus der Mühle • Salz • 30 g Butterschmalz • 1 kleingeschnittene Zwiebel • 300 ml Wildknochenfond • 100 ml Sahne. *Maronen:* 750 g Maronen • 30 g Butter • 5 El Zucker • 80 ml Sahne.

**Beilage:** Rosenkohl.

Nährwert pro Portion: ca. 850 kcal = ca. 3.550 kJ.

Hilfsmittel: Bräter, Stieltopf, Alufolie, gezahntes Käsemesser, Schaumlöffel.

**Zubereitungszeit:** ca. 100 Min. Garzeit: ca. 90 Min.

**Zubereitung:** Rehblatt mit Weinbrand beträufeln und 10 Min. ruhen lassen. Backofen auf 180° C vorheizen. Das Wildbret mit Thymian, Wacholderbeeren, Pfeffer und Salz würzen. Fett im Bräter erhitzen und das Blatt beidseitig anbraten, den Bratensatz zwischendurch mit etwas Brühe anlösen. Gegen Ende des Anbratvorganges die Zwiebel zufügen. Restlichen Wildfond zugeben und zugedeckt auf der untersten Schiene im Backofen ca. 80–90 Min. schmoren. Das Blatt in Alufolie einschlagen, beiseite stellen. Sahne zum Fond gießen, zu einer cremigen Sauce einkochen. Sauce durch ein Sieb gießen.

**Kandierte Maronen:** Maronen an beiden Seiten mit dem Käsemesser kreuzweise einschneiden, auf ein Backblech geben und im Backofen (oberste Schiene über dem Bräter) ca. 12–15 Min. rösten. Maronen schälen und beiseite stellen. Im Stieltopf Butter erhitzen, Maronen zufügen und mehrfach durchheben, zwischendurch mit Zucker bestreuen. Wenn der Zucker bräunt, Maronen mit dem Schaumlöffel herausheben, beiseite stellen. Sahne in den Stieltopf geben, unter ständigem Rühren leicht karamelisieren lassen. Maronen in den Sahne-Zucker-Sirup geben und durchmischen.

# Südländisches *Pfannen-Schäufele*

**Zutaten für 4 Personen**

1 Rehschäufele (Blatt) ohne Unterbein (ca. 1.000 g) • 1/2 Knoblauchzehe • 1 Tl gemahlene Kräuter der Provence • Pfeffer aus der Mühle • Salz • 30 g Butterschmalz • 50 ml trockener Weißwein • 250 ml Wildbrühe (darf auch Instantbrühe sein) • je ein halber roter, grüner, gelber Paprika • 1/2 Stange Lauch • 1 kleine Dose Mais.

**Beilage:** Teigwaren oder Reis.

Nährwert pro Portion: ca. 450 kcal = 1.880 kJ.

Hilfsmittel: Bratpfanne mit Deckel, kleiner Topf mit Deckel, Sieb.

**Zubereitungszeit:** ca. 90 Min. Garzeit: ca. 80 Min.

**Zubereitung:** Knoblauchzehe in Salz zerdrükken und das Schäufele damit einreiben, mit den übrigen Gewürzen würzen. Fett in der Pfanne erhitzen und das Schäufele rundum anbraten. Zwischendurch Bratensatz mit Weißwein anlösen. Wildbrühe angießen. Das Schäufele bei mittlerer Hitze schmoren.

Die Paprika putzen, in kleine Stücke, den Lauch in Ringe schneiden. Den Mais auf ein Sieb geben und abtropfen lassen. Die Paprikastück in Salzwasser kurz garen, auf einem Sieb abtropfen lassen. Gegen Ende der Garzeit Paprikastücke, Lauchringe und Mais zum Schäufele geben und ca. 10 Min. mitgaren. Schäufele herausnehmen, Knochen entfernen, das Fleisch aufschneiden, in der Pfanne servieren.

# Grillstücke vom Reh

**Zutaten**

Aus Unterarm- und Unterschenkelbein geschnittene Haxen • Rehschäufele (Schulterstück mit Knochen) • zu Spearribs zugeschnittene fleischige Rippenbögen • Steaks aus der Oberschale der Keule oder aus dem Rückenmuskel • Pflanzenöl • Grillgewürz • Knolle bzw. Blatt von Wurzelgemüse (Porree, Sellerie, Mohrrübe, Zwiebel, Petersilie) • 1 Zweig Liebstöckel • Malzbier • Liebstöckelsalz • Pfeffer aus der Mühle • Salz. *Saucen (I.):* 1 Becher Schmand oder Crème fraîche • 2 El Tomatenmark aus der Tube • 2 Tl Senf • 1 gestr. Tl Rosenpaprika • 1 kleingeschnittene Gewürzgurke • etwas geriebener Ingwer • einige Spritzer Zitrone • Cayennepfeffer • Salz. *(II.):* 1 Glas Ingwer-Chutney (Stücke separat kleinschneiden) • 30 ml Madeira • 1 Tl Tomatenmark • 1 Tl grüne Pfefferkörner aus dem Glas • Worcestershire- und Sojasauce • Zucker.

**Beilagen:** Folienkartoffeln mit Kräuterquark, Grilltomate, Baguette, süßsauer angerichteter bunter Salat.

Hilfsmittel: Schüsseln, Suppentopf, Küchensieb, Fettpinsel, Alufolie, Grill.

**Vorbereitungszeit:** ca. 90 Min. Marinierzeit: ca. 4–5 Std. Grillzeit: je nach Teil ca. 10–45 Min. Folienkartoffeln: ca. 80 Min.

**Zubereitung:** Die „Schäufele" und die Haxen in mit Grillgewürz angereichertes Pflanzenöl einlegen und für 4–5 Std. kühl stellen. Rippenstükke in kochendes, mit Wurzelgemüse, etwas Pfeffer und Salz angereichertes Wasser geben. Solange köcheln, bis sich das Fleisch von den Knochen löst. Alles im Sud erkalten lassen, dann auf ein Sieb geben. Nach dem Abtropfen mit Pflanzenöl einpinseln, pfeffern und salzen. Steaks mit dem Fleischklopfer leicht plattieren, in eine aus Malzbier, einem Schuß Pflanzenöl, Liebstöckelsalz und Pfeffer gerührte Marinade legen. Darin eine Stunde liegen lassen, zwischendurch wenden. Schäufele und Haxen aus dem Öl nehmen, auf einem Küchensieb abtropfen lassen. Ohne weitere Würzung auf den Grill geben. Ebenso mit den Steaks verfahren. Vorgekochte Rippenstücke (Spearribs) mit Öl einpinseln, pfeffern und salzen, auf den Grill legen. Schäufele, Haxen und Steaks während des Grillens leicht mit Öl einpinseln. Vor dem Servieren mit Pfeffer und Salz würzen.

**Saucen:** Die jeweiligen Zutaten miteinander vermischen, mit Pfeffer und Salz bzw. Zucker abschmecken. Saucen 1 Std. durchziehen lassen.

**➥ Tip**

Wer einen Schwenkgrill benutzt und Sorge hat, daß Öl in die Holzkohle abtropft, der kann die Grillteile entweder auf einer Aluschale auf den Rost geben, oder den Grillrost mit Alufolie großflächig abdecken.

# Rehfilet in der Biskuitrolle

**Zutaten für 4–6 Personen**

1 gehäutetes Rehfilet (ca. 400–500 g) • 20 g Butterschmalz • Liebstöckelsalz • Wildgewürz • Pfeffer • Salz. *Biskuitteig:* 8 Eigelb • 25 g Zucker • 4 Eiklar • 80 g Weizenmehl (Typ 405) • 20 g Speisestärke • 1 Msp. Salz • 1/4 Tl ger. Muskat. *Aufstrichmasse:* 350 g Blattspinat (TK) • 100 ml Sahne • Pfeffer • Salz • 2 EL Weizenmehl. *Sauce:* 100 ml Sahne • 200 ml Wildfond • 200 ml Rotwein • Pfeffer • Salz.

**Beilage:** Rapunzelsalat.

Nährwert pro Portion: ca. 550 kcal = ca. 2.300 kJ.

Hilfsmittel: Bratpfanne, Kochtopf, Stieltopf, Mixstab, Schüsseln, Schneebesen, Mehlsieb, Teigpalette, Kuchenblech, Backpapier, Alufolie, Küchentücher.

**Zubereitungszeit:** ca. 60 Min. Bratzeit: Filet ca. 8 Min. Backzeit: Biskuitteig ca. 6 Min., gefüllte Biskuitrolle ca. 18 Min. bei jeweils 230° C.

**Zubereitung:** Backofen vorheizen. In der Bratpfanne in Butterschmalz das Filet rundum anbraten, dann in Alufolie einschlagen und beiseite stellen. Aufstrichmasse: Sahne und gefrosteten Spinat erhitzen, pürieren und Flüssigkeit einkochen. Mit Pfeffer und Salz abschmecken. Das Mehl überstäuben und einrühren. Erkalten lassen.

**Sauce:** Sahne erhitzen, Wildfond und Rotwein zugeben, auf die Hälfte einkochen.

**Biskuitteig:** Eigelbe mit Zucker, Salz und Muskat verrühren. Eiklar steif schlagen. Eigelb unter den Eischnee ziehen. Mehl und Speisestärke miteinander mischen. Partienweise über den Eischnee sieben und mit dem Schneebesen einarbeiten. Kuchenblech mit Backpapier auslegen, darauf den Teig in gleichmäßiger Stärke verstreichen. Im Backofen (unterste Schiene) ausbakken. Biskuit auf ein feuchtes Tuch ziehen, mit feuchtem Tuch abdecken. Abkühlen lassen. Auf den Biskuit Spinat aufstreichen. Filet mit Liebstöckelsalz, Wildgewürz und Pfeffer würzen. Quer zur schmalen Seite auflegen. Biskuit mit Hilfe des unteren Tuches einrollen. Auf mit Backpapier ausgelegtem Kuchenblech auflegen und mit Backpapier abdecken. Auf der untersten Schiene ausbacken. Später schräg aufschneiden.

# Rehfiletscheiben auf Toast

**Zutaten für 4 Personen**

4 kleine Rehfilets (von der Unterseite des Rükkens) • 30 g Butterschmalz • Pfeffer aus der Mühle • Salz • 4 Scheiben Toastbrot • 4 El Cumberlandsauce (darf auch Johannisbeer-, Erdbeer- oder Kirschkonfitüre sein).

**Beilagen:** keine.

Nährwert pro Portion: ca. 240 kcal = ca. 1.000 kJ.

Hilfsmittel: Bratpfanne, Alufolie, Toaster.

**Zubereitungszeit:** ca. 25 Min. Garzeit: ca. 12 Min.

**Zubereitung:** Filets waschen, lockere Häute ablösen. Pfeffern und salzen. In heißem Fett bei mittlerer Hitze ca. 10–12 Min. braten. Zwischendurch mehrfach wenden. Filets in Alufolie einschlagen und 5 Min. ruhen lassen. Toastbrot toasten. Mit Cumberlandsauce bestreichen. Filets schräg in dünne Scheiben schneiden. Toasts damit belegen. Auf einen Teller geben und ausgarnieren.

**➥ Hinweis**

Bei der Zubereitung eines ganzen Rehrückens lohnt es nicht, die an der Unterseite des Rücken sitzenden kleinen Filets mitzubraten. Sie werden deshalb vorher ausgelöst und, wie zuvor beschrieben, für sich zubereitet. Als Vorspeise serviert oder als kleine Zwischenmahlzeit gereicht, bieten sie besondere Gaumenfreuden.

**➥ Tip**

Sind die Filets von angetrocknetem Blut schwarz gefärbt, werden sie in kaltem Wasser ca. 10–15 Min. gewässert, nachfolgend unter fließendem Wasser abgespült und mit Küchenkrepp trockengetupft.

# Rehmedaillons mit Spargel

**Zutaten für 4 Personen**

800 g ausgelöster, gehäuteter Rückenmuskel vom Reh • 20 g Butterschmalz • Liebstöckelsalz • weißer Pfeffer aus der Mühle • 24 dünne Stangen weißer Spargel • 12 Stangen grüner Spargel. *Sauce:* 1 Eigelb • 150 g zimmerwarme Butter • 1 Tl Zitronensaft • 1 Messerspitze Hühner-Instant-Brühe • frisch gemahlener Pfeffer • Salz.

**Beilage:** gekochte, junge Kartoffeln in der Schale.

Nährwert pro Portion: ca. 630 kcal = ca. 2.640 kJ.

Hilfsmittel: Steakpfanne, Fleischklopfer, Teller, Stieltopf, Schlagschüssel (ersatzweise Porzellanschüssel), Schneebesen, großer mittelhoher Kochtopf mit Deckel, Schüssel, Haarsieb, Suppenlöffel, Spargelschäler, Küchengarn, Alufolie.

**Zubereitungszeit:** ca. 60 Min. Garzeiten: Medaillons ca. 10 Min., Spargel ca. 12 Min.

**Zubereitung:** Den Filetstrang in 8 gleich dicke Medaillons schneiden und diese von beiden Seiten mit dem Fleischklopfer leicht klopfen. Beiseite legen. Den weißen Spargel schälen. Schalen mit einer Prise Salz in den Kochtopf geben, mit Wasser bedecken und 10 Min. auskochen. Spargelsud durch ein Sieb in eine Schüssel gießen, Spargelschalen mit dem Kochlöffel gut ausdrücken. Sud wieder in den Topf geben. Weißen und grünen Spargel von den Köpfen her auf 8 cm Länge abschneiden. Je sechs weiße mit drei grünen Spargelköpfen in zwei verschiedenen Höhen mit Küchengarn zusammenbinden. Spargelenden schräg in ca. 5 cm große Stücke schneiden. Spargelsud aufkochen, gebundenen Spargel und Spargelstücke in den Sud geben und bei zurückgeschalteter Hitze garen. Medaillons beidseitig mit Liebstöckelsalz und Pfeffer würzen. In der Pfanne das Butterschmalz erhitzen. Darin die Medaillons wechselseitig anbraten und bei zurückgeschalteter Hitze braten. Herausnehmen, auf einen Teller legen und mit Alufolie abdecken, ca. 6 Min. ruhen lassen.

**Sauce:** Stieltopf zu einem Drittel mit Wasser füllen und dieses erhitzen (Wasserbad). In der Schlagschüssel Eigelb und Butter mit dem Schneebesen verrühren. Schüssel ins Wasserbad setzen und die Buttermasse cremig aufschlagen. Zitronensaft und Hühner-Instant zufügen, mit Pfeffer und Salz abschmecken.

# Rehschnitzel in Mandelpanade mit Fruchtsauce

**Zutaten für 4 Personen**

4 aus der Keule (Oberschale) geschnittene Rehschnitzel à ca. 130 g • Liebstöckelsalz • Pfeffer aus der Mühle • Mehl • 2 Eier • 100 g gehackte Mandeln • 50 g Butterschmalz. *Sauce:* 250 ml dunkler Wildfond • 50 ml Rotwein • 50 ml Sahne • Kartoffelmehl • Pfeffer aus der Mühle • Salz • 100 g Crownsbeeren (gefrostet), ersatzweise Preißelbeeren.

**Beilagen:** Kroketten, mit Obstessig und Kernöl angerichteter Salat.

Nährwert pro Portion: ca. 500 kcal = ca. 2.100 kJ.

Hilfsmittel: Fleischklopfer, Bratpfanne, Bratgutwender, Teller, Gabel, Stieltopf.

**Zubereitungszeit:** ca. 40 Min. Garzeit: ca. 8–10 Min.

**Zubereitung:** Die Außenhaut der Rehschnitzel (sofern noch vorhanden) rundum einschneiden. Schnitzel beidseitig dünn ausklopfen, mit Liebstöckelsalz und Pfeffer würzen. Eier auf dem Teller mit der Gabel zerschlagen. Das Fleisch zuerst in Mehl, dann in Ei wenden und in gehackten Mandeln panieren. In der Bratpfanne das Fett erhitzen, die Temperatur herunterschalten und die Schnitzel bei mittlerer Hitze beidseitig goldbraun braten. Dabei darauf achten, daß die Panade nicht zu dunkel wird.

**Sauce:** Wildfond mit Rotwein und Sahne aufkochen, mit Kartoffelmehl leicht binden. Mit Pfeffer und Salz würzen. Die gefrosteten Crownsbeeren in die Sauce geben und erwärmen. Mit den Rehschnitzeln und der Beilage servieren.

**➥ Hinweis**

Beim Zuschnitt der Schnitzel sollte die Schnittführung leicht schräg erfolgen. Dadurch werden die Schnitzel insgesamt größer.

# Rehrücken mit Erdbeer-Spargel-Salat

**Zutaten für 4–6 Personen**

1 Rehrücken (ca. 1.500 g) • 500 g Erdbeeren (möglichst kleine) • 500 g Spargelbruch • 1 Bund Rucola • 30 ml Olivenöl • 10 ml Zitronensaft • 1 Tl Zucker • Pfeffer aus der Mühle • Liebstöckelsalz. *Salatsauce:* 50 ml weißer Balsamicoessig • 50 ml Olivenöl • 4 El Schnittlauchröllchen • 1 Tl Zucker • frisch gemahlener Pfeffer • Salz.

**Beilage:** Baguette.

Nährwert pro Portion: ca. 350 kcal = ca. 1.460 kJ.

Hilfsmittel: Geflügel- oder Rosenschere, Bräter mit Deckel, Alufolie, Brotschneidemaschine, Salatschleuder, Küchenschere, Sparschäler, Kochtopf, Schüsseln.

**Zubereitungszeit:** ca. 80 Min. Garzeit: Rehrücken ca. 30 Min. Spargel ca. 15 Min.

**Zubereitung:** Den Rehrücken häuten. Entlang der Wirbelsäule die Filetstücke bis zum Rippenansatz anlösen. Wirbelknochen entlang des Rückens mit der Schere kürzen. Im Bräter Olivenöl erhitzen. Den Rehrücken wechselseitig auf der Fleischseite insgesamt 10 Min. anbraten. Zwischendurch Bräter mit dem Deckel schließen. Rehrücken auf den Knochen stellen, mit Pfeffer aus der Mühle und Liebstöckelsalz würzen. Eine Tasse warmes Wasser angießen. Bei geschlossenem Deckel und mittlerer Hitze ca. 20 Min. dämpfen. Anschließend den Rücken in Alufolie einschlagen und auskühlen lassen.

Spargelstücke schälen. Schalen mit kaltem Wasser aufsetzen. Zitronensaft, etwas Salz und den Zucker zufügen. Aufkochen und ca. 5 Min. simmern lassen. Spargelschalen mit dem Schaumlöffel herausheben. In den Sud die Spargelstükke geben und ca. 15 Min. garen. Auf ein Sieb geben und abtropfen lassen. Abgekühlt in mundgerechte Stücke schneiden. Rucola waschen, trockenschleudern und in Stücke schneiden. Erdbeeren putzen und halbieren. Spargel, Rucola und Erdbeeren in eine Schüssel geben. Leicht mit Pfeffer übermahlen. Mit der aus den Zutaten angerührten Salatsauce übergießen und alles vorsichtig durchheben.

Filets vom Rehrücken ablösen, mit schrägem Schnitt halbieren und mit einer Schneidemaschine in ca. 2 mm dünne Scheiben schneiden. Scheiben auf den Tellern mit dem Spargel-Erdbeer-Salat anrichten (s. Bild).

# Rehleber in der Speckpfanne

**Zutaten für 4 Personen**

1 Rehleber • 300 g dünn geschnittener Frühstücksspeck (Bacon) • 3 Äpfel • 2 mittelgroße Gemüsezwiebeln • Essigwasser • geriebene Muskatnuß • gerebelter Majoran • Pfeffer aus der Mühle • Salz.

**Beilagen:** Kartoffelpüree, Salat.

Nährwert pro Portion: ca. 700 kcal = ca. 2.900 kJ.

Hilfsmittel: Bratpfanne mit Antihaftbeschichtung und Deckel, Apfelausstecher, Schneidemaschine (Brotaufschnittmaschine).

**Zubereitungszeit:** ca. 45 Min. Garzeit: ca. 25 Min.

**Zubereitung:** Die Rehleber häuten, Ausgang der Gallengänge wegschneiden. Leber in ca. 2–3 cm dicke Scheiben schneiden. Äpfel schälen, Kerngehäuse ausstechen, Äpfel in Ringe schneiden. Diese in Essigwasser einlegen (damit sie nicht braun werden). Zwiebel häuten, mit der Schneidemaschine in Ringe schneiden. Bratpfanne mit Frühstücksspeck überlappend auslegen. Hierauf eine Lage Äpfelringe legen. Auf diesen Leberscheiben verteilen und mit geriebener Muskatnuß und Majoran würzen. Auf den Leberstücken Zwiebeln verteilen, auf diese weitere Leberscheiben legen, mit Muskat und Majoran würzen. Restliche Äpfel- und Zwiebelringe auflegen und mit verbliebenen Scheiben vom Frühstücksspeck abdecken. Decke aufsetzen und bei nicht zu starker Hitze gardünsten. Vor dem Servieren Pfanneninhalt mit Pfeffer und Salz würzen.

**➥ Hinweis**

Damit das im Speck enthaltene Salz die Leber nicht hart macht, kommt zwischen Speck und Leberscheiben immer eine Lage Apfel- oder Zwiebelringe bzw. beides. Im Verlauf des Garprozesses kann sich die in der Pfanne ansammelnde Flüssigkeit aufgrund des im Frühstücksspeck enthaltenen Pökelsalzes rötlich färben.

**➥ Tip**

Falls sich in der Pfanne zuviel Flüssigkeit angesammelt hat, diese mit etwas in kaltem Wasser aufgelöstem Kartoffelmehl binden.

# Rotwild *(Cervus elaphus)*

Größte einheimische Hirschwildart, die im Gegensatz zu Rehwild in Familienverbänden (Rudeln) zusammenlebt. Ursprünglich ein Steppentier, besiedelt das Rotwild heute überwiegend weite, zusammenhängende Waldungen. Männliche Stücke werden in Hirschkalb, Schmalspießer (1 Jahr) und ältere Hirsche unterschieden. Weibliches Rotwild (Kahlwild) unterscheidet sich in Wildkalb, Schmaltier (1 Jahr) und Alttier. Die männlichen Stücke (Hirsche) tragen, wie beim Rehwild, nach dem ersten Lebensjahr ein Geweih. Es wird ab April aufgebaut, im Juli/August (altersabhängig) verfegt und im Februar/März wieder abgeworfen. In den Folgejahren werden die Geweihstangen länger, dicker und endenreicher, wobei die Endenzahl kein Altersmerkmal ist. Die Kälber werden im Mai/Juni geboren (gesetzt).

In Deutschland werden jährlich 60.000 bis 65.000, in Österreich 50.000 bis 52.000 und in der Schweiz 7.000 bis 8.000 Stück Rotwild erlegt. Dem Straßenverkehr zum Opfer fallen zwischen zwei bis fünf Prozent der als erlegt gemeldeten Stücke. Der Abschuß erfolgt nach wildbiologischen Kriterien (starker Eingriff in die Jugendklasse) im Rahmen eines amtlichen Abschußplanes. Reviere, in denen Rotwild dauerhaft seine Fährte zieht, sind in Rotwild-Hegeringen zusammengeschlossen. Aufgrund eines hohen Zivilisationsdruckes (Freizeittourismus) und Verbauung der Landschaft wurde der Lebensraum des Rotwildes in den vergangenen Jahrzehnten immer kleiner. Eine Verinselung der Populationen erfolgte.

Außer aus freier Wildbahn kommt Wildbret von Rotwild auch aus landwirtschaftlicher Gehegehaltung in den Handel. Allein Neuseeland liefert jährlich rund 20.000 Tonnen schieres Wildfleisch aus Farmhaltung nach Europa. Dieses Fleisch gilt als qualitativ hochwertig, da es unter strengen Hygienestandards gewonnen wird. Bei in der Paarungszeit (September/Oktober) erlegten älteren Tieren, insbesondere Hirschen, weist das Wildbret einen starken, unangenehmen urinösen Geruch und Geschmack auf. Es gilt als minderwertig. Der artspezifische Geschlechtsgeruch und -geschmack verschwindet nach mehrmonatiger Tiefkühllagerung (3–5 Monate).

**Erlegungsgewicht (ausgeweidet):**
je nach Alter, Geschlecht und Ernährungszustand 35 bis 250 kg.

**Ausschlachtergebnis:** 55–60 Prozent mit Knochen, 40–50 Prozent ohne Knochen. Tiefkühllagerung: bis zu 18 Monaten.

| | |
|---|---|
| Hauptjagdzeit: | (Achtung: regional stark unterschiedlich)<br>Schmalspießer: Juni – Februar<br>Schmaltier: Juni – Januar<br>Hirsche/Alttiere: August – Januar<br>Kälber: August – Februar |
| Paarungszeit: | September/Oktober |
| Qualitätsmerkmale: | dunkles, rotbraunes Fleisch von kerniger Struktur. |
| Zubereitungsempfehlung: | Rücken, Medaillons, Steaks braten.<br>Keule und Blätter schmoren oder braten.<br>Hals, Rippen und Bauchlappen als Ragout oder Rollbraten. |

# Zerlegen einer Hirschkeule

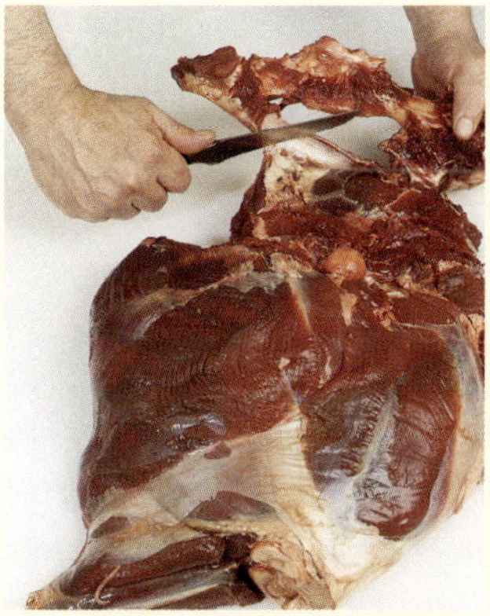

*1. Beckenknochen durch Umschneiden aus dem Gelenk lösen.*

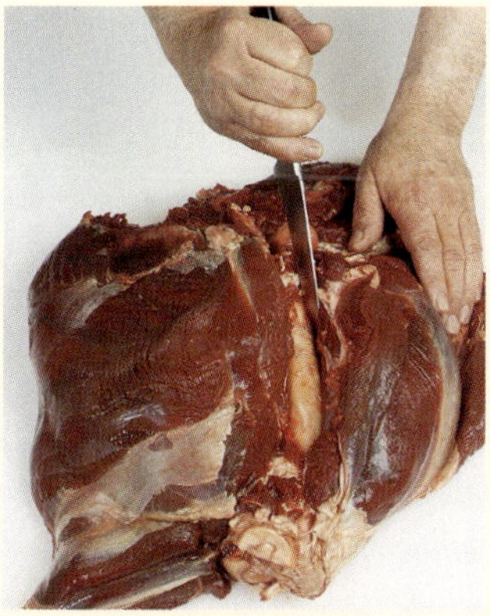

*2. Verlauf des Oberbeinknochens ertasten und freilegen.*

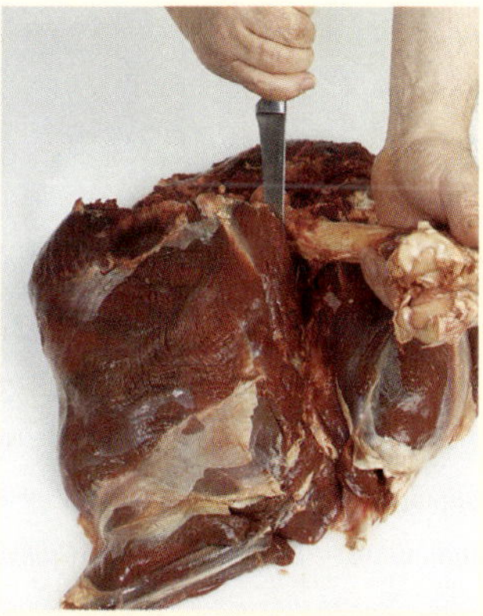

*3. Oberbeinknochen aus der Keulenmuskulatur herausschneiden.*

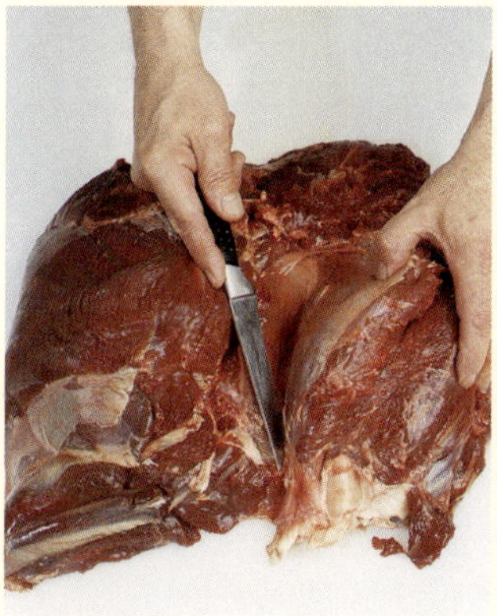

*4. Nuß durch Trennschnitt im Bindehautgewebe herausschälen.*

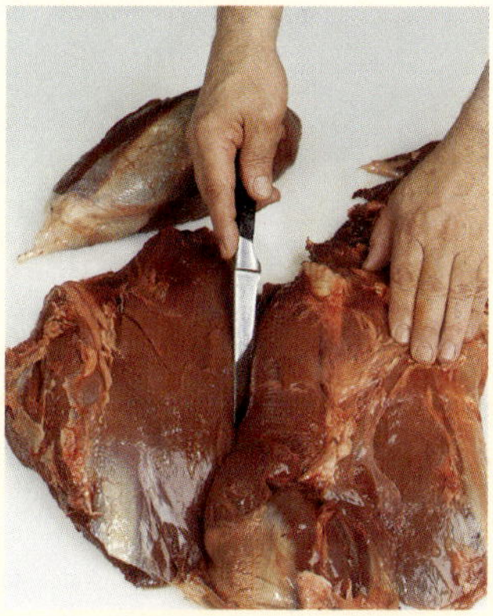

*5. Oberschale (l.) von der Unterschale mit Schnitt ablösen.*

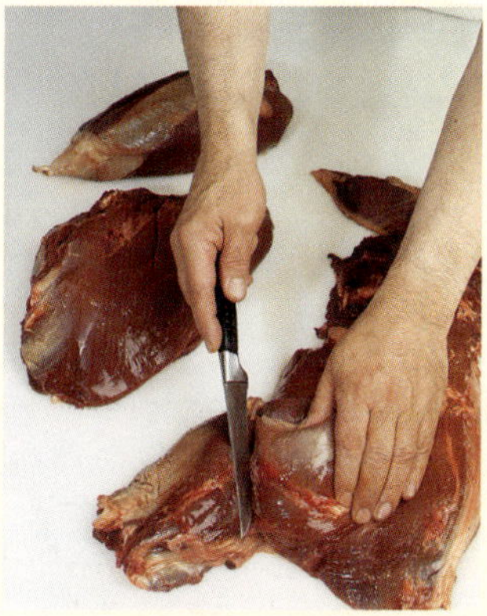

*6. Kniegelenkmuskel von der Unterschale abdrücken und abtrennen.*

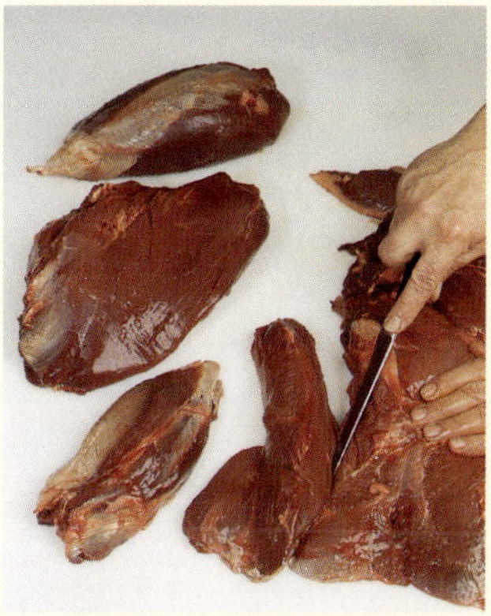

*7. Das an der Unterschale anhängende falsche Filet ablösen.*

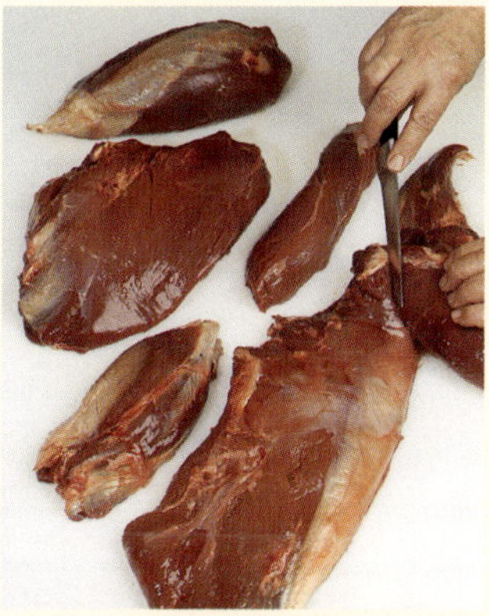

*8. Den an der Unterschale anhängenden Beckenmuskel abtrennen.*

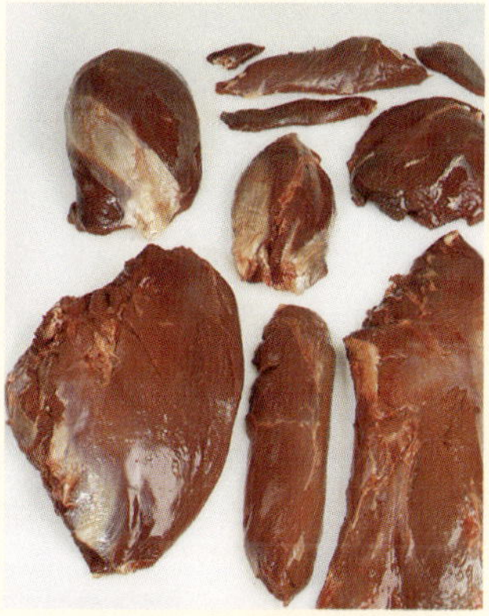

*9. In küchenfertige Teilstücke zerlegte Hirschkeule, die viele Bratenstücke liefert.*

# Zuschnitt und Behandlung von Keulenteilen

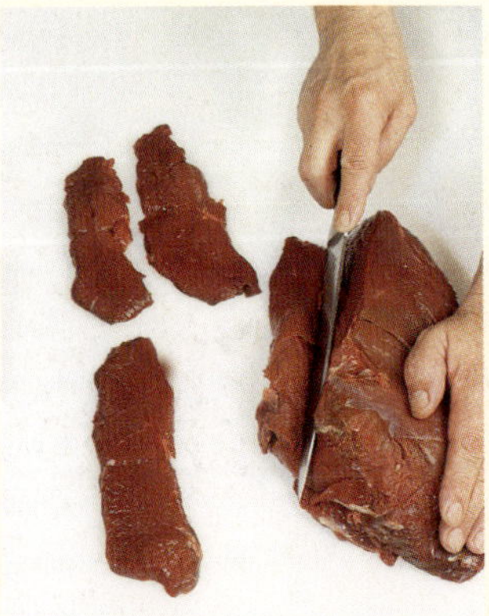

*1. Nach dem Häuten aus der Oberschale Rouladen schneiden.*

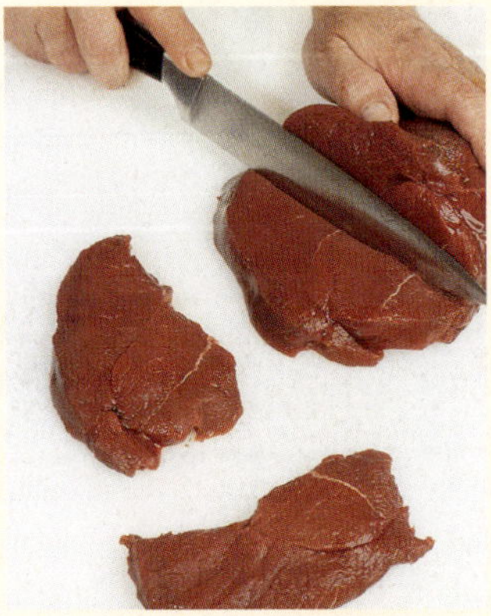

*2. Aus der gehäuteten Nuß 2–3 cm dicke Steaks zuschneiden.*

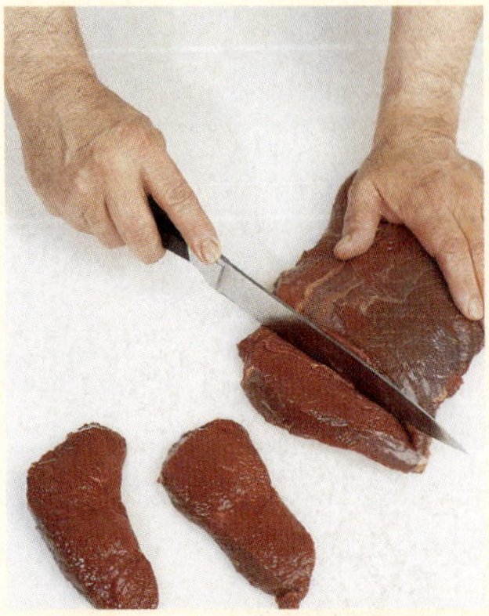

*3. Die gehäutete Unterschale in 2 cm dicke Schnitzel schneiden.*

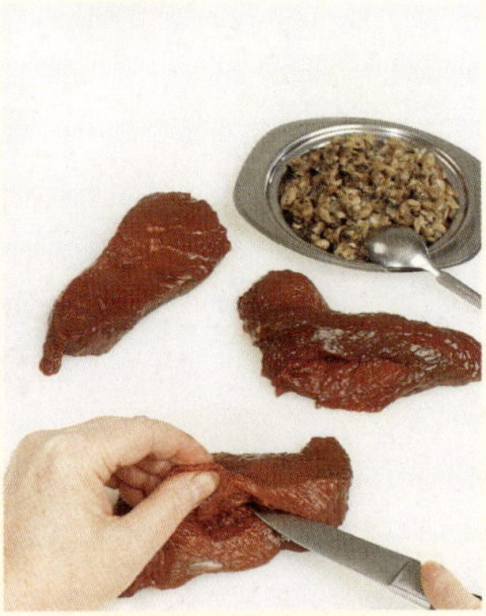

*1. Füllen von Schnitzeln: Seitlich Tasche hineinschneiden.*

*2. Die innen mit dem Messer nach den Seiten erweiterte Tasche füllen.*

*3. Hölzchen durch Ränder stecken, mit Küchengarn schließen.*

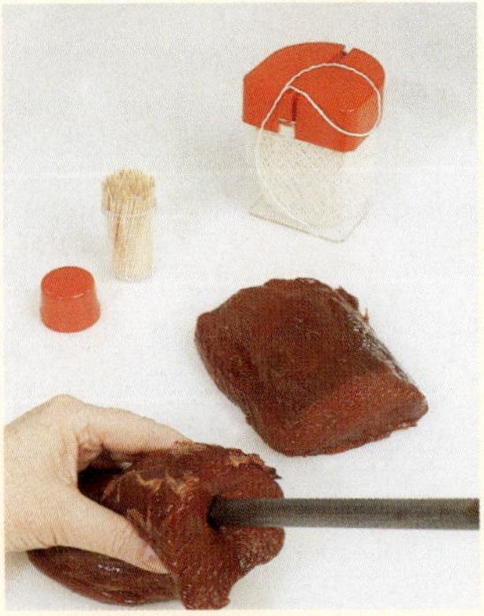

*1. Füllen des Filets: Mit rundem Wetzstahl tiefes Loch stechen.*

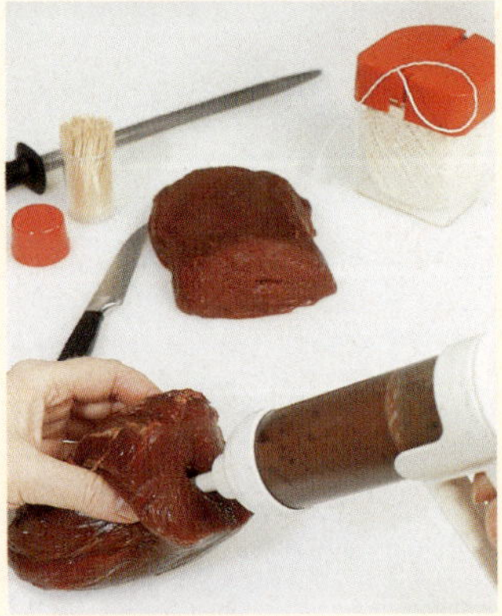

*2. Mit der Gebäckspritze (lange Tülle) Füllung hineinspritzen.*

*3. Hölzchen durchstecken, mit Küchengarn über Kreuz binden.*

# *Hirschgulasch* an feinem Gemüse

(Foto vorige Seite)

**Zutaten für 4 Personen**

800 g in nicht zu kleine Stücke geschnittenes Wildbret vom Hals, Rippen oder Blatt • 80 g Butterschmalz • Pfeffer aus der Mühle • Salz • 150 ml Rotwein • 1 Tl Senf • 400 ml Wildknochenbrühe • 2 Zwiebeln • 1 Stange Lauch • 2 Fleischtomaten • 2 mittelgroße Mohrrüben • 1 Zweig Liebstöckel • 100 ml Sahne.

**Beilagen:** Kartoffelklöße, Teigwaren, Salzkartoffeln, Salat der Saison.

Nährwert pro Portion: ca. 580 kcal = ca. 2.400 kJ.

Hilfsmittel: Bräter, Stieltopf, Schaumlöffel.

**Zubereitungszeit:** ca. 100 Min. Garzeit: ca. 70 Min.

**Zubereitung:** Wildbret mit Pfeffer übermahlen und salzen. Im Bräter das Fett erhitzen, die Fleischstücke anbraten. Zwischendurch Bratensatz mit Rotwein auflösen. Gegen Ende des Anbratens eine geschnittene Zwiebel zufügen. Den Senf unterrühren und mit zuvor erhitzter Wildbrühe auffüllen. Die Fleischstücke sollten gerade bedeckt sein. Den Liebstöckel zugeben und das Wildbret bei milder Hitze weich schmoren. Tomaten kurz in siedendes Wasser geben, häuten und in Spalten schneiden. Lauch, Mohrrüben, Zwiebeln putzen und in ca. 3 mm dicke Scheiben schneiden. Die Hälfte der Lauchscheiben und die Zwiebelscheiben ca. 3 Min., die Scheiben einer Mohrrübe ca. 10 Min. in siedendem Salzwasser garen, mit dem Schaumlöffel herausheben und beiseite stellen. Den restlichen Lauch, Spalten einer Tomate und Scheiben einer Mohrrübe zum Gulasch geben und mitschmoren. Liebstöckelzweig herausnehmen, Sahne unterrühren und das Wildgulasch mit Pfeffer und Salz abschmecken. Vor dem Servieren das Gulasch mit den restlichen Tomatenspalten, den gegarten Lauch- und Mohrrübenscheiben sowie den Zwiebelringen anreichern.

**➥ Hinweis**

Damit süße Sahne beim Anreichern einer Sauce, die Säurebestandteile von Wein oder Gemüse enthält, nicht gerinnt und die Sauce damit griesselig wird, wird sie einmal aufgekocht und heiß zugegossen.

**➥ Tip**

Wird für die Herstellung von Klößen aus rohen Kartoffeln fertiges Knödelteigpulver verwendet, dann schmecken die Knödel wie selbstgemacht, wenn man wie folgt verfährt: Zwei rohe geschälte Kartoffeln und eine mittelgroße Zwiebel in eine Schüssel reiben. Das Ganze in einen Meßbecher umfüllen und mit Wasser soweit auffüllen, wie Wasser nach Packungsangabe für das Anrühren des Knödelteiges erforderlich ist. Den Meßbecher in die Schüssel entleeren, etwas geriebene Muskatnuß zufügen und das Pulver in die Flüssigkeit einrühren.
Geschmacklich lassen sich die Knödel noch weiter verfeinern, wenn in das Anrührwasser feingeschnittene krause Petersilie gegeben wird. Damit sie beim Garziehen der Klöße nicht grau wird: Diese vor dem Kleinschneiden in siedendem Wasser kurz garen und anschließend in Eiswasser geben. Auch möglich: dem Siedewasser einen gestrichenen Tl Haushaltsnatron zusetzen. Nach dem Abseihen die Petersilie auf einem Sieb kalt abspülen.

# Glacierter Hirschrücken

**Zutaten für 8–10 Personen**

3.000 g Hirschrücken • 50 ml Pflanzenöl • 300 g Hartweizengrieß • 1 l Wasser • 400 g feine Wildleberwurst (darf auch eine andere Leberwurst sein) • 100 ml Sahne • Liebstökkelsalz • frisch gemahlener Pfeffer • Salz • 250 ml klare Fleischbrühe (darf Instant sein) • 8 Blatt Gelatine.

**Beilagen:** Baguette, Cumberlandsauce.

Nährwert pro 100 g: ca. 150 kcal = ca. 630 kJ.

Hilfsmittel: Filetiermesser, Geflügel- oder Rosenschere, Fettpfanne, Antihaftpapier, Alufolie, Kochtopf, Stieltopf, Schüsseln, Fettpinsel, Küchenmaschine mit Schneidmesseraufsatz, Brotaufschnittmaschine, große Platte.

**Zubereitungszeit:** ca. 150 Min. Garzeit: 40 Min. bei 200° C.

**Zubereitung:** Backofen vorheizen. Den Rücken häuten. Entlang des Rückgrats die Filets am Knochen bis kurz vor Ansatz der Rippen ablösen. Die Wirbelknochen mit einer Geflügel oder Rosenschere herunterschneiden. Entlang des Knochens verlaufende Sehnen durchschneiden. Rücken mit Öl einpinseln, pfeffern und mit Liebstöckelsalz würzen. Auf eine mit Antihaftpapier ausgelegte Fettpfanne setzen und auf der 2. Schiene von unten in den Ofen schieben. Nach 20 Min. entlang des Rückenknochens etwas Wasser gießen. Am Ende der Garzeit den Rücken in Alufolie einschlagen und gut auskühlen lassen. Filets der Länge nach vom Knochen lösen.

Wildleberwurst mit der Sahne im Mixer pürieren. Wasser im Kochtopf aufkochen, den Grieß einrieseln lassen, umrühren und kurz aufkochen. Mit dem abgekühlten Grieß auf dem Rükkenknochen einen glatten halbrunden Rücken modellieren. Grieß mit nassen Händen glätten. Den Grießrücken dünn mit der Leberwurst beschichten. Mit einem Streifen Antihaftpapier glatt ziehen. Filets mit dem Messer sehr schräg halbieren. Mit der Brotschneidemaschine ca. 3 mm dicke Scheiben schneiden. Mit diesen den Rücken an den Seiten überlappend belegen. Mit kleineren Scheiben die Übergänge in der Mitte abdecken. Gelatine in kaltem Wasser einweichen, ausdrücken und in erwärmter Fleischbrühe auflösen. Durch Aufstreichen der Gelatine mit dem Fettpinsel den Hirschrücken glacieren. Fertigen Rücken auf eine Platte setzen und mit verschiedenen Früchten dekorieren.

# Gefüllte Wildkalbbrust

**Zutaten für 4–6 Personen**

Halber Rippenbogen vom Wildkalb • 250 ml dunkle Wildbrühe • 1 Becher Sauerrahm • 2 El Speiseöl • Salz • Pfeffer aus der Mühle. *Füllung:* 800 g Wildbret aus Bauchlappen und Rippenfleisch • 50 g entrindetes zerriebenes Weißbrot • 2 Eier • 50 ml Sahne • 3 g Pökelsalz (Fleischer) • 3 g Liebstöckelsalz • 3 g weißer gemahlener Pfeffer • 1 Tl gemahlener Kümmel • 2 Messersp. Muskat • 1 feingewiegte Zwiebel • 1 El gehackte Petersilie.

**Beilagen:** Salzkartoffeln, Gemüse der Saison.

Nährwert pro Portion: ca. 600 kcal = ca. 2.500 kJ.

Hilfsmittel: Fleischwolf, Küchenmaschine mit Mixmesser, Küchengarn, Nadel, Alufolie, Küchenpinsel, Bräter.

**Zubereitungszeit:** ca. 140 Min. Garzeit: ca. 80 Min.

**Zubereitung:** Das Wildbret vom Brustbein entlang der Rippen vom Knochen ablösen, zu einem ovalen Fleischfladen von ca. 20 x 15 cm Größe zuschneiden. In diesen zum dickeren Ende hin eine Tasche schneiden, den Rand zu 3/4 mit Küchengarn vernähen.

**Füllung:** Bauchlappen- und Rippenfleisch soweit wie möglich entsehnen, in kleine Stücke schneiden, durch den Fleischwolf (mittlere Scheibe) treiben. Fleischmasse mit den übrigen Zutaten zu einem Teig verarbeiten, 30 Min. kühlen, nochmals durchmengen.

Backofen auf 220° C vorheizen. Fleischtasche mit der Masse füllen, mit Küchengarn schließen, mit Öl einpinseln, pfeffern, salzen. Im gefetteten Bräter im Backofen braten. Zwischendurch wenden. Braten in Alufolie einschlagen. Bratensatz mit Wildbrühe loskochen, saure Sahne zufügen, mit Salz und Pfeffer abschmecken.

**➥ Hinweis**

Für die Füllung können auch Wildbretabschnitte von anderem Haarwild, z. B. Reh oder Wildschwein, verarbeitet werden. Es dürfen auch fertiges Bratwurstbrät und statt Pökelsalz (gibt Farbe) normales Salz sein.

# *Hirschroulade* mit Gemüsefüllung

**Zutaten für 4 Personen**

800–1.000 g als Roulade zugeschnittenes Rippenfleisch / Bauchlappen vom Hirschwild • Senf • 60 g Mohrrüben • 80 g Lauch (weißes Endstück) • 80 g Staudensellerie • 100 g Frühstücksspeck am Stück • 4 Liebstöckelblätter • frisch gemahlener Pfeffer • Salz • 30 g Butterschmalz • 1 Zwiebel • 100 ml Fleischbrühe (Wildfond) • 2 El Tomatenmark • 1 Speckschwarte • 3 Scheiben Pumpernickel • 50 ml Sahne • Pfeffer aus der Mühle • Salz.

**Beilagen:** Kloße von rohen Kartoffeln, Speckrosenkohl.

Nährwert pro Portion: ca. 710 kcal = ca. 2.950 kJ.

Hilfsmittel: Küchengarn, Bratentopf mit Deckel, Haarsieb, Stieltopf, Stabmixer.

**Zubereitungszeit:** ca. 90 Min. Garzeit: ca. 70 Min.

**Zubereitung:** Backofen auf 200° C vorheizen. Fleischstücke mit Außenseite nach oben legen, mit Senf bestreichen. Mohrrübe, Lauch und die Hälfte des Frühstücksspecks in dünne Streifen schneiden, die Roulade damit belegen. An der Staudensellerie die Fäden abziehen. Ein Stück davon und ein Liebstöckelblatt auf jede Roulade geben. Mit Pfeffer und Salz würzen. Die Roulade zusammenrollen, binden, überpfeffern und salzen. In Butterschmalz die Rouladen von allen Seiten anbraten. Zwischendurch Bratensatz mit etwas Fleischbrühe anlösen. Feingeschnittene Zwiebel zum Bratgut geben, Tomatenmark einrühren, mit 500 ml heißem Wasser angießen, die Speckschwarte zugeben und bei geschlossenem Deckel in den Backofen setzen. Zuerst bei 200° C, nach 20 Min. bei 180° C schmoren. Bräter auf den Herd setzen. Speckschwarte entfernen, die Rouladen aus dem Topf nehmen und warm stellen. In Stücke gebrochenen Pumpernickel in den Saucenfond geben, mit dem Stabmixer durcharbeiten, Sauce ca. 5 Min. köcheln lassen. Sauce durch ein Sieb in einen Stieltopf streichen, mit Sahne verfeinern, mit Pfeffer und Salz abschmecken.

**➥ Hinweis**

Rosenkohl in sprudelndem Wasser kurz kochen, kalt abspülen, abtropfen lassen. Frühstücksspeck in Würfel schneiden, in einem Topf anbraten. Rosenkohl zugeben, bei kleiner Hitze 3–5 Min. schmoren. Mit Muskat und Pfeffer würzen.

# Gefüllte Hirschschnitzel

**Zutaten für 4 Personen**

8 aus der Unterschale geschnittene, ca. 3 cm dicke und 80–120 g schwere Schnitzel • 30 g Butterschmalz • frisch gemahlener Pfeffer • Salz • 2 Eigelb • 60 g geraspelter Mozarella oder Edamer • 2 El Semmelbrösel. *Füllung:* 200 g Edelpilze • 1 kleine Zwiebel • 20 g Butter • 30 ml Sahne • 1 Eigelb • 1 El feingewiegte Petersilie • Pfeffer aus der Mühle • Salz.

**Beilagen:** Kartoffelgratin, Spargel, Schwarzwurzel oder Kohlrabi.

Nährwert pro Portion: ca. 460 kcal = ca. 1.900 kJ.

Hilfsmittel: Bräter mit Deckel, Stieltopf, Küchengarn, Zahnstocher.

**Zubereitungszeit:** ca. 40 Min. Garzeit: ca. 20 Min.

**Zubereitung:** Pilze putzen, mit der Zwiebel fein hacken. Im Stieltopf die Butter erhitzen, Pilze und Zwiebel anbraten, im eigenen Saft schmoren. Mit Pfeffer und Salz würzen. Flüssigkeit einkochen, bis die Masse fast trocken ist. Sahne mit Eigelb verrühren, zur Pilzmasse geben und erhitzen, dann erkalten lassen. Petersilie untermischen. Hirschschnitzel mit der Pilzmasse füllen (s. S. 36), mit den Zahnstochern verschließen, pfeffern und salzen. In Butterschmalz Schnitzel von beiden Seiten anbraten. Bei geschlossenem Deckel im Backofen braten. Käse, Semmelbrösel und Eigelb vermischen und auf die Schnitzel verteilen. Bei Oberhitze überkrusten lassen.

# Hirschmedaillons
## vom Grill mit Sauce Béarnaise

**Zutaten für 4 Personen**

1000 g ausgelöster, gehäuteter Rückenmuskel von Schmaltier- oder Schmalspießer • 40 ml Olivenöl • Pfeffer aus der Mühle • Liebstöckelsalz. *Sauce Béarnaise (Variante):* 10 g Butter • 1 kleingeschnittene Schalotte • 1 El frischer kleingeschnittener Estragon • 1 El frischer kleingeschnittener Kerbel • 30 ml Estragonessig • 50 ml Wasser • 1 gestr. Tl Rinder-Instantbrühe • 1 Ei • 125 g zimmerwarme Butter • 3 El geschlagene Sahne • Pfeffer aus der Mühle • Salz.

**Beilagen:** Kartoffeln aus der Folie mit Schmand, Salat.

Nährwert pro Portion: ca. 750 kcal = ca. 3.150 kJ.

Hilfsmittel: Fettpinsel, Schüssel, Frischhaltefolie, Grill, Stieltopf, Kochlöffel, Untertasse, Schlagschüssel, Schneebesen.

**Zubereitungszeit:** ca. 80 Min. Garzeit: Steaks ca. 6–8 Min.

**Zubereitung:** Aus dem Hirschrückenfleisch acht ca. 5 cm dicke Medaillons schneiden. Diese beidseitig mit Olivenöl einpinseln, pfeffern und mit Liebstöckelsalz würzen. Fleischstücke neben- und übereinander in eine Schüssel legen. Schüssel mit Frischhaltefolie abdecken und für ca. 60 Min. beiseite stellen. Anschließend die Medaillons auf dem vorgeheizten Grill garen.

**Sauce Béarnaise:** Im Stieltopf ein Stückchen Butter zerlassen, darin Schalotte, Kerbel und Estragon andünsten, bis sie bräunen. Estragonessig, Wasser und Instantbrühe zugeben und unter ständigem Rühren bis auf den Bodensatz einkochen (Reduktion). Diesen auf die Untertasse geben und beiseite stellen. Stieltopf zu einem Drittel mit Wasser füllen, dieses erhitzen und als Wasserbad nutzen. In der Schlagschüssel das aufgeschlagene Ei (einschließlich Eiweiß!) mit der in Stücke geschnittenen Butter mit dem Schneebesen verschlagen. Schüssel in das Wasserbad setzen und den Inhalt solange schlagen, bis er cremig wird. In die Masse zuerst die Reduktion, dann die geschlagene Sahne mit dem Schneebesen einarbeiten. Sauce mit Pfeffer und Salz abschmecken. Zu den gegrillten Medaillons servieren.

**➥ Hinweis**

Durch die Zugabe von geschlagener Sahne, deren Menge variiert werden kann, wird die Sauce Béarnaise „gestreckt". Der Effekt: Es wird zur Saucenherstellung weniger Butter benötigt und der Gesamtkaloriengehalt gesenkt.

**➥ Tip**

Nicht verbrauchte Sauce Béarnaise kann im Kühlschrank bis zu vier Tagen aufbewahrt und anschließend im Wasserbad unter Zugabe von 2 El kaltem Wasser neu aufgeschlagen werden.

# Grilladen vom Hirsch

### Zutaten für 6-8 Personen

#### Fleischbällchen

1.000 g faschiertes Hirschfleisch • 75 g zerriebenes Weißbrot • 1 El gerebelter Liebstöckel • 1 gestr. El Kümmel • 1 feingeschnittene Zwiebel • 2 Eier • 12 g Pökelsalz • 1 gestr. Tl weißer Pfeffer • 120 ml Sahne • 1 1/2 l Wildbrühe.

**Zubereitung:** Fleischmasse mit den Zutaten durchmengen, 20 Min. kühlen, nochmals durcharbeiten. Fleischbällchen formen und in der Wildbrühe ca. 5 Min. köcheln. In Alufolie einschlagen, auskühlen lassen. Auf dem Grill beidseitig 5–8 Min. grillen, zwischendurch mit Öl bestreichen.

#### Grillrouladen

6–8 Rouladen 10 x 15 cm (zugeschnitten aus Rippenfleisch) • 200 g püriertes Wildfleisch • 20 g geriebenes Weißbrot • 1 Ei • je 1 Tl feingewiegte Zwiebel und Petersilie • 30 g geriebener Parmesankäse • 3 g Pökelsalz • 1/2 Tl weißer Pfeffer • 1 1/2 l Wildbrühe.

**Zubereitung:** Aus den Zutaten eine Füllung herstellen, auf die Rouladen verteilen. Rouladen wickeln und binden. In der Wildbrühe ca. 10 Min. köcheln, in einem Teil der Brühe erkalten lassen. Auf ein Sieb geben. Vor dem Grillen mit Öl einpinseln. Grillzeit: ca. 10–15 Min.

#### Schaschlikspieße

500 g Keulenfleisch • je 1 roter und grüner Paprika (in Stücke geschnitten) • Frühlingszwiebeln • zu Röllchen gedrehte Scheiben Frühstücksspeck • 1 grüne Gurke (in Stücke geschnitten) • Paprikapulver (edelsüß) • Curry • Pfeffer aus der Mühle • Salz • Schaschlikspieße.

**Zubereitung:** Keulenfleisch in große Würfel schneiden und abwechselnd mit den anderen Teilen auf den Spieß stecken. Mit Öl bepinseln, 12–15 Min. grillen. Vor dem Servieren mit Pfeffer aus der Mühle, Salz, Paprika und etwas Curry würzen.

#### Grill-Steaks

Aus der Keule geschnittene Grill-Steaks klopfen und für 30 Min. in eine aus 200 ml Olivenöl, gehackten Kräutern (z. B. Estragon, Thymian, Kerbel, Petersilie, Liebstöckel, Basilikum), Pfeffer und Salz gefertigte Marinade einlegen. Vor dem Grillen Kräuter vom Fleisch mit Messerrükken abstreifen.

#### Grillsauce

10 El Mayonnaise aus dem Glas • 4 El Tomatenmark • 2 Eigelb • edelsüßer Paprika • Curry • 20 ml Cognac • Pfeffer • Salz • 2 Tl Zitronensaft. Gut durchmischen, ziehen lassen.

**Beilagen:** Brötchen, Baguette, Salat.

**Zubereitungszeit:** ca. 180 Min.

# Hirschfilet mit Cognac-Pfeffer-Sauce

**Zutaten für 4 Personen**

800 g Filet aus dem Rücken • 40 ml Cognac • Liebstöckelsalz • Pfeffer aus der Mühle • Salz • 30 g Butterschmalz • 3 feingeschnittene Schalotten • 2 x 100 ml Wildfond • 100 g kalte Butterstücke • 1 El grüne Pfefferkörner aus dem Glas.

**Beilagen:** Kartoffel-Mandelbällchen, Salat.

Nährwert pro Portion: ca. 550 kcal = ca. 2.300 kJ.

Hilfsmittel: Bratpfanne mit Deckel, Haarsieb, Stieltopf, Stabmixer, Alufolie.

**Zubereitungszeit:** ca. 60 Min. Garzeit: ca. 30 Min.

**Zubereitung:** Filet häuten, auf eine Platte legen, beidseitig mit 20 ml Cognac beträufeln und ca. 10 Min. ruhen lassen. Mit Liebstöckelsalz, Pfeffer und Salz würzen. Pfefferkörner auf ein Sieb geben, warm abspülen, abtropfen lassen. Fett in der Pfanne erhitzen, das Filet rundum anbraten. Überschüssiges Fett abgießen. Schalotten zugeben und mitanbraten. Pfanne mit dem Deckel schließen. Das Filet bei mittlerer Hitze fertigbraten (Kerntemperatur 70°–80° C). Den Bratensatz zwischendurch mehrfach mit Wildfond anlösen. Filet aus der Pfanne nehmen, in Alufolie einschlagen. Bratensatz mit dem restlichen Cognac ablöschen, mit dem Wildfond loskochen und durch ein Sieb in den Stieltopf gießen. Einmal aufkochen lassen. Topf von der Feuerstelle nehmen. Kalte Butterstücke zufügen und die Sauce mit dem Stabmixer schaumig aufschlagen. Pfefferkörner in die Sauce geben.

**➥ Hinweis**

**Kerntemperatur:** Das Hirschfilet sollte beim Anschnitt innen keinesfalls blutig sein. Dies läßt sich vermeiden, wenn zur Kerntemperaturmessung ein hierfür geeigneter Temperaturfühler mit digitaler Anzeige verwendet wird. Eine Anschaffung, die zwar nicht ganz billig ist, sich aber in jedem Falle lohnt.

# *Hirschlende* im Baconmantel an zweierlei Saucen

**Zutaten für 4 Personen**

4 aus der Hirschlende geschnittene Steaks à ca. 200 g • 8 Baconscheiben • 250 g braune Champignons (können auch Steinpilze oder Maronen sein) • 20 g Butterschmalz • 1 kleine Zwiebel • 50 g geraspelter Emmentaler • frisch gemahlener Pfeffer • Salz. *Sauce I:* 250 ml dunkler, entfetteter Wildfond • 50 ml Sahne • 1 gestrichener Tl Speisestärke. *Sauce II:* 1 Ei • 100 g Butter • 1 El Weißwein • Pfeffer aus der Mühle • Salz.

**Beilagen:** Kartoffel-Möhren-Gratin, Brokkoli, Feldsalat oder Pastinaken-Kartoffel-Püree mit grünen und gelben Mini-Patissons (Squash).

Nährwert pro Portion: ca. 450 kcal = ca. 1.880 kJ.

Hilfsmittel: Zahnstocher, Fettpfanne, Backtrennpapier, Stieltöpfe, Schüsseln, Schlagschüssel, Schneebesen.

**Zubereitungszeit:** ca. 60 Min. Garzeiten: Pilze ca. 10 Min., Steaks 20 Min. + 10 Min. bei 200° C im Backofen.

**Zubereitung:** Pilze putzen, Zwiebel schälen. Beides sehr klein schneiden. Im Stieltopf das Butterschmalz erhitzen, darin die Pilze anbraten. Zwiebel zufügen, pfeffern und salzen. Pilzsaft einschmoren. Pilzmasse in eine Schüssel geben und erkalten lassen. Emmentaler zufügen und gut durchmischen. Beiseite stellen. Backofen auf 200° C vorheizen. Hirschsteaks beidseitig pfeffern und salzen. Mit zwei sich überlappenden Baconsscheiben umwickeln. Diese mit den Zahnstochern feststecken. Steaks auf ein mit Backtrennpapier ausgelegtes Backblech setzen und auf der 2. Schiene in den Ofen geben. Blech nach 20 Min. Garzeit herausnehmen. Pilz-Käse-Masse auf die Steaks häufeln. Diese anschließend wieder in den Ofen setzen. Nach Garende und vor dem Servieren die Zahnstocher entfernen.

**Saucen (I.):** Entfetteten Wildfond zusammen mit der Sahne im Stieltopf erhitzen. Speisestärke in etwas kaltem Wasser anrühren, zufügen und aufkochen.

**(II.):** Ei mit dem Wein und der zimmerwarmen Butter in der Schlagschüssel durchschlagen. Schlagschüssel ins Wasserbad setzen und den Inhalt solange schlagen, bis er cremig wird. Mit Pfeffer und Salz abschmecken. Beide Saucen auf vorgewärmten Tellern angießen, Steaks aufsetzen und mit den Beilagen servieren.

**➥ Tip**

Für den dunklen Wildfond gepfefferte und gesalzene Fleischabschnitte, zerkleinerte Knochen und kleingeschnittenes Wurzelgemüse mit Mehl bestäuben und in Butterschmalz anrösten. Mit Rotwein und Wasser bedecken und gut auskochen. Brühe abseihen. In einem Topf in etwas Butter Zucker karamelisieren lassen, Brühe angießen und aufkochen. Fond auf die Hälfte einkochen, entfetten, mit Pfeffer und Salz abschmecken.

# Hirschlende mit Dattelfüllung

**Zutaten für 4 Personen**

750 g ausgelöste, gehäutete Hirschlende • 20 g Butterschmalz • Pfeffer aus der Mühle • Salz • 100 ml Fleisch- oder Wildbrühe. *Füllung:* 60 g entrindetes Weißbrot • 50 g entkernte, klein geschnittene Datteln • 1 Ei • 30 ml Sahne • Pfeffer • Salz. *Sauce:* 1 feingeschnittene Schalotte • 10 g Butter • 100 ml Rotwein • Bratensaft • Kartoffelmehl • Pfeffer aus der Mühle • Salz.

**Beilagen:** Teigwaren, Apfel-Rotkohl.

Nährwert pro Portion: ca. 730 kcal = ca. 3.050 kJ.

Hilfsmittel: Küchenmaschine mit Schneidmesseraufsatz, runder Wetzstahl, kleines scharfes Messer, Gebäckspritze mit langer Tülle, Zahnstocher, Küchengarn, Küchenschere, Bratpfanne mit Deckel, Stieltopf, Haarsieb, Alufolie.

**Zubereitungszeit:** ca. 60 Min. Garzeit: ca. 30 Min.

**Zubereitung:**
Hirschfilet in 2–3 gleich große Stücke teilen. Von einer Seite mit dem Wetzstahl bis kurz vor das andere Ende ein Loch hineinstechen. Mit dem Messer eine kleine Tasche hineinschneiden. Beiseite legen. Mit dem Schneidmesser der Küchenmaschine das Weißbrot zerreiben. Datteln, Ei, Sahne zugeben, pfeffern und salzen. Alles gut durchmixen. Masse in eine Gebäckspritze mit langer Tülle füllen. Filets mit der Dattelmasse füllen. 4–5 Zahnstocher neben und durch die Öffnung stechen und mit Küchengarn schließen (s. Seite 36). Zahnstocher mit der Küchenschere kürzen. Filetstücke pfeffern und salzen. In der Bratpfanne das Fett erhitzen, darin die Filetstücke rundum anbraten. Temperatur zurückschalten. Die Wildbrühe angießen und bei geschlossenem Deckel fertiggaren. Filetstücke aus dem Bräter nehmen und in Alufolie einschlagen. 6–8 Min. ruhen lassen. Zahnstocher herausziehen, Garn entfernen, mit scharfem Messer aufschneiden.

**Sauce:** Im Stieltopf Butter erhitzen, Schalotten darin andünsten. Rotwein angießen und einmal aufkochen. In die Bratpfanne gießen und aufkochen. Sauce durch ein Haarsieb wieder in den Stieltopf gießen. Mit Kartoffelmehl leicht binden, mit Pfeffer und Salz abschmecken.

# Damwild *(Dama dama)*<br>Sikawild *(Cervus nippon)*

Damwild zählt zu den ältesten kontinentalen Wildarten. Markantes Kennzeichen ist die mit hellen Punkten durchsetzte Decke. Vor der Eiszeit besiedelte es ganz Europa. Restbestände überlebten in Kleinasien. Von dort wurde Damwild durch die Römer nach Europa – um 170 n. Chr. bis nach England – verbracht. In Deutschland ausgesetzt wurde es im 17. Jahrhundert. In unterschiedlich großen Familienverbänden (Rudeln) lebend, ist Damwild überaus anpassungsfähig. In der Körpergröße sich zwischen Reh- und Rotwild befindend, unterliegt Damwild nach Alter und Geschlecht gegliederten amtlichen Abschußplänen. In Deutschland werden jährlich rund 55.000 Stück Damwild in freier Wildbahn erlegt, in Österreich zwischen 500 und 600 Stück, während es in der Schweiz in freier Wildbahn nicht vorkommt. Die Masse des angebotenen Damwildfleisches stammt aus landwirtschaftlicher Gehegehaltung. Damhirsche tragen mit zunehmendem Alter schaufelartige Geweihe. Männliche Tiere werden in Hirschkälber, Schmalspießer (1 Jahr) und Schaufler, weibliche Tiere in Wildkälber, Schmaltiere (1 Jahr) und Alttiere unterschieden. Das Wildbret von Damwild ist dem vom Reh vergleichbar. Hinsichtlich der Qualität des Wildbrets von in der Brunft (Oktober) erlegten Damhirschen gilt dasselbe wie beim Rotwild ausgeführt.

Sikawild kommt in Deutschland und Österreich nur in kleinen Beständen vor. Es wurde um die Jahrhundertwende aus Ostasien (Japan, Nordchina, Mandschurei u. a.) eingebürgert. In Größe und Aussehen ähnelt es dem Damwild, trägt aber ein dem Rothirsch gleichendes Geweih mit bis zu zehn Enden. In freier Wildbahn unterliegt es den gleichen jagdlichen Beschränkungen wie das Damwild. Die Bezeichnungen für die Tiere und Altersklassen sind wie beim Rotwild. Die Brunft findet im Oktober/November statt. Das gegenüber Damwild dunklere, würzigere Wildbret zählt (ausgenommen von brunftigen Stücken) zum Feinsten, was die Wildküche zu bieten hat.

**Erlegungsgewicht (ausgeweidet):**
je nach Alter, Geschlecht und Ernährungszustand 25–90 kg (Dam- und Sikawild).

**Ausschlachtergebnis:** 60–65 Prozent mit Knochen, 40–45 Prozent ohne Knochen.

**Tiefkühllagerung:** bis zu 18 Monaten.

| | |
|---|---|
| Hauptjagdzeit: | (Achtung: regional stark unterschiedlich)<br>Schmaltiere: Juli – Dezember<br>Schmalspießer: Juli – Dezember<br>Kälber, Hirsche, Alttiere: September – Dezember |
| Paarungszeit: | Oktober/November |
| Qualitätsmerkmale: | Damwild: rotbraunes Fleisch von zarter Struktur.<br>Aus freier Wildbahn würziger, aus Gatterhaltung fetter, saftiger.<br>Sikawild: dunkles, rotbraunes Fleisch von zarter Struktur, sehr aromatisch und saftig. |
| Zubereitungsempfehlung: | Rücken, Medaillons, Steaks braten.<br>Keulen und Blätter braten, grillen, schmoren.<br>Hals, Rippen und Bauchlappen als Ragout oder Rollbraten. |

# Gewinnung von Beinscheiben, Brühe und Markklößchen

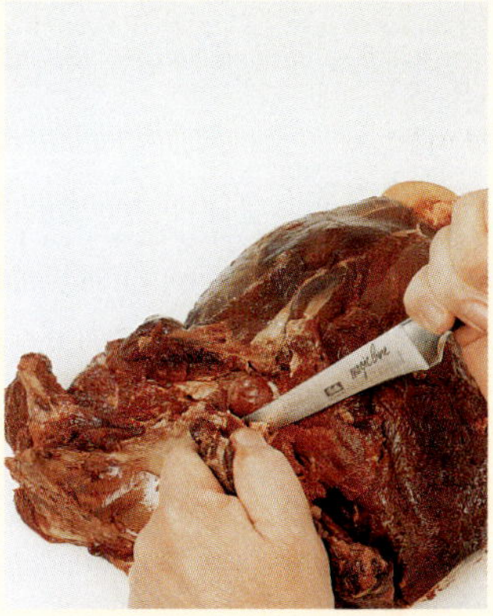

1. Hüftknochen von der Keule mit Schnitt durch das Gelenk auslösen.

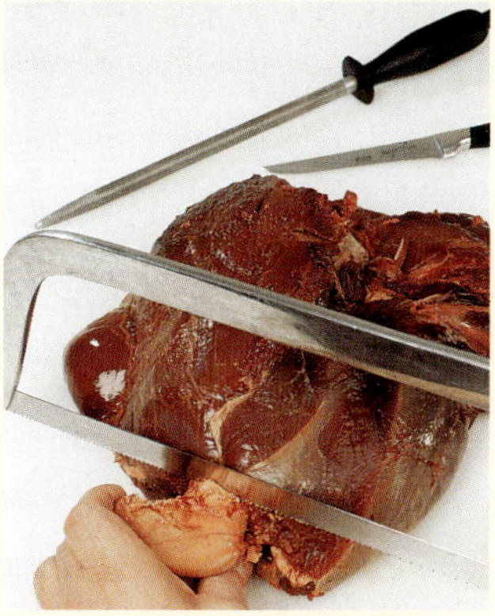

2. Beide Köpfe des Oberbeinknochens freischneiden und absägen.

3. Keule in 5 cm dicke Beinscheiben zersägen, diese mit Schnur umbinden.

1. Knochen auf ein Blech geben. Bei 200° C im Backofen rösten.

2. Knochen mit Suppengrün und Wasser im Bräter auskochen.

3. Brühe abseihen, entfetten und zum Eintrieren in Gefäße füllen.

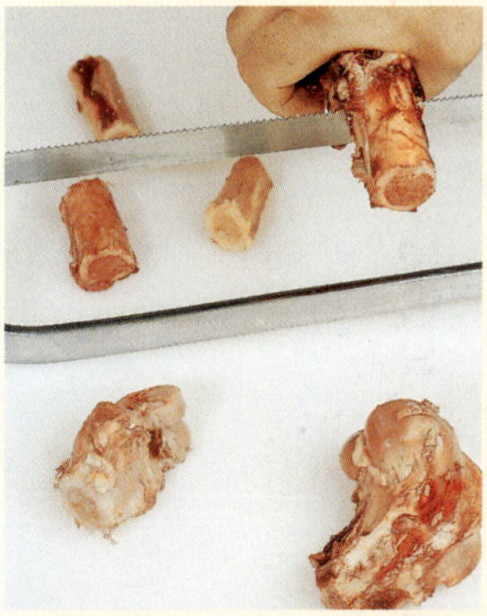

1. Röhrenknochen in Stücke zersägen, diese 3 Min. kochen.

2. Knochenmark in ein Pfännchen geben, ausbraten und durchsieben.

3. Mark würzen, erst Semmelmehl, dann Eigelb (kalt) einarbeiten.

# Hirschkeule an Pfirsich-Rahmsauce

**Zutaten für 4 Personen**

1.000 g Hirschkeule (z. B. Oberschale) • 1/2 Knoblauchzehe • gemahlener Thymian • Rosmarin • Pfeffer aus der Mühle • Salz • 50 g Butterschmalz • 500 ml Wildfond • 200 ml Rotwein • 1 Zwiebel • 4–6 Pfirsiche (frisch oder aus der Dose) • 50 ml Sahne • Speisestärke.

**Beilagen:** Semmelkloß, Pfirsichscheiben, Blattsalat.

Nährwert pro Portion: ca. 500 kcal = ca. 2.100 kJ.

Hilfsmittel: Bräter mit Deckel, Stieltopf, Alufolie, Haarsieb.

**Zubereitungszeit:** ca. 120 Min. Garzeit: ca. 90 Min.

**Zubereitung:** Backofen auf 220° C vorheizen. Knoblauch im Salz zerdrücken und das Fleisch damit einreiben. Mit Thymian und Rosmarin würzen, pfeffern und salzen. Im Bratentopf 40 g Butterschmalz erhitzen. Fleisch rundum anbraten. Bratensatz zwischendurch mit Wildfond anlösen. Bei geschlossenem Deckel im Backofen das Fleisch schmoren. Zwischendurch mit Rotwein begießen. Fleisch aus dem Bräter nehmen, in Alufolie einschlagen und ca. 10 Min. ruhen lassen. Den Bratensatz mit 100 ml Wildfond loskochen und zur Sauce geben.

**Sauce:** Die feingewiegte Zwiebel in 10 g Butterschmalz glasig dünsten, geviertelte Pfirsiche zugeben und mitanschmoren. 300 ml Wildfond angießen und auf die Hälfte einkochen. Nach Zugabe des Bratensatzes einmal aufkochen. Alles durch ein Haarsieb gießen, mit der Sahne verfeinern, mit Salz und Pfeffer abschmecken und nach Belieben mit Speisestärke binden.

# Beinscheibe auf feinem Gemüse

(Foto vorige Seite)

**Zutaten für 4 Personen**

2 aus der Keule geschnittene Beinscheiben à ca. 500 g (ca. 5 cm dick) • Pfeffer aus der Mühle • Salz • gemahlener Thymian • gemahlene Wacholderbeeren • Mehl • 150 ml Olivenöl • 1 Gemüsezwiebel • 200 g geputzte Mohrrüben • 150 g Sellerieknolle • 4–5 mittelgroße Tomaten • 1 Lorbeerblatt • 150 ml Apfelsekt oder Apfelwein • 100 ml Wildfond • 1 Becher saure Sahne • Pfeffer • Salz.

**Beilagen:** In Butter geschwenkte Pellkartoffeln.

Nährwert pro Portion: ca. 500 kcal = ca. 2.050 kJ.

Hilfsmittel: Küchenschnur, Bräter mit Deckel, Fleischwender, Schaumlöffel, Haarsieb.

**Zubereitungszeit:** ca. 120 Min. Garzeit: ca. 50 Min.

**Zubereitung:** Beinscheiben mit Küchenschnur in Form binden, mit Thymian, Wacholderbeeren, Pfeffer und Salz würzen, mit Mehl bestäuben. Zwiebel schälen und in Ringe schneiden, Mohrrübe und Sellerieknolle putzen und in Streifen schneiden. Tomaten in siedendem Wasser brühen, häuten und in Spalten schneiden. Backofen vorheizen. Auf dem Herd das Öl im Bräter erhitzen. Beinscheiben von beiden Seiten anbräunen, herausnehmen, zur Seite stellen. Zwiebel, Mohrrüben und Sellerie in den Bräter geben und kurz anschwitzen. Pfeffern und salzen. Apfelsekt zugießen und aufschäumen lassen. Beinscheiben auf das Gemüse setzen, die Hälfte der Tomatenspalten zufügen, den Wildfond angießen. Deckel aufsetzen und in den Ofen schieben. 40–50 Min. schmoren. Beinscheiben und Gemüse aus dem Bräter nehmen und warm stellen. Bratenflüssigkeit etwas einkochen, saure Sahne zugeben und alles nochmals aufkochen. Sauce durch ein Haarsieb gießen, mit Pfeffer und Salz abschmecken. Gemüse auf einer Platte verteilen, Bindung von den Beinscheiben entfernen. Scheiben auf das Gemüse legen, mit der Sauce übergießen und mit den restlichen Tomatenspalten garnieren.

**➥ Hinweis**

Im Gegensatz zu einer aus dem Unterbein geschnittenen Beinscheibe setzt sich die aus der Keule geschnittene Beinscheibe aus verschiedenen Muskeln zusammen. Damit diese während des Anbratens und Schmorens nicht auseinanderfallen, wird um die Beinscheibe, wie im Rezept erwähnt, ein Stück Küchenschnur gebunden. Die Bindung verhindert jedoch nicht, daß sich beim Anbraten einzelne Muskelpartien hochwölben und damit aus der Bindung herausrutschen (verursacht durch ein Zusammenziehen der auf diesen Muskelpartien außen aufliegenden Haut). Um ein Hochwölben zu vermeiden, wird vor dem Umbinden der Beinscheibe mit Küchenschnur die Außenhaut an zwei, drei Stellen mit einem kleinen scharfen Messer senkrecht eingeschnitten. Ein Entfernen der Haut von den Muskelteilen erfolgt nicht, da sie zum Zusammenhalt der Beinscheibe beiträgt. Nach dem Schmoren ist die Haut so weich wie das übrige Fleisch.

**➥ Tip**

Von der Hirschkeule nur soviel Beinscheiben absägen, wie für den jeweiligen Verzehr benötigt werden. Die verbliebenen Keulenteile können zu Steaks und Gulasch zugeschnitten und gegebenenfalls nochmals eingefroren werden.

# *Hirschsteak* mit Frucht-Butter-Sauce

**Zutaten für 4 Personen**

4 Steaks à 150 g vom Dam- oder Sikahirsch (geschnitten aus der Keule) • frisch gemahlener Pfeffer • Liebstöckelsalz • 30 g Butter. *Sauce:* 1 Ei • 150 g Butter • frisch gemahlener Pfeffer • Salz • 1 1/2 El Johannisbeergelee.

**Beilagen:** Kartoffelplätzchen, gedünstete Zucchini.

Nährwert pro Portion: ca. 450 kcal = ca. 1.900 kJ.

Hilfsmittel: Küchenbeil oder Fleischklopfer, Bratpfanne mit Deckel, Schlagschüssel, Schneebesen, Alufolie.

**Zubereitungszeit:** ca. 40 Min. Garzeit: ca. 20 Min.

**Zubereitung:** Steaks, sofern erforderlich, häuten und mit einem Küchenbeil oder dem Fleischklopfer leicht plattieren. Pfeffern und salzen. 30 g Butter in der Pfanne erhitzen. Steaks von beiden Seiten kurz anbraten. Hitze herunterschalten, Deckel aufsetzen und das Fleisch bei milder Hitze und unter mehrfachem Wenden ca. 12–15 Min. braten. Zwischendurch einen Schuß Wasser in die Pfanne geben. Steaks in Alufolie einschlagen und warm halten. Das Ei mit der Butter in der Schlagschüssel kurz durchschlagen. Leicht pfeffern und salzen. Schüssel ins Wasserbad setzen und den Inhalt solange schlagen, bis er dickflüssig geworden ist. Zum Schluß das Johannisbeergelee zugeben und die Sauce solange durchschlagen, bis sich das Gelee völlig aufgelöst hat. Mit Pfeffer und Salz abschmekken.

**➥ Hinweis**

Damit die Butter beim Bratvorgang nicht zu dunkel wird: Pfanne erhitzen, etwas Pflanzenöl hineingeben, Pfannenboden mit Küchenkrepp auswischen. Hintergrund: Der feine Ölfilm erhöht die Temperaturverträglichkeit der Butter, so daß sie nicht zu rasch braun wird.

Der beim Braten zugegebene Schuß Wasser bewirkt unter dem Deckel eine 100 %ige Luftfeuchtigkeit. Das Fleisch wird dadurch saftiger.

# Schmetterling-Steak vom Sikahirsch

**Zutaten für 4 Personen**

4 Schmetterling-Steaks (aus dem Rücken geschnitten) à ca. 300 g • 40 ml Portwein • 30 ml Pflanzenöl • Pfeffer • Salz. *Würzbutter:* 100 g Butter • 1 Schalotte • 1 Tl feingeschnittenes Basilikum.

**Beilagen:** Folienkartoffeln mit Sauerrahm, mit Balsamico-Essig und Olivenöl angemachter Lollo rosso.

Nährwert pro Portion: ca. 550 kcal = ca. 2.300 kJ.

Hilfsmittel: Schüssel, Pfanne, Alufolie.

**Zubereitungszeit:** ca. 60 Min. Garzeit: ca. 15 Min

**Zubereitung:** Steaks an den Rändern häuten, die Hälfte des Portweines beidseitig aufträufeln und mit den Fingern ins Fleisch massieren. 10 Min. einwirken lassen. Schalotte schälen und in dünne Scheiben schneiden. Diese in Salz zerreiben. Butter in eine Schüssel geben, Schalottenmus und Basilikum zufügen, leicht pfeffern. Mit einer Gabel gut durcharbeiten. Butter auf Alufolie setzen und zu einer Rolle formen. Im Tiefkühlfach festwerden lassen. Öl in der Pfanne erhitzen, die Steaks von beiden Seiten anbraten und bei milder Hitze unter dem Deckel fertigbraten (Kerntemperatur 70° C!). Zwischendurch wenden. Steaks mit Portwein beträufeln, mit grobem Pfeffer übermahlen. Mit der Basilikumbutter servieren.

# Asiatische Wildpfanne

**Zutaten für 4 Personen**

400 g Filet von Dam-, Reh-, Gams- oder Muffelwild • 50 ml Soja- oder Sesamöl • 25 g getrocknete chinesische Baumpilze • 150 g in Juliennestreifen geschnittene Mohrrübe • 1 mittelgroße in Ringe geschnittene Zwiebel • 80 g in Ringe geschnittenen Lauch • je 1/2 geschälten in Streifen geschnittenen roten und grünen Paprika • 150 g Sprossen von Soja- oder Mungobohnen • 5 in Streifen und Stücke geschnittene Blätter vom Chinakohl • 1 gestrichener Tl Curry • Sojasoße • indonesische Würzsauce • Pfeffer aus der Mühle • Salz.

**Beilage:** Glasnudeln.

Nährwert pro Portion: ca. 250 kcal = ca. 1.050 kJ.

Hilfsmittel: Stieltopf, Sieb, Küchenschere, Wokpfanne, Holzspatel.

**Zubereitungszeit:** ca. 60 Min. Garzeit: ca. 40 Min.

**Zubereitung:** Filet in Streifen oder kleine Stükke schneiden. Getrocknete Baumpilze mit kaltem Wasser im Stieltopf aufsetzen, 15 Min. kochen lassen. Abseihen und kalt abspülen. Mit der Schere in Stücke schneiden. Im Wok das Öl erhitzen, darin zuerst die Filetstücke unter stetigem Rühren garen. Nach ca. 10 Min. Pilze zufügen. Nach weiteren 5 Minuten die Mohrrübenstreifen und den Lauch beigeben. Pfeffern und salzen. Dann in Abständen von 2 Min. den Paprika, die Sprossen und den Chinakohl zugeben. Mit Curry, Sojasoße und indonesischer Würzsauce würzen.

# Schwarzwild *(Sus scrofa)*

Eine Wildart, die Millionen Jahre alt und Ursprung unseres Hausschweines ist. Anpassungsfähigkeit an Lebensraum und Nahrung (Allesfresser) und ein durch Maisanbau reich gedeckter „Tisch" ließen die Wildschweinzahlen in Deutschland „explodieren". Inzwischen werden jährlich rund 400.000 Stück (manchmal auch mehr) erlegt, mehr als die Gesamtzahl in osteuropäischen Ländern. In Österreich werden pro Jahr zwischen 25.000 und 33.000 Stück und in der Schweiz über 3.000 Stück bei steigender Tendenz geschossen. Schwarzwild lebt in Rotten (Familienverbänden) zusammen, die sich aus Bachen (Muttertieren), Frischlingen (Jungen) und meist weiblichen Überläufern (1 Jahr) zusammensetzen. Einjährige männliche Stücke (Überläuferkeiler) bilden eigene Rotten. Ältere männliche Stücke (Keiler) sind Einzelgänger. Eine amtliche Abschußbegrenzung besteht nicht.

Bejagt wird Schwarzwild vom Ansitz in hellen Mondscheinnächten und auf Drückjagden. Schwarzwild muß nach dem Gesetz auf Trichinen untersucht werden. Wer Schwarzwild oder -teile vom Jäger oder Forstamt kauft, der sollte sich die amtliche Trichinenuntersuchung bestätigen lassen. Wildbret von Schwarzwild wird auch aus Gatterhaltung und aus Übersee, speziell aus Australien, angeboten. Australische „Wildschweine" sind verwilderte schwarzborstige Hausschweine, meist philippinischer Herkunft. Ab und zu gelangt in den Handel auch als „Wildschwein" deklariertes Fleisch schwarzborstiger südosteuropäischer Hausschweine (Mangalitza genannt) – nachweisbar durch Untersuchung der Chromosomenzahl (Hausschwein 38, europäisches Wildschwein 36). Der Käufer erkennt die „häusliche" Herkunft seines Wildschweinbratens an der hellen Farbe gebratenen Fleisches. Echtes Wildschweinfleisch ist dagegen dunkel. Wildbret von in der Paarungszeit (November – Januar) erlegtem älterem männlichem, teils auch weiblichem Schwarzwild hat einen unangenehmen urinösen Geruch und Geschmack, feststellbar durch die Koch- oder Bratprobe eines kleinen Stückes Fleisch. Es gilt als nicht verzehrfähig (allergische Reaktionen möglich!) und läßt sich auch nicht brauchbar machen.

**Erlegungsgewicht (ausgeweidet):**
je nach Alter, Geschlecht und Ernährungszustand 8–250 kg.

**Ausschlachtergebnis:** 40–55 Prozent mit Knochen, 35–45 Prozent ohne Knochen.

**Tiefkühllagerung:** ca. 6 Monate, danach Gefahr des Ranzigwerdens.

| | |
|---|---|
| Hauptjagdzeit: | (Achtung: regional stark unterschiedlich)<br>Frischlinge: ganzjährig<br>Überläufer: ganzjährig<br>Keiler und Bachen: Juni – Januar |
| Paarungszeit: | November – Januar |
| Qualitätsmerkmale: | dunkelrotes Fleisch, hocharomatisch und saftig durch reichen Fettzellenanteil. |
| Zubereitungsempfehlung: | Koteletts, Schnitzel, Steaks, Rücken braten und grillen<br>Rücken, Keulen, Blätter braten und schmoren<br>Nacken schmoren<br>Rippen und Bauchlappen für Grilladen, Rollbraten und Ragout. |

# Zuschnitt von Grillteilen

*1. Spareribs: Bei jeder zweiten Rippe Wildbret durchschneiden, mit Zangenschere abtrennen.*

*2. Nackensteaks: Muskel vom Nackenknochen beidseitig ablösen und zu Steaks schneiden.*

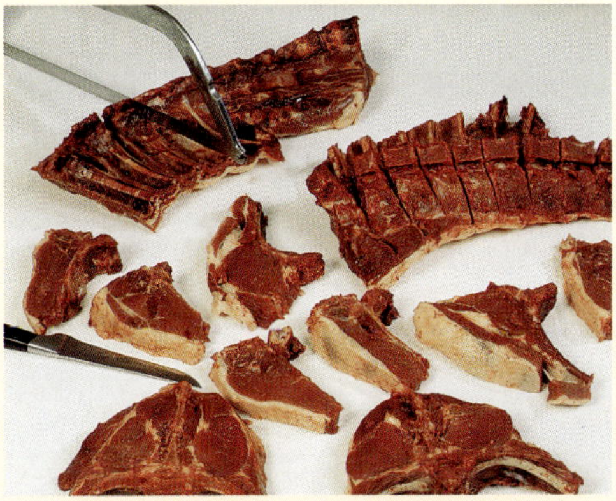

*3. Koteletts: In der Länge gespaltenen Rücken von der Unterseite durchsägen und -schneiden.*

*4. Steaks und Koteletts in eine würzige Ölmarinade einlegen, Spareribs nur würzen.*

# Wildschweinhaxe auf Chinakohl

**Zutaten für 4 Personen**

4 Wildschweinhaxen • 1/4 Stange Lauch • ein Stück Sellerieknolle • 2 Mohrrüben • 1 Petersilienwurzel • 1 Zwiebel • 1 Zweig Liebstöcke • 1 Lorbeerblatt • 12 weiße Pfefferkörner • 1 TL Salz. *Sauce:* 2 TL Zucker • 300 ml Brühe • 50 ml Sahne • Speisestärke • Pfeffer aus der Mühle • Salz. *Sonstiges:* 1 Kopf Chinakohl.

**Beilagen:** Salzkartoffeln.

Nährwert: pro Portion ca. 380 kcal = ca. 1.590 kJ.

Hilfsmittel: großer Kochtopf, Schüssel, Meßgefäß, Stieltopf, Haarsieb, Schöpfkelle, Schaumlöffel, Alufolie, Backofengrill.

**Zubereitungszeit:** ca. 90 Min. Garzeit: im Sud ca. 80 Min., unter dem Grill ca. 6–9 Min.

**Zubereitung:** Wurzelgemüse putzen, in Stücke schneiden und in einen großen Kochtopf geben. Liebstöckel, Pfefferkörner, Lorbeerblatt und Salz zufügen. Topf bis zur Hälfte mit Wasser füllen und alles aufkochen. In den kochenden Sud die Haxen einlegen und ohne Deckel bei mittlerer Hitze so lange köcheln, bis sie weich sind. Haxen herausnehmen und in Alufolie einschlagen. Vor dem Servieren unter dem Backofengrill bräunen. Brühe durch ein Haarsieb seihen.

**Sauce:** Im Stieltopf den Zucker bräunen, 300 ml Abkochbrühe zugeben, aufkochen lassen. Sahne beigeben und mit Speisestärke leicht binden, mit Pfeffer und Salz abschmecken.
Chinakohl waschen, in Stücke schneiden und im verbliebenen, erhitzten Kochsud 1 Min. blanchieren. Herausnehmen und auf einer Platte anrichten. Haxen auflegen, mit der Sauce und den Beilagen servieren.

1987

# *Wildschweinfilet*

## mit Backpflaumenfüllung

(Foto vorige Seite)

**Zutaten für 4 Personen**

1.000 g Wildschweinrücken am Knochen • 30 g Butterschmalz • 1 Tl gemahlener Thymian • Pfeffer aus der Mühle • Salz. *Fond:* 3 El Pflanzenöl • Suppengrün. *Füllung:* 150 g Backpflaumen ohne Kern • 150 ml Rotwein • 1 Ei. *Sauce:* 500 ml Wildfond • 2–3 El Pflaumenmus • 30 ml Vieille Prune (dunkler Pflaumenschnaps, ersatzweise Weinbrand) • Zitronensaft • Pfeffer aus der Mühle • Salz.

**Beilagen:** Knödel von gekochten Kartoffeln, Maronen, in Rotwein gedünstete Backpflaumen.

Nährwert pro Portion: ca. 550 kcal = ca. 2.300 kJ.

Hilfsmittel: Schüssel, Küchenbeil, Schnellkochtopf, Sieb, Entfettungsgefäß, Küchenmaschine mit Mixmesser, runder Wetzstahl, Gebäckspritze mit langer Tülle, Holz-Zahnstocher, Küchengarn, Küchenschere, Bratpfanne mit Deckel, Stieltopf.

**Zubereitungszeit:** ca. 90 Min. Garzeiten: Fond im Schnellkochtopf (Stufe II) 35 Min., Filet ca. 30 Min.

**Zubereitung:** Backpflaumen in kleine Stücke schneiden, in eine Schüssel geben, mit dem Rotwein begießen und über Nacht weichen lassen. Filets in ganzer Länge vom Knochen lösen und häuten. Knochen zerkleinern. Im Schnellkochtopf das Öl erhitzen. Knochen mit den Häuten und Fleischabschnitten im Öl anbraten. Suppengrün zufügen, mit Wasser bedecken und bei Garstufe II auskochen. Brühe durch ein Sieb gießen, entfetten und auf 600 ml einkochen. Backpflaumen mit der Einweichflüssigkeit in einen Mixer geben und fein pürieren. Zum Schluß das Ei zufügen. Masse durch ein Sieb streichen, in die Einfüllspritze geben.

Rückenmuskel in 4–6 gleichgroße Stücke teilen und mit der Backpflaumenmasse füllen (s. S. 36). In der Pfanne das Butterschmalz erhitzen, die Fleischstücke rundum anbraten. 100 ml Fond zugießen und bei geschlossenem Deckel fertiggaren. Die Filetstücke herausnehmen und warm stellen. Bratensatz mit 500 ml Wildbrühe loskochen, entfetten und in einen Stieltopf geben. Pflaumenmus einrühren, Pflaumenbrand zugeben und die Sauce auf die Hälfte einkochen. Mit Pfeffer, Salz und Zitronensaft abschmecken. Die Sauce durch ein Sieb gießen und mit den aufgeschnittenen Filets servieren.

**➥ Hinweis**

Wer sich die Mühe mit den Backpflaumen für die Füllung nicht machen will, der kann sich auch eine Füllung wie folgt herstellen: 40 g entrindetes Weißbrot im Mixer zerreiben, 2 El Pflaumenmus, 1 Ei zufügen und alles durchmixen.

**➥ Tip**

Mit Ei und ohne Weißbrot als Bindemittel zubereitete Füllungen, die zu flüssig sind, in ein Töpfchen geben, 2–3 Messersp. Speisestärke zufügen und unter ständigem Rühren solange erhitzen, bis die Füllung dickbreiig wird. Den Topf sofort in kaltes Wasser setzen und die Masse erkalten lassen. Anschließend wie vorgesehen verarbeiten.

# Wildschweinnacken im Gemüse-Aspik

(Foto vorige Seite)

**Zutaten für 1 Terrinenform (1 l)**

*Brühe:* 1.000 g zerkleinerte Wildschweinknochen • 1 Stück von der Sellerieknolle • 1 Petersilienwurzel • 1 mittelgroße Mohrrübe • 1/2 Stange Lauch • 1 Lorbeerblatt • 1 Zweig Liebstöckel (ersatzweise 1 El gerebelter Liebstöckel • 1 El weiße Pfefferkörner • 1 Tl Salz • *Einlage:* 1.000 g ausgelöster Wildschweinnacken • 1 große geputzte Mohrrübe • 1/2 Stange Lauch. *Aspik:* 500 ml entfettete Brühe • 100 ml trockener Weißwein • 18 Blatt weiße Gelatine • Pfeffer • Salz. *Sauce:* 2 kleingeschnittene Schalotten • 50 ml Apfelessig • 30 ml Balsamico • 50 ml Kürbiskernöl • Pfeffer aus der Mühle • Salz • Zucker.

**Beilagen:** Bratkartoffeln, Eisbergsalat.

Nährwert: pro 100 g ca. 130 kcal = ca. 545 kJ.

Hilfsmittel: großer Suppentopf, kleiner Suppentopf, Küchensieb, Schaumlöffel, Schneidbrett, scharfes Messer, Fleischgabel, 1 l-Terrinenform, Frischhaltefolie.

**Zubereitungszeit:** ca. 120 Min. Garzeit: ca. 60 Min. Ruhezeit: 12 Stunden.

**Zubereitung:** Wildschweinknochen auf einem Sieb kalt abspülen und in einen großen Kochtopf geben. Sellerieknolle, Petersilienwurzel, Mohrrübe, Lauch schälen und putzen und zusammen mit Lorbeerblatt, Pfefferkörnern, Liebstöckel, Salz zu den Knochen geben. Topfinhalt mit Wasser bedecken. Das Ganze aufkochen lassen. Schaum mit Schaumlöffel entfernen. 40 Min. simmern lassen. Knochen heraussseihen. Ausgelösten Wildschweinnacken in die siedende Brühe geben und 60 Min. köcheln. Im Sud abkühlen lassen. Fleisch mit der Fleischgabel herausstechen, auf einem Sieb abtropfen lassen. In Alufolie einschlagen und im Kühlschrank gut auskühlen lassen. Brühe durch ein Haarsieb gießen und entfetten.

Einlage: Erkaltetes Fleisch in ca. 1 cm dicke Scheiben schneiden. Mohrrübe und Lauch putzen und in Juliennestreifen schneiden. Etwas von der Brühe in einem Topf erhitzen. Darin die Julienstreifen ca. 5 Min. garen. Mit einem Schaumlöffel herausheben, kurz in kaltes Wasser geben und auf einem Teller auskühlen lassen. Aspik: Gelatine in kaltem Wasser quellen lassen. Entfettete Brühe und Weißwein in einen Stieltopf geben und erwärmen. Sud mit Pfeffer und Salz abwürzen. Gequollene Gelatine ausdrücken und im Sud auflösen. Terrinenform mit kaltem Wasser ausspülen und mit Klarsichtfolie auskleiden. Etwas Geliersud eingießen, erkalten lassen. Dann wechselweise Fleischscheiben und Juliennestreifen einlegen, zwischendurch mit Gelierflüssigkeit bedecken. Zum Schluß mit Gelierflüssigkeit auffüllen. Im Kühlschrank erstarren lassen, dann stürzen. Folie abziehen, Sülze aufschneiden. Sauce: Zutaten miteinander vermischen und mit den Gewürzen abschmecken. Zum Wildschweinnacken im Gemüse-Aspik servieren.

**➥ Tip**

Für das Aufschneiden ein in der Klinge dünnes und scharfes Messer verwenden (Lachsmesser).

# Wildschweinnacken

## mit Meerrettichsauce

**Zutaten für 4 Personen**

Wildschweinnacken mit Knochen, ca. 1.300 g • 1 Zwiebel • 2 Gewürznelken • 1 Lorbeerblatt • 6 Wacholderbeeren • 8–10 weiße Pfefferkörner • 1 Bund Suppengrün (Mohrrübe, Sellerie, Porree, Petersilienwurzel) • 1 Zweig Liebstöckel (ersatzweise 1 Tl gerebelter Liebstöckel) • Salz. Sauce: 20 g Butter • 1 feingehackte Zwiebel • 2 El feingesiebtes Mehl • 30 ml trockener Weißwein • 500 ml Brühe vom Wildschweinnacken • 30 ml Sahne • 2 El frisch geriebener Meerrettich • Zitronensaft • Pfeffer • Salz.

**Beilagen:** Salzkartoffeln, Wirsinggemüse.

Nährwert pro Portion: ca. 450 kcal = ca. 1.680 kJ.

Hilfsmittel: Suppentopf bzw. Schnellkochtopf, Schüssel, Stieltopf, Schaumlöffel.

**Zubereitungszeit:** ca. 140 Min. Garzeiten: Fleisch ca. 110 Min. (Schnellkochtopf, Stufe II: ca. 45 Min.), Wirsing ca. 30 Min.

**Zubereitung:** Wasser (ca. 1 1/2–2 l) zum Kochen bringen. Geschälte Zwiebel mit Gewürznelken und Lorbeerblatt spicken. Den gewaschenen und trockengetupften Wildschweinnacken mit der Zwiebel, den Gewürzen und dem Suppengrün ins siedende Wasser geben und bei mittlerer Hitze ca. 90–110 Min. köcheln (Schnellkochtopf: Stufe II ca. 45 Min.). Fleisch herausnehmen und warm stellen. Suppengemüse und Gewürze herausseihen. Flüssigkeit um ein Drittel einkochen.

In einem Stieltopf die Butter zerlassen, feingehackte Zwiebel und Mehl zugeben. Alles glattrühren, mit Wein ablöschen und mit 500 ml Brühe auffüllen. Einmal aufkochen, Sahne zufügen, Meerrettich unterrühren, mit Zitronensaft, Pfeffer und Salz abschmecken.

**Wirsinggemüse:** Wirsing putzen, in Streifen schneiden. Gemüse in kochendem, mit Natron angereichertem Wasser erhitzen und abseihen. Im Topf 30 g Butter zerlassen, Wirsing anschwenken und 100 ml Brühe zugeben. Bei mittlerer Hitze garen. Gemüse sollte noch bißfest sein. Mit geriebener Muskatnuß, Pfeffer, Salz abschmecken.

# Wildschweinfilet mit Steinpilzen

**Zutaten für 4 Personen**

400 g frische Steinpilze • 20 g Butterschmalz • 2 Schalotten • 20 ml Weinbrand • 150 ml Wasser • 200 ml Sahne • 600 g Wildschweinfilet • 20 g Butterschmalz • Pfeffer • Salz.

**Beilagen:** Semmelkloß, Teigwaren, Klöße von gekochten Kartoffeln.

Nährwert pro Portion: ca. 430 kcal = ca. 1.800 kJ.

Hilfsmittel: Topf, Stieltopf, Haarsieb, Bratpfanne mit Deckel.

**Zubereitungszeit:** ca. 70 Min. Garzeiten: Filet ca. 25 Min., Steinpilze ca. 4. Min.

**Zubereitung:** Steinpilze putzen und in nicht zu dünne, kleine Scheiben schneiden. Putzabfälle sorgfältig waschen und abtropfen lassen. Butterschmalz in einem Topf erhitzen, feingeschnittene Schalotten zugeben und andünsten. Weinbrand angießen und verdampfen lassen. Pilzabfälle ins Fett geben und schmoren, mit dem Wasser auffüllen und aufkochen. Die Sahne zufügen und 5 Min. bei milder Hitze köcheln lassen. Saucensud durchseihen, 100 ml davon beiseite stellen. Rest in einen Stieltopf geben. Wildschweinfilet pfeffern und salzen. Butterschmalz in der Pfanne erhitzen. Das Filet rundum anbraten, dann bei geschlossenem Deckel ca. 20 Min. bei milder Hitze weiterbraten. Zwischendurch mehrmals wenden. Filet aus der Pfanne nehmen und abgedeckt 5 Min. ruhen lassen. Bratensatz mit beiseite gestelltem Saucensud loskochen und zu der übrigen Sauce geben. Geschnittene Steinpilze zufügen und bei milder Hitze ca. 3 bis 4 Min. garen. Mit Pfeffer und Salz abschmecken.

# Wildschwein mexikanisch

**Zutaten für 4 Personen**

Brühe: 1.000 g Wildschweinknochen • 60 ml Olivenöl • 3 Möhren • 1 Stange Porree • 1/4 Knolle Sellerie • 3 Knoblauchzehen • 1/2 Ingwerwurzel • 1/2 Petersilienwurzel • 3 Thymianzweige • 1 Lorbeerblatt • 8 gestoßene Pfefferkörner • 800 g Fleischabschnitte vom Wildschwein • 60 ml Olivenöl • je 1/2 gelber, grüner, roter Paprika • 4–5 Schalotten oder die Hälfte einer Gemüsezwiebel • Körner eines Maiskolbens • 1 Dose rote Bohnen • 100 g gewürfelter Frühstücksspeck • 500 ml Brühe • 1 Becher saure Sahne • Paprikapulver (scharf) • Pfeffer aus der Mühle • Salz.

**Beilagen:** Reis, Salzkartoffeln.

Nährwert pro Portion: ca. 620 kcal = ca. 2.600 kJ.

Hilfsmittel: Bratentopf mit Deckel, Topf, Suppen- oder Schnellkochtopf, Sieb.

**Zubereitungszeit:** ca. 140 Min. Garzeit: ca. 60 Min.

**Zubereitung:** Gemüse, Knoblauch in Streifen schneiden, Ingwer hacken. Knochen in heißem Öl anrösten, Wurzelgemüse zugeben, ca. 10 Min. mitschmoren. Alles in Suppentopf umfüllen, Thymian, Lorbeer und Pfefferkörner zugeben, mit heißem Wasser bedecken, 60–70 Min. köcheln lassen (Schnellkochtopf: Stufe II 35 Min.). Brühe abseihen und einkochen.
Fleischabschnitte pfeffern, salzen und in Öl anbraten. Hälfte der Brühe zugießen und das Fleisch ca. 50 Min. schmoren. Die Paprika in kochendem Wasser brühen, häuten und in Streifen schneiden. Bohnen abseihen, Zwiebel in dicke Ringe schneiden. Paprikastreifen, Maiskörner, Zwiebelringe, Bohnen und Frühstücksspeck zum Fleisch geben und 10 Min. mitschmoren. Saure Sahne zufügen, mit Paprika, Pfeffer und Salz kräftig abwürzen.

# Rollbraten mit Mangold-Champignon-Füllung

**Zutaten für 4–6 Personen**

1 Stück Rippen-Bauchfleisch vom Überläufer (ca. 1.000 g) • 750 g Mangold (ersatzweise Spinat) • 1 Tl Natron • 20 g Butter • 400 g Champignons • 1 mittelgroße Zwiebel • 40 ml Sahne • 80 g entrindetes Weißbrot • 1 Ei • 20 g Butter • 1 kleine Zwiebel • Pfeffer • Salz.

**Beilagen:** Salzkartoffeln, Mangoldgemüse.

Nährwert pro Portion: ca. 460 kcal = ca. 1.920 kJ.

Hilfsmittel: Küchenmaschine mit Mixmesser, Küchengarn, Bratfolienschlauch, großer Topf, Stieltopf, Alufolie, Entfettungsgefäß, Schaumlöffel, Sieb.

**Zubereitungszeit:** ca. 150 Min. Garzeit: ca. 120 Min. bei 180° im Bratbeutel.

**Zubereitung:** Mangoldblätter waschen. Aus Blättern im V-Schnitt den größten Teil der Stiele herausschneiden. In kochendes Wasser Natron geben, darin 4–5 große Mangoldblätter ca. 3 Min. garen. Mit Schaumlöffel herausheben, in kaltes Wasser, anschließend auf ein Sieb geben. Restliche Mangoldblätter (Beilage) in Streifen schneiden, im Kochwasser 5–7 Min. garen. Herausheben, auf Sieb geben, kalt abspülen (später in Butter mit kleingewiegter Zwiebel fertiggaren). Weißbrot im Mixer zerreiben, in Schüssel füllen. Champignons mit Zwiebel im Mixer pürieren. Im Stieltopf Butter erhitzen, Püriermasse hineingeben und aufkochen. Sahne zugießen, alles zu einem dicken Brei einkochen, pfeffern und salzen. Abkühlen lassen, zum Weißbrot geben. Ei zufügen und gut durchmischen.

Backofen vorheizen. Fleischfladen mit der Außenseite nach oben auf ein Brett legen, pfeffern und salzen. Schicht Mangoldblätter auflegen, Pilzmasse darauf verteilen, mit Mangoldblättern abdecken. Zum Rollbraten zusammenrollen, mit Küchengarn binden. Braten in Bratfolie geben, auf die mittlere Schiene im Backofen setzen und braten. Beutel aus dem Ofen nehmen. Braten in Alufolie einschlagen.

**Sauce:** Saft durch Sieb im Entfettungsgefäß auffangen, in den Stieltopf gießen, etwas einkochen, pfeffern und salzen.

In einem Stieltopf die Butter erhitzen, die kleine geschnittene Zwiebel darin andünsten. Den gekochten Mangold zufügen und erwärmen. Mit Pfeffer und Salz abschmecken.

# Wildschwein-„Vögeli“

**Zutaten für 6 Personen**

Pro Person ein Wildschweinkotelett (mit langem Rippenknochen) • Liebstöckelsalz • Wildgewürz • Pfeffer aus der Mühle • 80 g Butterschmalz • 750 g frische kleingeschnittene Champignons • 2 feingeschnittene Zwiebeln • 400 ml Sahne • frischer Pfeffer • Salz • 3 Eigelb • 1 1/2 Bund feingewiegte Petersilie • 150 g geraspelter Emmentaler.

**Beilagen:** Kartoffelgratin, Kroketten, Kohlrabigemüse.

Nährwert pro Portion: ca. 980 kcal = ca. 4.100 kJ.

Hilfsmittel: Fleischklopfer, Stieltopf, Auflaufform mit hohem Rand, Alufolie.

**Zubereitungszeit:** ca. 70 Min. Garzeit: ca. 40 Min. bei 220° C.

**Zubereitung:** An den Wildschweinkoteletts das Fleisch entlang des Rippenknochens soweit ablösen, daß es noch am unteren Knochenteil hängt. Fleisch mit dem Klopfer beidseitig zu einem dünnen, breiten Fladen ausklopfen. Fleischfladen mit Liebstöckelsalz, Wildgewürz und Pfeffer würzen, Koteletts beiseite legen. Im Topf 50 g Butterschmalz erhitzen, Champignons und Zwiebel zufügen und andünsten. 70 ml Sahne zugeben, pfeffern und salzen. Unter ständigem Rühren die Flüssigkeit soweit einkochen, daß das Pilzgemüse nahezu steif ist. Das Pilzgemüse erkalten lassen. Eigelb und Hälfte der Petersilie einarbeiten. Backofen vorheizen. Auf jeden Fleischfladen 1 El Pilzgemüse geben. Fladen tütenförmig so einrollen, daß ein vogelähnliches Gebilde (Rippenknochen als nach oben gerichteter Hals, gefüllter Fleischfladen als daran hängender Körper) entsteht. Auflaufform mit Butterschmalz ausstreichen. Wildschwein-Vögeli nebeneinander in die Form setzen. Restliches Pilzgemüse über das Fleisch verteilen, verbliebene Sahne zugießen. Wildschwein-Vögeli mit Alufolie abdecken und im Ofen ca. 35 Min. garen. Form aus dem Ofen nehmen, Alufolie entfernen, restliche Petersilie darübergeben, mit dem geraspelten Käse bestreuen. Form im Ofen überbacken.

# Schmalz und Rilettes

## vom Wildschwein

Wildschweinfett (Speck und Bauchfett), durch den Fleischwolf gedreht, mit Zwiebel und Apfel ausgelassen, leicht gesalzen, ergibt ein vorzügliches Schmalz. Eine Verfeinerung stellt das Rilettes (Fleischpaste) vom Wildschwein dar.

### Zutaten

Je 1 kg Wildschweinspeck und durchwachsenes Bauch- oder Rippenfleisch • 1 Zwiebel • 1 süßsaurer Apfel • frische Kräuter nach Wahl (z. B. Petersilie, Schnittlauch, 2–3 Blatt Basilikum, Majoran, 2–3 Blatt Liebstöckel, Estragon, Kerbel) • Pfeffer aus der Mühle • Salz.

Hilfsmittel: Fleischwolf, Küchenmaschine mit Mixmesser, Töpfe.

**Zubereitungszeit:** ca. 100 Min.

**Zubereitung:** Den Speck durch große Fleischwolfscheibe treiben, zu Schmalz auslassen, Apfel und Zwiebel zufügen. Wird die Zwiebel braun, Schmalz durch Haarsieb gießen und dickflüssig werden lassen. Bauchlappen und Rippenfleisch in Stücke schneiden, pfeffern und salzen. Im Schmalz anbraten, in einen Topf geben, mit Wasser oder Wildfond auffüllen, weich kochen. Fleisch aussieben, abtropfen lassen, handwarm in Stücke schneiden, im Mixer pürieren. Kräuter fein hacken. Püriertes Fleisch gut pfeffern und salzen, 20–25 Min. tiefkühlen. Püree, Kräuter, Schmalz in Rührschüssel (Küchenmaschine) füllen, gut durchmengen.

# Wildschweinblatt

## im Spargelsud geschmort

**Zutaten für 4 Personen**

1.000 g Spargel • 1 Wildschweinblatt, ca. 1.200 g • 30 g Butterschmalz • Pfeffer aus der Mühle • Salz • 50 g Butter. *Sauce:* 1 Ei • 150 g Butter • 10 ml Zitronensaft • Pfeffer • Salz.

**Beilagen:** Schupfnudeln, Spargel.

Nährwert pro Portion: ca. 820 kcal = ca. 3.450 kJ.

Hilfsmittel: Schnellkochtopf, Haarsieb, Stieltopf, Topf, Bräter mit Deckel, Holzspatel, Schlagschüssel, Schneebesen.

**Zubereitungszeit:** ca. 90 Min. Garzeit: ca. 80 Min. bei 180° C.

**Zubereitung:** Spargel schälen. Schalen waschen, mit 400 ml Wasser im Schnellkochtopf, Stufe I, 5 Min. auskochen. Sud absieben, Schalen im Sieb ausdrükken. Auf ca. 300 ml einkochen. Backofen vorheizen. Im Bräter Butterschmalz erhitzen, Wildschweinblatt pfeffern, salzen und beidseitig anbraten. Spargelsud angießen und das Fleisch bei geschlossenem Deckel im Ofen weichschmoren. Blatt aus dem Bräter nehmen, warm stellen. Flüssigkeit einkochen. Bratensatz mit einem Spatel lösen, auf einen Teller geben.

Spargel in Stücke schneiden, die Kopfstücke beiseite legen. Im Topf Butter (50 g) zerlassen, Spargelstücke zufügen und unter ständigem Umrühren langsam erhitzen, abdecken, bei kleiner Hitze garziehen lassen. Nach 10 Min. Schmorzeit Spargelspitzen einlegen, mitgaren.

**Sauce:** In Schlagschüssel Ei und Butter zerschlagen, im Wasserbad solange schlagen, bis die Sauce dickflüssig ist. Eventuell etwas Wasser angießen. Bratensatz unterarbeiten, mit Zitronensaft, Pfeffer, Salz abschmecken.

**➥ Hinweis**

Eine Zubereitung, die fast das ganze Jahr möglich ist, da heutzutage Spargel aufgrund von Importen aus Übersee praktisch zu allen Jahreszeiten erhältlich ist. Wildbret vom Wildschwein gibt es ebenfalls das ganze Jahr. Verarbeitet wird nur der vordere Teil des Blattes, also die Blattschaufel ohne Oberarmbein.

# Wildschweinblatt mit Kernobst

**Zutaten für 4 Personen**

1 Wildschweinblatt mit Knochen (ca. 1.200 g) • 40 g Butterschmalz • Pfeffer • Salz • 1 Zwiebel • 50 ml Apfelessig • je 2 Birnen, Äpfel und Pfirsiche • 8–10 Zwetschgen (ersatzweise Pflaumen oder Aprikosen) • Zucker • 200 g geputzte Pfifferlinge • 20 g Butterschmalz.

**Beilage:** kleine Semmelknödel.

Nährwert pro Portion: ca. 430 kcal = ca. 1.800 kJ.

Hilfsmittel: Bratentopf mit Deckel, Schüsseln, Stieltopf, Haarsieb, Alufolie.

**Zubereitungszeit:** ca. 100 Min. Garzeiten: Wildschweinblatt ca. 80 Min. Pfifferlinge ca. 10 Min.

**Zubereitung:** Vom Wildschweinblatt die Fett tragenden Häute herunterschneiden. Pfeffern und salzen. Zwiebel schälen und kleinschneiden. In einer Schüssel Apfelessig und Wasser zusammengießen. Je 1 Apfel, Birne, Pfirsich vierteln, entkernen und in Stücke schneiden. Stücke in das Essigwasser geben. Die Hälfte der Zwetschgen entkernen und vierteln, zu den übrigen Obststücken geben. Im Bratentopf 40 g Butterschmalz erhitzen, darin das Wildschweinblatt anbraten. Bratensatz zwischendurch mit etwas warmem Wasser anlösen. Zwiebel zufügen, glasig werden lassen. Wildbret unter geschlossenem Deckel bei mittlerer Hitze braten. Nach einer Bratzeit von 60 Min. das kleingeschnittene Obst abseihen (Essigwasser auffangen!), zum Wildschweinblatt geben und mitschmoren. Nach Garende das Blatt aus dem Topf herausnehmen und in Alufolie einschlagen. 250 ml warmes Wasser zum Schmorobst geben, aufkochen lassen und das Ganze durch ein Haarsieb seihen. Siebinhalt leicht ausdrükken. Kernobstsauce erhitzen, mit Pfeffer, Salz und Zucker abschmecken.

Restliches Kernobst wie zuvor zerteilen, entkernen, in Stücke schneiden und in das verbliebene Essigwasser geben. Im Stieltopf Butterschmalz erhitzen, darin die Pfifferlinge braten bis die Flüssigkeit verdampft ist, pfeffern und salzen. Beiseite stellen. Kurz vor dem Servieren die Pilze erhitzen, die Obststücke abseihen und zu den Pilzen geben. Alles durchmischen und ca. 1 Min. erwärmen. Sauce und Beilage zum Fleisch reichen.

**➥ Hinweis**

Bei der Herstellung der Semmelknödel sollte auf die Anreicherung des Semmelkloßteiges mit kleingeschnittener Zwiebel verzichtet werden, um das Saucenaroma nicht zu verfälschen.

# Gefüllte Frischlingskeule
## im Brotteig

**Zutaten für 6–8 Personen**

1 Keule, ca. 2.000–2.300 g • Pfeffer • Salz • Wildgewürz • Liebstöckel (gerebelt) • 50 g Pflanzenfett • 1.000 g frischer Roggenbrotteig (vom Bäcker) • Mehl. *Füllung:* 30 g Butter • 1 gehackte Zwiebel • 50 g kleingeschnittene Champignons • Pfeffer • Salz • 50 g frisches entrindetes Weißbrot • 15 g gehackte grüne Pistazien • 1 Ei • 1 El feingewiegte Petersilie. Sauce: 200 g Crème fraîche • 4 El Hagebutten-gelee • Pfeffer • Salz • Zitronensaft.

**Beilagen:** Salat.

Nährwert pro Portion: ca. 820 kcal = ca. 3.420 kJ.

Hilfsmittel: Küchenmaschine mit Mixmesser, Schüssel, Stieltopf, Holz-Zahnstocher, Küchengarn, Bräter mit Deckel, Alufolie, Backblech, Backpapier, Sieb, Passiertuch, Schneebesen.

**Zubereitungszeit:** ca. 240 Min. Garzeiten: Fleisch 120 Min. bei 220° C, im Brotteig ca. 45 Min. bei 250° C.

**Zubereitung: Füllung:** Butter erhitzen. Zwiebel mit Champignons andünsten, pfeffern, salzen, kalt stellen. Weißbrot im Mixer zerreiben, in eine Schüssel geben. Champignonmasse, Pistazien, Ei, Petersilie zufügen, mischen, pfeffern, salzen. Frischlingskeule hohl auslösen (s. S. 13), Unterbein abtrennen. Innen pfeffern und salzen. Keule an einer Seite mit Zahnstochern und Küchengarn (s. S. 36) schließen. Füllung hineingeben, zweite Öffnung ebenso schließen. Fleisch mit Wildgewürz, Liebstöckel, Pfeffer, Salz einreiben, 10 Min. ruhen lassen. Backofen vorheizen. Im Bräter Fett erhitzen, Keule rundum anbraten, bei geschlossenem Deckel im Ofen (Kerntemperatur 80° C) fertigbraten, zweimal wenden. Fleisch mit Alufolie abdecken, im Bratentopf erkalten lassen. Zahnstocher und Garn entfernen.

Backofen auf 250° C aufheizen. Brotteig auf gemehlter Fläche dick ausrollen. Keule mit Teig ummanteln, auf mit Backpapier ausgelegtes Backblech legen. Im Ofen 45 Min. backen. Vor dem Aufschneiden – am besten mit einem Elektromesser – ca. 15 Min. ruhen lassen.

**Sauce:** Bratensatz mit etwas Wasser loskochen, durch ein Tuch in eine Schüssel gießen. Crème fraîche und Hagebutten-gelee zufügen, Sauce glatt schlagen. Mit Pfeffer, Salz, Zitrone abschmecken.

# Gefüllte Wildschweinrippe

**Zutaten für 4–6 Personen**

1 Wildschweinrippenbogen (ca. 1.200 g) • 300 g Wildhack • 1 altbackenes Brötchen • 1 klein geschnittene Zwiebel • 1 Ei • 50 ml Sahne • je 1 gestrichener Tl Pökelsalz, Salz, weißer Pfeffer • je 1 Tl Liebstöckelsalz und Wildgewürz • 1 El feingeschnittene krause Petersilie • 400 ml Wildknochenbrühe • Speisestärke • Pfeffer aus der Mühle • Salz.

**Beilagen:** Rosenkohl, Kartoffelpüree

Nährwert: pro Portion: ca. 480 kcal = ca. 2.000 kJ.

Hilfsmittel: Küchenmaschine mit Schneidmesseraufsatz, Schüssel, Bräter, scharfes, spitzes Messer, Küchengarn und Nadel, Alufolie, Stieltopf, Haarsieb.

**Zubereitungszeit:** ca. 90 Min. Garzeit: ca. 60 Min. bei 200° C auf 2. Schiene von unten.

**Zubereitung:** Brötchen in lauwarmem Wasser weichen lassen, dann gut ausdrücken. Zusammen mit dem Wildhack, Zwiebel, Ei, Sahne, Pökelsalz, Salz, Pfeffer, Liebstöckelsalz und Wildgewürz in den Schneidmesseraufsatz geben und zu einer Fleischfarce verarbeiten. Masse in eine Schüssel geben und Petersilie einarbeiten. Backofen auf 200° C vorheizen. Wildschweinrippenbogen so zurichten, dass alles gewachsene Fleisch auf den Rippen verbleibt. Quer zu den Rippen zwischen diese und das Fleisch eine Tasche schneiden. Diese mit der Fleischfarce füllen. Öffnung mit Nadel und Küchengarn schließen. Auf der Unterseite der Rippenknochen die Haut mit dem Messer anritzen. Gefüllte Rippe mit Pfeffer und Liebstöckelsalz würzen. In den Bräter setzen und mit etwas Wildbrühe begießen. Bräter in den Ofen geben. Während des Garens immer wieder mit etwas Wildbrühe begießen. Am Garende Rippe herausnehmen und in Alufolie einschlagen. Bratensatz mit restlicher Brühe anlösen, durch ein Haarsieb in den Stieltopf geben. Mit Speisestärke leicht binden, mit Pfeffer und Salz abschmecken.

# *Spareribs* vom Wildschwein mit Kartoffelsalat

**Zutaten für 4 Personen**

Zu Spareribs geschnittene, vollfleischige Rippen vom Wildschwein (ca. 1.500 g) • 250 ml Pflanzenöl • Pfeffer aus der Mühle • Salz.
Kartoffelsalat: 1.000 g nicht zu weich gekochte Pellkartoffeln • 50 g durchwachsener und 50 g fetter geräucherter Speck • 250 ml Gemüse- oder Fleischbrühe (darf Instant sein) • 1 mittelgroße Zwiebel • 200 g Radieschen • 40 g Schnittlauchröllchen • Pfeffer aus der Mühle • Salz.

**Beilagen:** Grüner Salat, Grillsaucen nach Wahl.

Nährwert pro Portion: ca. 650 kj = ca. 2.720 kJ.

Hilfsmittel: Schüsseln, Stieltopf, Küchensieb, Grill, Grillgutwender.

**Zubereitungszeit:** ca. 60 Min. Marinierzeit: ca. 8 Std. im Kühlschrank. Grillzeit: ca. 45 Min. (abhängig von der Grillhitze und der Stärke der Spareribs).

**Zubereitung:** Die Spareribs nacheinander in eine Schüssel legen. Über jeden Spearrib etwas Öl gießen. Im Kühlschrank marinieren lassen. Spareribs auf dem Küchensieb abtropfen lassen, Öl auffangen. Spareribs auf den aufgeheizten Grillrost legen und grillen. Zwischendurch einmal mit Öl einpinseln. Kurz vor dem Servieren mit Pfeffer und Salz oder einem Grillgewürz nach eigenem Geschmack würzen.

**Kartoffelsalat:** Pellkartoffeln im warmen Zustand schälen, in nicht zu dünne Scheiben schneiden und in eine Schüssel geben. Speck in Würfel schneiden. Zwiebel schälen und klein schneiden. Speck im Stieltopf zerlassen, im Speckfett die Zwiebelstücke anschwitzen. Gemüsebrühe zugießen und erwärmen. Topfinhalt über die Kartoffeln gießen. Kartoffelscheiben vorsichtig durchheben.
Die Brühe ca. 30 Min. einwirken lassen. Radieschen waschen, in Scheiben schneiden und zu den Kartoffeln geben. Schnittlauchröllchen zufügen, pfeffern und salzen. Alles vorsichtig durchheben, kurz ruhen lassen und zu den Spareribs servieren.

**➥ Hinweis**

Statt die Spareribs zu marinieren, kann man sie auch in kochenden Wurzelsud geben und ca. 30 Min. vorkochen. Anschließend läßt man sie im Sud erkalten, bevor sie auf den Grill kommen. Der Vorteil: Das Fleisch bleibt saftig und ist auf dem Grill schneller weich und gar.

# Wildschweinnacken mit Apfelkraut

**Zutaten für 4 Personen**

1 Wildschweinnacken (ca. 1.300 g mit Knochen) • 150 g Sellerieknolle • 150 g Lauch • 1 mittelgroße Petersilienwurzel • 1 große Mohrrübe • 1 Zwiebel • 1 Lorbeerblatt • 1 kleiner Zweig Liebstöckel (ersatzweise 1 El gerebelter Liebstöckel) • 10 weiße Pfefferkörner • 1 Tl Salz. *Apfelkraut:* 500 g naturvergorenes Sauerkraut • 2 große Äpfel (z. B. Boskop) • 1 Zwiebel.

**Beilage:** Maronenpüree.

Nährwert pro Portion: ca. 650 kcal = ca. 2.700 kJ

Hilfsmittel: großer und mittlerer Kochtopf, Küchensieb.

**Zubereitungszeit:** ca. 90 Min.

**Zubereitung:** Wurzelgemüse putzen und in Stücke schneiden. Zusammen mit dem Lorbeerblatt, dem Liebstöckel, den Pfefferkörnern und dem Salz in einen Topf geben. Topf bis zur Hälfte mit Wasser auffüllen und aufkochen lassen. In den kochenden Sud den Wildschweinnacken legen und bei mittlerer Hitze köcheln lassen. Das Fleisch sollte immer mit der Brühe bedeckt sein. Nach Garende den Wildschweinnacken aus dem Sud nehmen, das Fleisch vom Knochen lösen und in dicke Scheiben schneiden. Diese bis zum Anrichten auf dem Teller im Sud warmhalten.

**Apfelkraut:** Das Sauerkraut aufs Sieb geben und kurz kalt abspülen. Die Zwiebel häuten und klein schneiden. Einen Apfel schälen, entkernen und klein schneiden. Sauerkraut mit etwas Wildfleischsud zusammen mit Zwiebel und Apfel in einen Topf geben, erhitzen und bei kleiner Hitze garen. Auf dem Teller mit Spalten vom zweiten Apfel anrichten.

# Geschmorter *Frischlingsnacken*

(Foto vorige Seite)

**Zutaten für 4 Personen**

1.000 g Frischlingsnacken mit Knochen • 30 g Butterschmalz • 3 Scheiben von der Knoblauchzehe • 1 kleingeschnittene Schalotte • Pfeffer aus der Mühle • Salz. *Sauce:* 100 ml Sahne • 250 ml Wildbrühe (ersatzweise Fleischbrühe, darf auch Instantbrühe sein) • 1 Tl gerebbelter Liebstöckel • 30 ml Madeira • Speisestärke • frisch gemahlener Pfeffer • Salz.

**Beilagen:** geschmorte Champignons, Klöße von rohen und gekochten Kartoffeln.

Nährwert pro Portion: ca. 600 kcal = ca. 2.500 kJ.

Hilfsmittel: Bratentopf mit Deckel, Alufolie, Haarsieb.

**Zubereitungszeit:** ca. 90 Min. Garzeit: ca. 70 Min.

**Zubereitung:** Den Knoblauch in Salz zerreiben. Den Frischlingsnacken damit einreiben, pfeffern und salzen. Im Bratentopf das Butterschmalz erhitzen, darin bei zurückgeschalteter Temperatur das Fleisch rundum anbraten. Schalotte zufügen und mit anbraten. Etwas warmes Wasser angießen und unter geschlossenem Deckel schmoren. Zwischendurch das Fleisch wenden und gegebenenfalls etwas Wasser nachgießen. Am Ende der Garzeit das Fleisch aus dem Topf nehmen und in Alufolie einschlagen.

**Sauce:** Bratensatz mit Sahne aufkochen. Wildbrühe und Liebstöckel zugeben und 5 Min. köcheln lassen. Madeira angießen. Sauce mit Speisestärke leicht binden, mit Pfeffer und Salz abschmecken. Vor dem Servieren durch ein Haarsieb gießen. Fleischstränge vom Knochen ablösen, schräg aufschneiden und mit der Sauce und den Beilagen servieren.

**➥ Hinweis**

Wird für diese Zubereitung ein Nackenstück von einem älteren Stück verwendet, dann verlängert sich die Garzeit um ca. 30 Min.

*Das Nackenstück von einem Wildschwein stellt das beste Bratenstück dieses Wildes dar. Weder Rücken, noch Keule oder Blatt weisen ein so fein strukturiertes, mit Fettzellen angereichertes und deshalb überaus saftiges Fleisch wie der Nacken auf. Das ihm innewohnende Aroma kommt am besten zur Geltung, wenn das Nackenstück mit Knochen in den Bratentopf oder Bräter kommt, rundum angebraten und dann bei milder Hitze geschmort wird.*

# Würziges Wildschweingulasch

**Zutaten für 4 Personen**

800 g Wildschweinfleisch (z.B. vom Nacken oder Blatt), Wildgewürz, Liebstöckelsalz, 50 g Butterschmalz, je 1 Stück Mohrrübe, Sellerieknolle, Petersilienwurzel, 2 Zwiebeln, 500 ml Wildbrühe, 150 ml trockener Rotwein, 1 El Tomatenmark, 300 ml Schlagobers, 20 g Butterschmalz, 1 Schalotte, 250 g Eierschwammerln (tiefgefrostet oder aus der Dose), Pfeffer aus der Mühle, Salz.

**Beilagen:** Teigwaren, Preiselbeeren, Rapunzelsalat.

Nährwert pro Portion: ca. 700 kcal = ca. 2.850 kJ.

Hilfsmittel: Schüssel, Bratentopf mit Deckel, Topf, Stieltopf, Fleischgabel.

**Zubereitungszeit:** ca. 90 Min. Garzeit: ca. 70 Min.

**Zubereitung:** Das Fleisch in gulaschgroße Stükke schneiden. In eine Schüssel geben. Mit Wildgewürz, Liebstöckelsalz, Pfeffer und Salz würzen und durchmischen. Backofen auf 180° C vorheizen. Im Bratentopf Butterschmalz erhitzen, darin das Gulasch anbraten. Zwischendurch den Bratensatz mit etwas Wildbrühe lösen. Rotwein und restliche Wildbrühe zugießen, halbierte Mohrrübe, Sellerieknolle, Petersilienwurzel und Zwiebeln zugeben. Topf mit Deckel schließen und in den Backofen (mittlere Schiene) setzen. Nach 40 Min. Garzeit das Tomatenmark zum Fleisch geben. Sahne separat erhitzen und nach weiteren 10 Min. zugießen. Am Ende der Garzeit Mohrrübe, Sellerie, Petersilienwurzel, Zwiebeln mit der Fleischgabel herausstechen. Gulasch mit Pfeffer und Salz abschmecken. Im Stieltopf Butterschmalz erhitzen, darin Schalotte andünsten, Eierschwammerln zufügen und schmoren. Vor dem Servieren die Pilze unter das Gulasch heben.

**➥ Tip**

Gefrostete Pilze nicht normal auftauen, da sie sonst lappig werden und bitter schmecken. Sie werden gefrostet in kochendes Wasser gegeben, nach 1 Min. ausgeseiht und dann wie frische Pilze weiterverarbeitet. Eierschwammerln (auch Dosenware!) müssen in heißem Fett angebraten werden, damit sie ihr Aroma (bei 150° C) voll entfalten. Erst dann werden sie einem Fleisch oder einer Sauce zugegeben.

**➥ Hinweis**

Als Vorspeise kann eine durchs Tuch geseihte, mit Sherry aromatisierte Wildbrühe, als Dessert ein Stück Gewürzkuchen mit Nußeis und Sahne gereicht werden.

# Kesselfleisch vom Überläufer

**Zutaten für 4–6 Personen**

2 kg Wildschweinnacken • 1 Stange Lauch • 1 Petersilienwurzel • 2–3 Mohrrüben • 1 Stück Sellerieknolle • 1 Zwiebel • 2 El gerebeltes Liebstöckelblatt • 1 El weiße Pfefferkörner • 1 Tl Salz. *Sauce:* 250 ml durchgeseihten Kochsud • 150 ml Sahne • 3–4 El frisch geriebener Meerrettich • Kartoffelmehl • Pfeffer • Salz.

**Beilagen:** Salzkartoffeln, Lauch-Mohrrüben-Gemüse.

Nährwert pro Portion: ca. 550 kcal = ca. 2.300 kJ.

Hilfsmittel: Messer, Schneidbrett, Knochensäge, Suppentopf, Schüssel, Haarsieb, Stieltopf, Schneebesen, Fleischgabel, Alufolie.

**Zubereitungszeit:** ca. 120 Min. Garzeiten: Brühe ca. 45 Min., Fleisch ca. 60 Min., Sauce ca. 5 Min.

**Zubereitung:** Nackenfleisch vom Wirbelknochen beidseitig in einem Stück herunterschneiden. Knochen zerkleinern. Lauch, Petersilienwurzel, Mohrrüben, Sellerieknolle und Zwiebel putzen bzw. schälen und hälften. Die eine Hälfte des Wurzelgemüses zusammen mit den Knochen, dem Liebstöckel, den Pfefferkörnern und dem Salz in den Suppentopf geben. Gut mit Wasser bedecken und eine Brühe kochen. Kochsud durch ein Haarsieb in die Schüssel, dann wieder in den Topf gießen und erhitzen. Restliches Wurzelgemüse und das Nackenfleisch in die Brühe geben. Aufkochen, dann bei mittlerer Temperatur köcheln lassen. Fleisch herausstechen, in Alufolie einschlagen und etwas ruhen lassen. In Scheiben schneiden und mit der Sauce und den Beilagen servieren.

**Sauce:** Kochsud mit der Sahne aufkochen. Meerrettich einrühren, Sauce mit in kaltem Wasser gelöstem Kartoffelmehl binden. Mit Pfeffer und Salz abschmecken.

**➥ Hinweis**

Der Begriff „Kesselfleisch" stammt aus dem Bereich der Hausschlachtung und bezeichnet das im Wurstkessel in der Knochenbrühe gegarte Fleisch (Schweinebacke, Schweinebauch).

**➥ Tip**

Restliches Fleisch im Sud erkalten lassen und als Brotbelag – gewürzt mit Pfeffer aus der Mühle und einer Prise Salz – verwenden.

# *Sülze* vom Wildschweinhaupt

**Zutaten für 1,5 l-Form**

600 g abgekochtes, vom Wildschweinhaupt abgelesenes Wildbret • 150 g geschälte, gekochte Mohrrüben • 150 g Delikatessgurken • 3 El feingeschnittene Petersilie • 600 ml Fleischbrühe (darf Instant sein) • 60 ml Apfelessig • 20 Blatt Haushaltsgelatine • Pfeffer aus der Mühle • Salz.

**Beilagen:** Bratkartoffeln, Endiviensalat bzw. Bauernbrot.

Nahrwert pro 100 g: ca. 150 kcal – ca. 630 kJ.

Hilfsmittel: Schneidbrett, Messer, Kastenform, Frischhaltefolie, große und kleine Schüssel, Stieltopf.

**Zubereitungszeit:** 35 Min. Auskühlzeit: ca. 3 Std.

**Zubereitung:** Blattgelatine in kaltem Wasser einweichen. Das Wildbret klein, aber nicht zu fein schneiden. Mohrrüben und Delikatessgurken in Würfel schneiden. Alles in eine Schüssel geben, Petersilie zufügen, pfeffern, salzen und durchmischen. Fleischbrühe und Essig zusammen im Stieltopf erwärmen. Blattgelatine ausdrücken und in der Fleischbrühe auflösen. Kastenform mit kaltem Wasser ausspülen und mit der Frischhaltefolie so auskleiden, daß sie nach den Seiten überhängt. Etwas vom Geliersud in die Form gießen, dann das mit den Mohrrüben und Delikatessgurken vermischte Sülzfleisch schichtweise in die Form geben. Zwischendurch Gelierflüssigkeit aufgießen. Gefüllte Form mit Frischhaltefolie abdecken und in den Kühlschrank stellen. Erstarrte Sülze aus der Form kippen, Folie abziehen, Sülze aufschneiden.

**➥ Hinweis**

Für das Abkochen des abgeschwarteten, abgespülten und gesäuberten Wildschweinhauptes einen mit Sellerie, Lauch, Petersilie, Liebstöckelzweig, Mohrrüben, Pfefferkörnern, Lorbeerblatt, Wacholderbeeren, Pimentkörnern und etwas Salz aufgekochten Sud verwenden.
Statt der Fleischbrühe kann zum Gelieren auch eine aus Wildknochen gezogene, klare Brühe verwendet werden.

**➥ Tip**

Damit die Sülze beim Aufschneiden nicht zerbröckelt, gegen die Schnittfläche einen Teigschaber halten und für das Aufschneiden ein Lachsmesser oder ein Elektromesser verwenden.

# Gams-, Muffel-, Steinwild
## *(Rupicapra rupicapra – Ovis ammon musimon – Capra ibex)*

Alle drei Wildarten sind Hornträger. Bis auf weibliches Muffelwild zieren beide Geschlechter Stirnwaffen. Sie werden nicht abgeworfen, sondern wachsen jährlich – anfangs mehr, später weniger – weiter. Gams- und Steinwild zählen zu den Wildziegen, Muffelwild zu den Wildschafen. Entsprechend sind die Bezeichnungen: Kitz/Lamm für nicht einjährige Stücke, Schmalgeiß/Schmalschaf für einjährige weibliche, Geiß/Schaf für ältere weibliche Stücke, Bock/Widder für ein- und mehrjährige männliche Stücke. Geißen/Schafe, Kitze/Lämmer, junge Böcke/Widder leben in Familienverbänden (Schar, Rudel). Ältere Böcke und Widder bei Stein- und Muffelwild bilden ebenfalls Rudel, bei der Gams sind sie Einzelgänger. Lebensraum für Gams- und Steinwild sind alpine Gebirge, für Muffelwild überwiegend Mittelgebirge. Alle drei Wildarten unterliegen amtlichen Abschußplänen.

In Deutschland werden jährlich über 6.000 Stück Muffel- und rund 4.000 Stück Gamswild, in Österreich an die 2.400 Stück Muffel- und rund 26.000 Stück Gamswild, in der Schweiz 2.000 bis 3.000 Stück Stein- und an die 24.000 Stück Gamswild erlegt. Das Wildbret von in der Paarungszeit (Brunft) erlegten männlichen, teilweise auch weiblichen Stücken weist einen starken Geschlechtsgeruch und -geschmack auf (Brunft: Gams und Muffel im November/Dezember, Steinwild im Dezember/Januar). Dieser verliert sich durch mehrmonatige Tiefkühllagerung. Junge Tiere haben ein zartes, saftiges, ältere Tiere ein kerniges, aromatischeres Wildbret. Für die Zubereitung in der Küche ist alles sichtbare Fett (leicht talgig) zu entfernen. Gourmets rühmen das Wildbret vom Muffelwild, das wegen seiner Kurzfaserigkeit (wie Reh) und seiner Saftigkeit (wie Wildschwein) mit als Europas bestes Wildfleisch gilt. Die Besorgnis, es könne – da Wildschaf – auch nach Schaf schmecken, ist unbegründet. Ausnahme: Wildbret von brunftigen Stücken.

**Erlegungsgewicht (ausgeweidet):**
je nach Alter, Geschlecht und Ernährungszustand 15–35 kg (Gams- und Muffelwild), 20–80 kg (Steinwild).

**Ausschlachtergebnis:** ca. 65 Prozent mit Knochen, ca. 50 Prozent ohne Knochen.

**Tiefkühllagerung:** 6–8 Monate, danach beginnende Ranzigkeit.

| | |
|---|---|
| Hauptjagdzeit: | (Achtung: regional stark unterschiedlich)<br>Gams-, Muffelwild:<br>Kitze/Lämmer<br>Schmalgeißen, Schmalschafe<br>Böcke/Widder<br>alle: August – Dezember/Januar<br>Steinwild: September – Dezember |
| Paarungszeit: | Gams- und Muffelwild: November – Dezember<br>Steinwild: Dezember – Januar |
| Qualitätsmerkmale: | Gamswild: dunkel- bis schwarzbraunes, leicht talgiges Wildbret von würzigem Aroma.<br>Muffelwild: helles, rotbraunes Wildbret, kurzfaserig, saftig.<br>Steinwild: dunkles, rotbraunes Wildbret, leicht talgig, würzig. |
| Zubereitungsempfehlung: | Rücken braten, Keulen, Blätter schmoren.<br>Hals-, Rippen-, Bauchfleisch zu Ragout verarbeiten. |

# Gamskeule im Kräutermantel
## mit Schlehensauce

(Foto vorige Seite)

**Zutaten für 6 Personen**

Gamskeule ohne Knochen, ca 1.000–1.500 g • 1 Knoblauchzehe • Salz • Pfeffer aus der Mühle • 50 ml Pflanzenöl • 1 Schalotte • 250 ml trockener Rotwein. *Kräutermantel:* 100 g entrindetes Weißbrot • 1 Bund Petersilie • 2 Stengel Staudensellerie • 1/2 Stange Lauch • 2 Zweige Estragon • 4 Zweige Kerbel • 1 Ei • 2 El saure Sahne • Pfeffer aus der Mühle • Salz • 1 Schweinenetz. Sauce: 100 ml Schlehensaft • 200 ml Sahne.

**Beilagen:** Schupfnudeln und gedünstete Mohrrübenkugeln.

Nährwert pro Portion: ca. 600 kcal = ca. 2.500 kJ.

Hilfsmittel: Bräter mit Deckel, Küchenmaschine mit Mixmesser, Schüssel, Alufolie, Entfettungsgefäß, Stieltopf.

**Zubereitungszeit:** 450 Min. Garzeiten: 300 Min. bei 120° C , danach 70 Min. bei 200° C.

**Zubereitung:** Von der Gamskeule alle locker sitzenden Häute ablösen, nicht die am Fleisch anliegende blaue Sehnenhaut. Knoblauchzehe in Salz zerreiben, die Keule damit einreiben, pfeffern und salzen. Schweinenetz in Wasser wässern. Im Bräter Öl erhitzen, das Fleisch von allen Seiten anbraten. Bratensatz zwischendurch mit etwas Rotwein anlösen. Bräter vom Herd nehmen, das Fleisch abkühlen lassen.

**Kräutermantel:** Weißbrot im Mixer zerreiben, in eine Schüssel geben. Von Petersilie und Estragon Stengel entfernen, bei der Staudensellerie die Fäden abziehen. Staudensellerie und Lauch klein schneiden. Kräuter mit Ei und saurer Sahne im Mixer pürieren. Kräutermasse mit Weißbrot vermischen, mit Pfeffer und Salz würzen. Backofen auf 120° C vorheizen.

Schweinenetz auslegen und mit der Kräuterpanade bestreichen. Keule in das Schweinenetz einschlagen und in den Bräter setzen. Feingeschnittene Schalotte zugeben, restlichen Rotwein angießen. Den geschlossenen Bräter in den Backofen schieben und das Fleisch 5 Stunden garen. Hitze auf 200° C hochschalten, Fleisch auf eine Kerntemperatur von 80° C (Fleischthermometer!) bringen. Keule aus dem Bräter nehmen, in Alufolie einschlagen, ca. 15 Min. ruhen lassen.

Bratensatz mit Wasser loskochen, durch ein Sieb gießen und entfetten. Fond in einen Stieltopf geben, den Schlehensaft zugießen und einmal aufkochen. Sahne erhitzen, zufügen und die Sauce cremig einkochen, mit Pfeffer und Salz abschmecken. Keule aufschneiden und mit der Sauce servieren.

**➡ Hinweis**

Das Garen bei niedriger Temperatur fördert die Entwicklung von Enzymen, die das Fleisch zart machen. Dies erfolgt im Temperaturbereich zwischen 20° C und 45° C (Kerntemperatur Fleisch!). Die Enzyme zersetzen die Myofibrillen (Muskelverhärter) und das Kollagen (Eiweißkörper, Bindehautgewebe) und lassen dadurch selbst das Fleisch alter Tiere zart werden. Da sich aber im gleichen Temperaturbereich auch andere im Fleisch befindende Mikroorganismen (Bakterien) heftig vermehren, muß es anschließend auf eine Kerntemperatur von 80° C gebracht werden, um diese unschädlich zu machen.

# *Gamskeule* – gesotten und gegrillt

**Zutaten für 8–10 Personen**

1 Gamskeule ohne Unterbein (ersatzweise darf es auch eine Wildschweinkeule sein)* 1 Bund Suppengemüse • Olivenöl • 200 ml Malzbier • Pfeffer aus der Mühle • Salz. *Würzsud:* 1 Zweig Rosmarin • 5–6 Zweige Thymian • 5 zerdrückte Wacholderbeeren • 8–10 schwarze Pfefferkörner • 1 kleiner Zweig Liebstöckel • 1 Stück Ingwer • 1 kleingeschnittene Zwiebel • 1 Tl Pökelsalz • 1 Tl Salz • 50 ml Rotwein • 150 ml Wasser.

**Beilagen:** Folienkartoffel mit Schmand, Cumberlandsauce, verschiedene Salate.

Nährwert pro Portion: ca. 250 kcal = 1.050 kJ.

Hilfsmittel: Stieltopf, Durchseihtuch, Gewürzspritze, Schüssel, Kochtopf, Fettpinsel, Grill mit Drehspieß.

**Zubereitungszeit:** ca. 3–4 Std. Pökelzeit: über Nacht. Gar- und Kochzeiten: Würzsud: ca. 10 Min. Keule im Topf ca. 90 Min., auf dem Grill ca. 60 Min.

**Zubereitung Würzsud** (am Abend zuvor): Aus den Zutaten im Stieltopf den Würzsud kochen. Abkühlen lassen, dann durch das Tuch seihen und in die Gewürzspritze geben. Keule entbeinen, den Oberschenkelknochen hohl auslösen. Knochen mit der Knochensäge zerkleinern. Fleisch in eine Schüssel legen, Würzsud in das Fleisch spritzen. Über Nacht einwirken lassen. Wurzelgemüse putzen, klein schneiden und zusammen mit den Knochen in den Kochtopf geben. Soviel Wasser auffüllen, wie später zum Vorkochen der Keule benötigt wird. 1 Tl Salz zufügen. Aufkochen und gut 1 Stunde köcheln lassen. Sud erkalten lassen, Wurzelgemüse und Knochen mit dem Schaumlöffel herausnehmen.

Sud erhitzen, Keule hineingeben und bei mittlerer Hitze garen. Am Ende der Garzeit Keule aus dem Sud nehmen und in Alufolie einschlagen. Nach einer Ruhezeit von ca. 20 Min. (oder ganz abgekühlt) die Keule auf den Drehspieß stecken, mit Olivenöl einpinseln und grillen. Gegen Ende der Grillzeit mit Bier einpinseln. Fleischscheiben nach dem Aufschneiden mit Pfeffer und Salz oder einer grobkörnigen Grillgewürzmischung würzen.

# Muffelblatt mit grüner Sauce

**Zutaten für 4 Personen**

1 Muffelblatt • 30 ml Olivenöl • 1 Knoblauchzehe • Pfeffer aus der Mühle • Salz • 1 Päckchen Grüne-Sauce-Kräuter • 250 ml saure Sahne oder Schmand • 200 ml Joghurt • 30 ml Olivenöl • Saft einer halben Zitrone • frisch gemahlener Pfeffer • Salz.

**Beilage:** Pellkartoffeln.

Nährwert pro Portion: ca. 650 kcal = ca. 2.700 kJ.

Hilfsmittel: Küchenpinsel, Schüssel, Hackbrett, Hackmesser, Grill.

**Zubereitungszeit:** ca. 100 Min. Garzeit: ca. 30 Min. (Grill).

**Zubereitung:** Muffelblatt beidseitig mit Öl bepinseln. Feingeschnittene Knoblauchzehe in Salz zerdrücken und auf dem Fleisch verteilen. Blatt beidseitig pfeffern und salzen und in einer Schüssel ca. 1 Stunde ruhen lassen. Kräuter waschen, abtropfen lassen und fein hacken. Saure Sahne oder Schmand, Joghurt, Öl und Zitronensaft unter Zugabe von Pfeffer und Salz zu einer Sauce verrühren, die Kräuter untermischen. Mit Pfeffer und Salz würzen. Muffelblatt auf einen Rost geben und unter mehrmaligem Wenden grillen. Das Blatt aufschneiden und mit grüner Sauce auf dem Teller anrichten.

**➥ Hinweis**

Falls es die grüne Sauce (7-Kräuter-Sauce) fertig zusammengestellt nicht zu kaufen gibt (ansonsten von Februar bis Oktober erhältlich), kann man sie sich in nach Jahreszeit wechselnder Zusammensetzung selbst zusammenstellen. Folgende Kräuter – je eine Handvoll – gelten als klassisch: Petersilie, Schnittlauch, Kerbel, Kresse, Pimpinelle, Sauerampfer, Borretsch, Dill, Estragon, Zitronenmelisse, Kresse.

# Krustenschnitzel mit Hagebuttensauce

**Zutaten für 4 Personen**

4 aus der Nuß oder der Oberschale von Gams, Steinbock oder Muffel geschnittene, ca. 3 cm dicke Fleischstücke • Pfeffer aus der Mühle • Salz • 1 aufgeschlagenes Ei • Paniermehl • 1 Knoblauchzehe • 30 g Pflanzenfett. *Sauce:* 20 g Butterschmalz • 150 g Fleischabschnitte • Haut- und Sehnenstücke vom Wild • 1 Zwiebel • 50 ml Tokaier • 2 El Hagebuttenmus • 250 ml Wildfond • 150 ml Sahne • frisch gemahlener Pfeffer • Salz.

**Beilagen:** Salzkartoffeln, Mischgemüse.

Nährwert pro Portion: ca. 500 kcal = ca. 2.100 kJ.

Hilfsmittel: kleiner Bratentopf, Haarsieb, Stieltopf, Entfettungsgefäß, Fleischklopfer, Bratpfanne mit Deckel.

**Zubereitungszeit:** ca. 60 Min. Garzeit: 8–10 Min.

**Zubereitung:** Fleischabschnitte, Haut- und Sehnenstücke pfeffern und salzen, Zwiebel klein schneiden. Im Bratentopf Butterschmalz erhitzen, die Fleischabschnitte, Haut- und Sehnenstücke rundum anbraten. Bratensatz mit dem Tokaier ablösen. Zwiebel zugeben und mit andünsten. Hagebuttenmus unterrühren. Mit Wildfond auffüllen und bei milder Hitze 30 Min. kochen lassen. Fond durch ein Sieb gießen, entfetten und in einen Stieltopf geben. Sahne zufügen und die Sauce sämig einkochen. Mit Pfeffer, Salz und Hagebuttenmus abschmecken. Schnitzel klopfen, pfeffern und salzen, in geschlagenem Ei wälzen und panieren. Boden der Bratpfanne mit Knoblauchzehe bestreichen. Pfanne erhitzen, Fett hineingeben und heiß werden lassen. Auf Mittelhitze herunterschalten. Schnitzel von jeder Seite anbraten, dann unter geschlossenem Deckel 4 Min. nachbraten. Zwischendurch einmal wenden. Schnitezl mit der Sauce und den Beilagen servieren.

**Variante für die Kruste:** Schnitzel nach dem Salzen und Pfeffern mit Mehl bestäuben. In mit Wildgewürz und Liebstöckelsalz gewürztem Ei wälzen und anschließend panieren.

**➥ Tip**

Schnitzel nach dem Klopfen mit Tokaier beträufeln und 10 Min. einziehen lassen.

# Gamssuppe mit Fleischklößchen

**Zutaten für 4 Personen**

1 Gamshals • 500 g Rippenknochen • je 75 g Sellerieknolle, Porree, Petersilienwurzel, Mohrrübe • 2 mittelgroße Zwiebeln • 1 Lorbeerblatt • 1 Liebstöckelzweig • 10 weiße Pfefferkörner • 250 g Pellkartoffeln • 100 ml Sahne • 1/2 Tl gemahlene Kräuter der Provence • 20 ml Cognac • 2 El Schnittlauchröllchen. *Fleischklößchen:* 400 g Gamsfleisch aus der Schulter • 1 Zwiebel • 1 Ei • 50 ml Sahne • 1 El gerebelter Majoran • Muskatnuß • Pfeffer aus der Mühle • Salz.

**Beilagen:** keine.

Nährwert pro Portion: ca. 400 kcal = ca. 1.700 kJ.

Hilfsmittel: Suppentöpfe, Entfettungsgefäß, Stieltopf, Kartoffelreibe, Stabmixer, Fleischwolf, Küchenmaschine mit Mixmesser, Passiersieb.

**Zubereitungszeit:** ca. 200 Min. Garzeit: Suppe ca. 180 Min., Klößchen ca. 20 Min.

**Zubereitung:** Gamshals, Knochen, Wurzelgemüse, Liebstöckelzweig, Lorbeerblatt und Pfefferkörner in einen ausreichend bemessenen Topf geben und mit Wasser bedecken. Einmal aufkochen, dann bei milder Hitze ca. 3 Stunden köcheln lassen. Darauf achten, daß die Knochen immer mit Flüssigkeit bedeckt sind. Brühe durch ein Sieb gießen, entfetten und 750 ml davon in einen Suppentopf, die restliche Brühe in den Stieltopf geben. Pellkartoffeln in die Brühe reiben, die Sahne und Kräuter der Provence zufügen und mit dem Stabmixer alles glattrühren. Mit Pfeffer und Salz würzen, mit Cognac aromatisieren.

**Fleischklößchen:** Gamsfleisch häuten und entsehnen, klein schneiden und zusammen mit der Zwiebel zweimal durch die feine Scheibe des Fleischwolfes treiben. Fleischmasse in den Mixer geben, Ei, Sahne und Majoran zufügen. Mit Muskatnuß, Pfeffer und Salz würzen. Masse pürieren und anschließend durch ein Sieb streichen. Im Kühlschrank durchkühlen lassen. Aus dem Fleischteig Klößchen formen und in der Restbrühe (Stieltopf) 20 Min. garziehen lassen. Klößchen in die heiße Suppe geben und diese mit Schnittlauchröllchen bestreuen.

# *Pizza* mit Gamsfiletscheiben

**Zutaten für 4 Personen**

200 g Filet vom Gamsrücken • 50 ml Olivenöl • 50 ml trockener Rotwein • 1 Knoblauchzehe • 2 Gemüsetomaten • 1 kleine Zwiebel • 400 g Champignons • 30 g Butter • frisches Basilikum und Oregano • 50 g Johannis- oder Preiselbeeren • 100 g gehobelter Raclettekäse • Pfeffer aus der Mühle • Salz. *Teig (Blechgröße 30 x 35 cm):* 300 g Weizenvollkornmehl • 200 ml lauwarmes Wasser • 1 Päckchen (40 g) Hefe • 30 ml Olivenöl • 1 Ei • 1 Tl Salz • etwas Zucker.

**Beilage:** Salat der Saison.

Nährwert pro Portion: ca. 550 kcal = ca. 2.300 kJ.

Hilfsmittel: Brotschneidemaschine, Schüsseln, Stieltopf, Kuchenblech.

**Zubereitungszeit:** ca. 200 Min. Backzeit: ca. 15 Min. + 5 Min. bei 230° C.

**Zubereitung:** Filet häuten, in Tiefkühlung anfrosten. In ca. 2–3 mm dicke Scheiben schneiden. Knoblauch blättrig schneiden, im Salz zerreiben, mit Öl und Wein vermischen. Fleischscheiben in eine Schüssel legen, mit der Marinade übergießen. 2 Stunden marinieren, zwischendurch wenden. Tomaten in siedendem Wasser abbrühen, häuten, in Stücke schneiden. Pilze putzen, in dünne Scheiben schneiden, Zwiebel fein schneiden. Im Topf Butter zerlassen, Pilze und Zwiebel zufügen, pfeffern, salzen und kurz anschmoren. Pilze auf ein Sieb geben und abtropfen lassen.

**Teig:** Mehl auf eine Platte sieben, Mulde eindrücken, Hefe zerbröseln, mit warmem Wasser und Zucker mischen, in Mulde geben, mit Mehl bestäuben. Ei, Olivenöl und Salz mischen. Wenn das Mehl Risse zeigt, Mischung zugeben. Alles zu einem Teig verkneten. Diesen ca. 20 Min. ruhen lassen, nochmals durchkneten, dünn ausrollen und auf das mit Olivenöl gefettete Blech geben. Backofen auf 230° C vorheizen. Auf dem Teigboden zuerst die Pilze verteilen, dann Filetscheiben und Tomaten auflegen. Mit den gehackten Kräutern bestreuen, mit Pfeffer aus der Mühle und Salz würzen. Blech in den Backofen geben und ca. 15 Min. backen. Beeren und den Käse auf dem Blech verteilen und 5 Min. überkrusten lassen.

# *Filet vom Muffel* im Spinatmantel

**Zutaten für 4 Personen**

1 Rückenfilet vom Muffel, ca. 700 g • 30 ml Rapsöl • frisch gemahlener Pfeffer • Salz. *Füllung:* 20 ml Rapsöl • 1 kleine Gemüsezwiebel • 150 g Champignons • 20 g getrocknete Steinpilze (eingeweicht) • 2 El Tomatenmark • 50 g entrindetes Weißbrot • 1 Ei • Thymian • Salz • Pfeffer. Mantel: 350 g Spinat • 20 ml Rapsöl • 1 kleine Knoblauchzehe • 4 Eigelb • 4 Eiweiß • 50 g Mehl • 6 Scheiben Blätterteig • 1 Eigelb. *Sauce:* 500 ml Wildfond • 125 ml Rotwein • 1 El Tomatenmark • 20 ml Sherry • Pfeffer • Salz.

**Beilagen:** Teigwaren, Eichblattsalat.

Nährwert pro Portion: ca. 560 kcal = ca. 2.400 kJ.

Hilfsmittel: Bratentopf, Alufolie, Stieltopf, Küchenmaschine mit Mixmesser, Backpapier, Leinentuch.

**Zubereitungszeit:** ca. 140 Min.

**Zubereitung:** Filet häuten, pfeffern und salzen. Im Öl 6–8 Min. braten. In Alufolie einschlagen, erkalten lassen. Steinpilze einweichen. Öl erhitzen, gehackte Gemüsezwiebel zufügen und glasig dünsten. Geputzte, geviertelte Champignons und Steinpilze zugeben, ca. 10 Min. schmoren. Tomatenmark unterrühren, erkalten lassen. Weißbrot im Mixer zerreiben, Ei und Pilzmasse zugeben, mit Thymian, Pfeffer, Salz würzen, durchmixen, im Kühlschrank kühlen.

Backofen auf 200° C vorheizen. Spinat waschen und putzen. Öl erhitzen, kleingehackte Knoblauchzehe anbraten. Spinat zugeben, dünsten, erkalten lassen. Spinat mit Eigelb im Mixer pürieren, pfeffern und salzen. Eiweiß steif schlagen, Mehl darübersieben und unterarbeiten. Spinatmasse locker einarbeiten. Spinatschaum auf mit Backpapier belegtem Kuchenblech 1–2 cm dick ausbreiten, 15 Min. backen. Warmen Spinatschaum auf ein Tuch schieben, Pilzmasse in Filetbreite auftragen, Filet aufsetzen, mit Pilzmasse bedecken. Mit dem Tuch zu einer Rolle umschlagen, fest andrücken. Im Tuch ca. 20 Min. kühlen. Blätterteig ausrollen, Filet aus dem Tuch nehmen, im Blätterteig einrollen. Hülle mit Eigelb bestreichen, mit geflochtenen Teigstreifen verzieren. Auf mit Backpapier ausgelegtes Backblech setzen, im Ofen ca. 25 Min. backen.

**Sauce:** Wildfond mit Rotwein auf 1/3 Menge einkochen. Tomatenmark einrühren, Sherry zugeben, mit Pfeffer und Salz würzen. Filet aus dem Ofen nehmen, 10 Min. ruhen lassen, aufschneiden und servieren.

# Gulasch vom Steinwild

**Zutaten für 4 Personen**

800 g Zuschnitte aus Keule oder Blatt • 500 ml Rotwein • gemahlene Wacholderbeeren • Pfeffer aus der Mühle • Salz • 30 g Butterschmalz • je ein Stück Sellerieknolle, Petersilienwurzel, Mohrrübe • 1/2 Zwiebel • 250 ml Wildfond • 70 g kalte Butterstücke • 1 El Balsamico-Essig • 1 El Preiselbeeren.

**Beilagen:** Polenta, Lauchgemüse.

Nährwert pro Portion: ca. 600 kcal = ca. 2.500 kJ.

Hilfsmittel: Schüssel, Haarsieb, Bräter mit Deckel, Fleischgabel, Stieltopf, Schneebesen.

**Zubereitungszeit:** ca. 120 Min.

**Zubereitung:** Gulaschstücke in eine Schüssel geben, Rotwein zugießen und eine Stunde im Kühlschrank ziehen lassen. Fleischstücke auf ein Sieb geben, Rotwein auffangen. Gulasch mit Wacholder, Pfeffer und Salz würzen. Fett im Bräter erhitzen, Fleischstücke anbraten. Bratensatz zwischendurch mit Rotwein anlösen. Das Wurzelgemüse zufügen, den restlichen Rotwein angießen und das Fleisch ca. 50–60 Min. schmoren. Wildfond erwärmen und nach halber Schmorzeit zum Gulasch geben. Backofen auf 80° C vorheizen. Fleischstücke mit der Gabel herausstechen, abgedeckt in einer Schüssel im Ofen warm halten. Bratflüssigkeit durch ein Sieb in einen Stieltopf gießen. Essig und Preiselbeeren zufügen, Sauce mit kalten Butterstücken aufschlagen, mit Pfeffer und Salz abschmecken. Gulasch mit der Sauce und den Beilagen servieren.

# Geschmortes Gamsblatt
## mit Pfifferlingen

**Zutaten für 4 Personen**

1 Gamsblatt (ca. 1.000 g) • 50 g fetter geräucherter Speck • 50 g geputzte Pfifferlinge • 5 g Butterschmalz • 1 Mohrrübe • 1 Rosmarinzweig • 200 ml Wildbrühe (ersatzweise Instantbrühe) • Wildgewürz • Liebstöckelsalz (beides von Fuchs) • Pfeffer aus der Mühle • Salz. *Sauce:* 300 g geputzte Pfifferlinge • 15 g Butterschmalz • 1 klein geschnittene Schalotte • 50 ml Sahne • Bratensaft • Speisestärke • frisch gemahlener Pfeffer • Salz.

**Beilagen:** Semmelknödel, Eisbergsalat.

Nährwert pro Portion: ca. 650 kcal = ca. 2.700 kJ.

Hilfsmittel: Bratfolie, Ofenrost, Fettpfanne, Haarsieb, Schüssel, Alufolie, Bratpfanne.

**Zubereitungszeit:** ca. 130 Min. Garzeit: Gamsblatt in der Folie 90 Min. bei 180° C auf der mittleren Backofenschiene; Pfifferlinge ca. 15 Min.

**Zubereitung:** Vom Gamsblatt lose Häute und sichtbare Fettauflagerungen entfernen. Auf einem kleinen Teller je 1 Tl Wildgewürz und Liebstöckelsalz miteinander mischen. Speck in ca. 5 mm dicke Streifen schneiden. Diese in der Würzmischung wälzen und auf einem Stück Alufolie für kurze Zeit in die Tiefkühlung geben. Mit spitzem Messer in das Gamsblatt Spicklöcher schneiden. In diese die gefrosteten Speckstreifen schieben. Gamsblatt pfeffern und mit verbliebener Würzmischung würzen. Beiseite stellen. In einer Pfanne das Butterschmalz erhitzen, darin die Pfifferlinge anbraten, pfeffern und salzen. Abkühlen lassen. Mohrrübe schälen und in dünne Scheiben schneiden. Vom Rosmarinzweig ca. 10 Nadeln abzupfen. Gamsblatt in den Bratfolienschlauch geben, Pfifferlinge, Mohrrübenscheiben und Rosmarinnadeln darauf verteilen. Wildbrühe zugießen, Schlauch verschließen und mit einem Zahnstocher 4–6 Löcher in die Folie stechen. Gefüllten Bratenschlauch auf den Rost geben und mit untergeschobener Fettpfanne auf mittlerer Schiene in den kalten Backofen geben. Backofen aufheizen und das Gamsblatt in der Folie garen. Am Garende Gamsblatt aus der Folie nehmen und in Alufolie einschlagen. Bratensaft durch ein Haarsieb gießen, in einer Schüssel auffangen. Pfifferlinge aus dem Sieb nehmen und zur Sauce geben.

**Sauce:** In der Bratpfanne Butterschmalz erhitzen, darin die Pfifferlinge braten, bis sie zu knistern beginnen. Schalotte zufügen, pfeffern und salzen. Sahne angießen und aufschäumen lassen. Bratensaft zufügen, aufkochen lassen, mit Speisestärke leicht binden, mit Pfeffer und Salz abschmecken.

# *Gamslende* im Speckmantel

**Zutaten für 4 Personen**

800 g Fleisch aus dem Gamsrücken (Lendenstück) • je 100 g in ca. 5 cm breite Streifen geschnittener Frühstücksspeck (Bacon) und Räucherspeck • 1 Tl milder Senf • 1 Tl Liebstöckelsalz • frisch gemahlener Pfeffer • 2 Zwiebeln • 1 Stück Mohrrübe • 2 Zweige Selerieblatt • 1 Tomate • 150 ml trockener Rotwein • Kartoffelmehl.

**Beilagen:** Klöße von rohen Kartoffeln, mit Rotweinessig süß-sauer angerichteter Eichblattsalat.

Nährwert pro Portion: ca. 600 kcal = ca. 2.500 kJ.

Hilfsmittel: Alufolie, Küchengarn, Bratfolienschlauch, Stopfnadel, Haarsieb, Schüssel, Entfettungsgefäß, Stieltopf.

**Zubereitungszeit:** ca. 80 Min. Garzeit: ca. 50 Min.

**Zubereitung:** Das Filet häuten. Senf mit Liebstöckelsalz und etwas Pfeffer vermischen. Zwiebeln und Mohrrübe putzen und klein schneiden, Tomate vierteln. Backofen auf 200 °C vorheizen. Alufolie in Länge des Lendenstückes auslegen. Darauf abwechselnd nebeneinander und überlappend Frühstücksspeck und Räucherspeck auf der Länge des Fleisches (und damit quer zu diesem) auflegen. Speckschicht mit der Senf-Gewürzmischung dünn bestreichen. Filet auflegen. Speck mit Hilfe der Alufolie über das Fleisch legen und dieses in den Speckmantel einschlagen. Alufolie entfernen, eingeschlagenes Lendenstück mit Küchengarn umwickeln. Fleisch in vorbereiteten Bratfolienschlauch einlegen. Zwiebel-, Mohrrüben-, Tomatenstücke und Selerieblatt zugeben. Wein zugießen, Bratfolienschlauch schließen. Mit einer Nadel drei Löcher in die Folie stechen. Folie auf den Ofenrost legen, mit untergeschobener Fettpfanne auf mittlerer Schiene in den Ofen geben. Nach dem Aufblähen der Folie 35–40 Min. garen. Fleisch aus der Folie nehmen, in Alufolie einschlagen. Vor dem Servieren Küchengarn entfernen, in Scheiben aufschneiden.

**Sauce:** Bratensaft aus der Folie auffangen, durch Haarsieb gießen und über ein Entfettungsgefäß entfetten. Bratensaft im Stieltopf erhitzen, mit Kartoffelmehl leicht binden. Mit Pfeffer und Salz abschmecken.

# Mit Gamshack gefüllte *Semmelknödel* und Pfifferling-Rahmsauce

**Zutaten für 4 Personen**

300 g entsehntes Gamsfleisch (z. B. vom Blatt) • 1 kleine feingeschnittene Zwiebel • 1 El feingeschnittene Petersilie • 1 El feingeschnittenes Liebstöckelblatt • 1 El Pflanzenöl • 1 Ei • frisch gemahlener weißer Pfeffer • Salz. *Semmelknödelteig:* 400 g in dünne Scheiben geschnittene, einen Tag alte Brötchen • 450 ml Milch • 50 g Butter • 4 Eier • 1 feingeschnittene Zwiebel • 2 El feingeschnittene Petersilie • 1 Tl Backpulver • geriebene Muskatnuß • 1 Tl Salz • Pfeffer aus der Mühle. *Sauce:* 500 g Pfifferlinge • 20 g Butterschmalz • 40 g fetter, geräucherter Speck • 1 kleine feingeschnittene Zwiebel • 300 ml Sahne • Salz • Pfeffer aus der Mühle • 2 El Schnittlauchröllchen.

**Beilage:** Mit saurer Sahne angemachter Blattsalat.

Nährwert pro Portion: ca. 750 kcal = ca. 3.150 kJ.

Hilfsmittel: Fleischwolf mit mittlerer Lochscheibe, Schüsseln, großer Kochtopf, Stieltopf, Küchenwaage, Alufolie.

**Zubereitungszeit:** ca. 120 Min. Garzeiten: Klöße ca. 50 Min., Sauce ca. 15 Min.

**Zubereitung:** Das Gamsfleisch in Stücke schneiden und zweimal durch den Fleischwolf drehen. Zwiebel, Kräuter, Ei zugeben, pfeffern und salzen. Fleischteig gut durchkneten. Im Stieltopf etwas Wasser erhitzen, ein kleines Fleischbällchen formen und darin garen. Auf Würzung verkosten. Gegebenenfalls mit Pfeffer und Salz nachwürzen. Fleischmasse in 70 g-Portionen teilen, daraus Fleischbällchen formen.

**Semmelknödel:** Geschnittene Brötchen in eine Schüssel geben. Im Stieltopf die Milch mit der Butter erhitzen, über die Brötchenmasse gießen, ca. 15 Min. weichen lassen. Zwiebeln, Petersilie, Backpulver, Eier zufügen. Mit Muskat, Pfeffer und Salz würzen. Teig mit der Hand gut durchkneten, weitere 15 Min. ruhen lassen. Im Kochtopf Wasser erhitzen. Auf der flachen Hand Semmelknödelteig verteilen. Ein Fleischbällchen aufsetzen, mit weiterem Semmelknödelteig abdecken und zu einem Kloß formen. Kloß in Alufolie einschlagen und in das siedende Wasser geben. Nach der Garzeit Klöße herausnehmen und ca. 5 Min ruhen lassen, aus der Folie nehmen.

**Sauce:** Pfifferlinge putzen. Speck in kleine Würfel schneiden. Im Stieltopf das Butterschmalz erhitzen, darin die Speckwürfel auslassen. Pfifferlinge zugeben und anbraten, Zwiebel zufügen und solange köcheln, bis alle Flüssigkeit verdampft ist. Zwischendurch pfeffern und salzen. Wenn die Masse knistert und anhakt, mit Sahne aufgießen und bei milder Hitze köcheln lassen, mit Pfeffer und Salz abschmecken. Vor dem Servieren Schnittlauchröllchen zur Sauce geben.

# Wildfondue

**Zutaten für 4 Personen**

800–1.000 g Rückenfilet von Reh-, Dam-, Rot- oder Gamswild • 1,5 bis 2 l Wildknochenbrühe • 100 ml Pflanzenöl • 100 ml Rotwein • 1 Schalotte • 1 kleine Knoblauchzehe • 1 Tl getrockneter Liebstöckel • Pfeffer aus der Mühle • Salz. *Saucen (I.):* 2 El Mayonnaise • 1 El milder Senf • Zitronensaft • Worcestershiresauce. *(II.):* 2 El Tomatenketchup • 2 El Joghurt • süßer Paprika • 1 Tl Cognac. *(III.):* 50 ml Sahne • 2 El Johannisbeergelee • Sojasauce • Tabasco grün.

**Beilagen:** Champignonköpfe aus dem Glas, Scheiben von Frühstücksspeck, Chutney, kleine Pellkartoffeln.

Nährwert pro Portion: ca. 400 kcal = ca. 1.670 kJ.

Hilfsmittel: Fonduetopf mit Rechaud, Brennspiritus, Topf, Stieltopf, Schüsseln, Aufschnittmaschine.

**Vorbereitungszeit:** ca. 80 Min.

**Zubereitung:** Filet häuten, leicht anfrosten, in dünne Scheiben schneiden. Scheiben in eine Schüssel geben. Schalotte kleinschneiden, Knoblauchzehe halbieren, inneren Kern entfernen, in Stücke schneiden. Im Stieltopf Öl, Rotwein, Schalotten, Knoblauch, Liebstöckel aufkochen, pfeffern und salzen. Sud abkühlen lassen, über die Filetscheiben gießen. Eine Stunde einwirken lassen. Fleisch zwischendurch mehrmals umschichten.

**Saucen:** Aus den Zutaten die Saucen anrühren, mit Pfeffer und Salz abschmecken.
Wildbrühe auf dem Herd aufkochen, in den Fonduetopf umgießen und über dem Rechaud am Köcheln halten. Filetscheiben mit Champignonköpfen und Frühstücksspeck auf den Spieß stecken, in der Brühe garen.

**➥ Hinweis**

Ein Wildfondue läßt sich in den Saucen und Beigaben vielfach variieren. Als Vorspeise kann ein mit zerlassenen Speckwürfeln und Apfelessig angerichteter Rapunzelsalat, als Dessert ein würziger Käse (z. B. ein Stück Parmesan oder Manchego) gereicht werden. Als Getränk wird ein kräftiger Rotwein gereicht.

# Feldhase *(Lepus europaeus)*

Eine Wildart, deren eigentliches Biotop die Steppe ist. Vom kleineren Vetter, dem Wildkaninchen, unterscheidet sich der Hase durch stärkeren Körperbau, das auf der Oberseite braun-rot-gelblich schimmernde Haar, längere Ohren (Löffel) mit schwarzer Spitze und einen oben schwarzen Schwanz (Blume). Wo ihm der Lebensraum zusagt und den Nachwuchs bedrohende Freßfeinde (vor allem Habicht, Krähe, Bussard, Fuchs, aber auch wildernde Katzen) zahlenmäßig gering sind, vermag er dank seiner Fruchtbarkeit eine hohe Populationsdichte zu erreichen. In trockenen, warmen Jahren kann die Häsin bis vier Würfe mit jeweils bis zu sechs Jungen haben. Der Rückgang früherer guter Hasenbesätze – in den siebziger Jahren wurden in Deutschland rund 1,2 Mio. Hasen geschossen, heute ist es noch rund ein Drittel dieser Zahl – hat verschiedene Ursachen. Neben der gestiegenen Zahl an Freßfeinden – auf einen erlegten Hasen kommen heute z. B. rechnerisch 1,5 erlegte Füchse – ist es die Veränderung der Kulturlandschaft zur großflächigen Agrarindustrie mit ihren Anbaumethoden, die dem Hasen das Überleben schwer machen. In Österreich hat sich die Hasenstrecke gegenüber früheren Jahren auf rund 190.000 erlegte Hasen um ein Drittel vermindert, während sie in der Schweiz mit rund 5.000 Stück (Feld- und Schneehase) nahezu gleich geblieben ist.

Die Masse der im Handel und in der Gastronomie angebotenen Hasenrücken und -keulen kommt aus Argentinien, die dort erlegten Hasen stammen vom europäischen Feldhasen ab. Er wurde 1888 von dem deutschen Konsul Woeltje Tiedjen in der Provinz Santa Fé zum eigenen Jagdvergnügen erstmals ausgewildert. Dank optimaler Umweltbedingungen erfuhr er eine explosionsartige Vermehrung. 1907 wurde er amtlicherseits zur Landplage erklärt. Von Mai bis Juli wird er in Argentinien wildbretschonend, überwiegend nachts mit Scheinwerfer und kleiner Kugel (Kopfschuß) bejagt. Die Strecken gehen in die Millionen Stück. Frisch oder tiefgefrostet kommen die Teile nach Europa, werden hier gespickt, vakuumiert und meist ohne Herkunftsbezeichnung tiefgefrostet. Ein Ärgernis: eine meist zu lange angegebene Haltbarkeit. Zumindest der Speck ist nach sechs Monaten ranzig.

**Erlegungsgewicht (ausgeweidet):** je nach Alter 3–4,5 kg. Ausschlachtergebnis: 60 Prozent mit Knochen, 45–50 Prozent ohne Knochen.

**Tiefkühllagerung:** bis zu 8 Monaten (fettfrei).

| | |
|---|---|
| Hauptjagdzeit: | (Achtung: regional stark unterschiedlich)<br>Europa: Oktober – Januar<br>Südamerika: Mai – Juli |
| Qualitätsmerkmale: | dunkles, rotbraunes Wildbret, feinfaserig und saftig, im Geschmack sehr würzig. |
| Zubereitungsempfehlung: | Alles sichtbare Fett sorgfältig entfernen.<br>Rücken, Keulen, Vorderläufe braten oder schmoren.<br>Hasenklein: Rippen, Bauchlappen, Blätter. |
| Hinweis: | Hasen müssen frisch ausgeweidet sein und dürfen keine vergrünten Bauchlappen haben. |

# Hasen zerlegen und küchenfertig machen

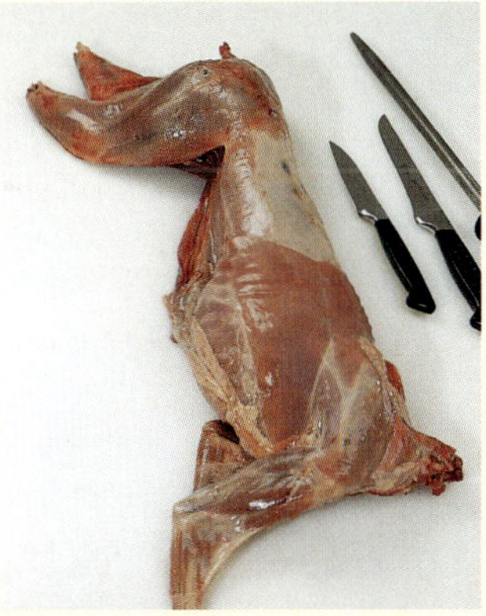

*1. Abgebalgter, zur Verarbeitung in der Küche vorgesehener Hase.*

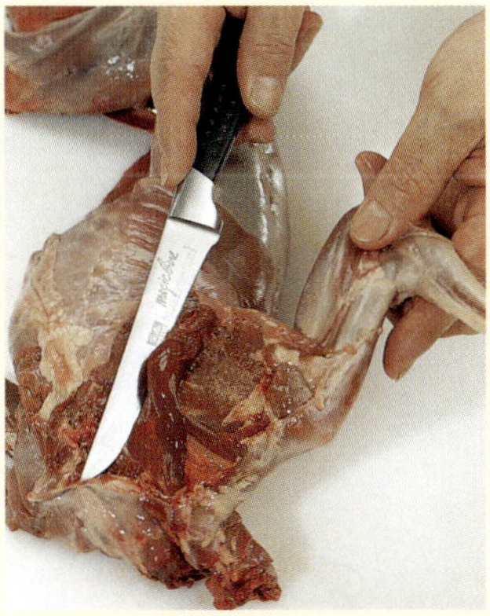

*2. Mit Schnitt durch die Achselhöhle Vorderläufe abtrennen.*

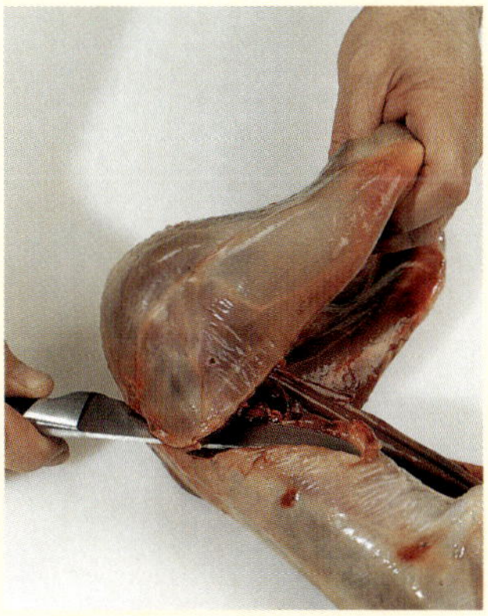

*3. Von der Bauchseite entlang des Kreuzbeins Keulen ablösen.*

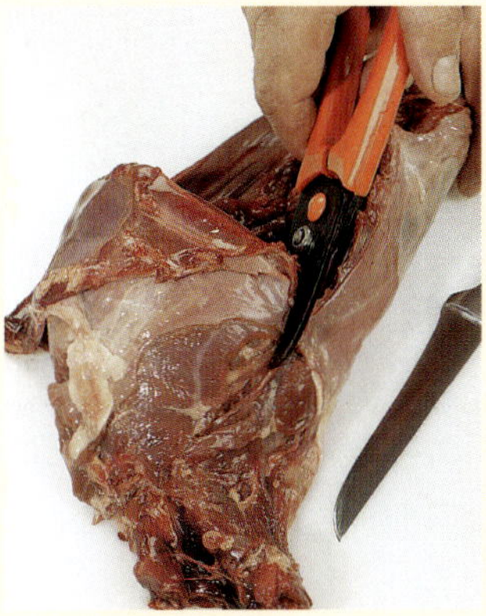

*4. Unterm Rückenfilet Bauchlappen abschneiden, Rippen abtrennen.*

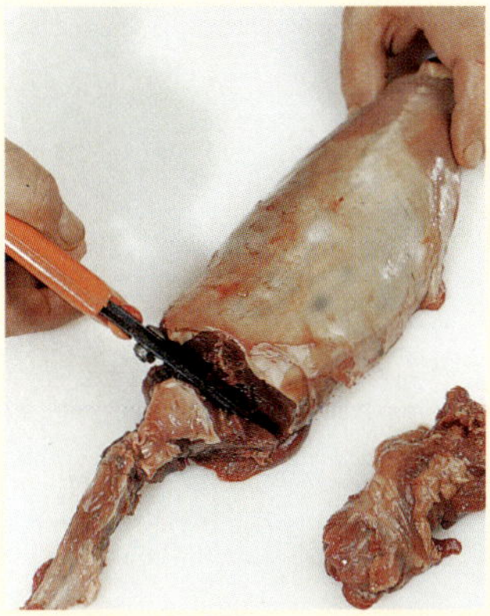

*5. Kreuzbein und Schwanzknochen mit Knochenschere abtrennen.*

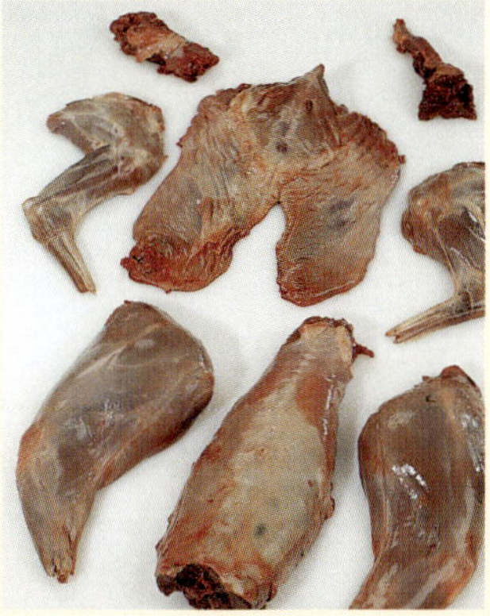

*6. In Keulen, Rücken, Vorderläufe und Rippen zerteilter Hase.*

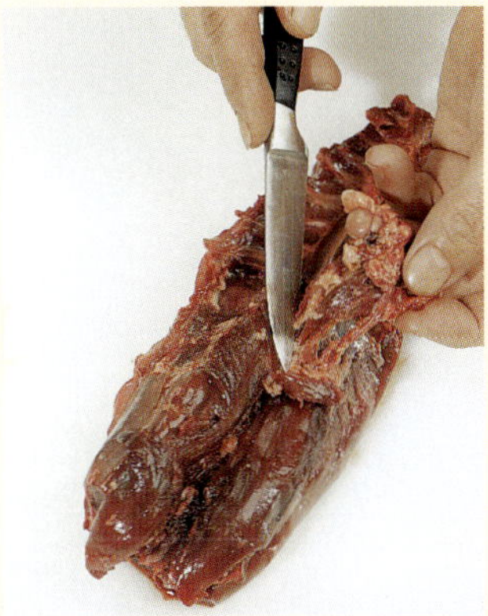

*1. Von der Unterseite des Rückens alles sichtbare Fett entfernen.*

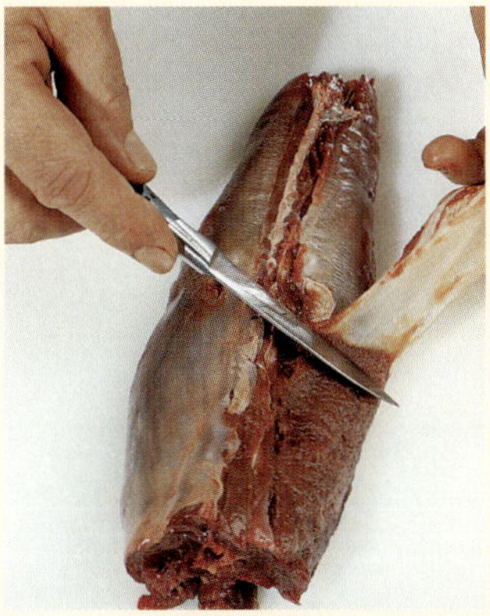

*2. Rücken auf beiden Seiten mit kleinem, scharfem Messer häuten.*

*3. Die Speckwicklung verhindert ein Verkrusten der Oberfläche.*

# Hasen zerlegen und küchenfertig machen

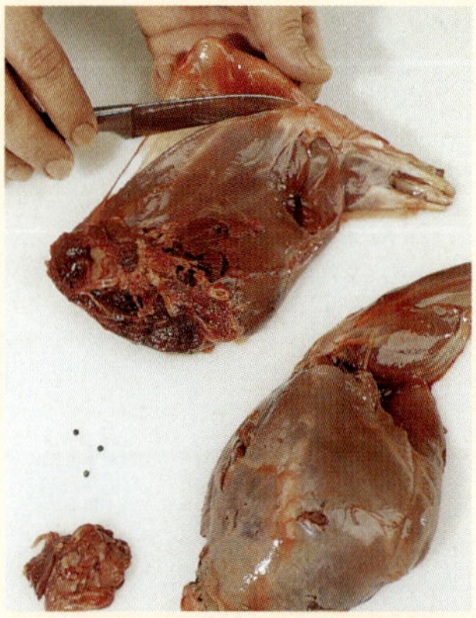

1. Von den Keulen alle locker sitzenden Häute und Fett entfernen.

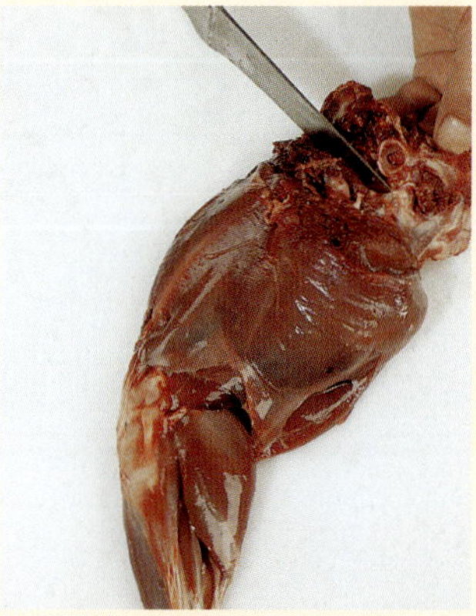

2. Hüftknochen umschneiden und im Gelenk vom Oberbein ablösen.

3. Mit Messer Spicklöcher stechen und mit gewürztem Speck füllen.

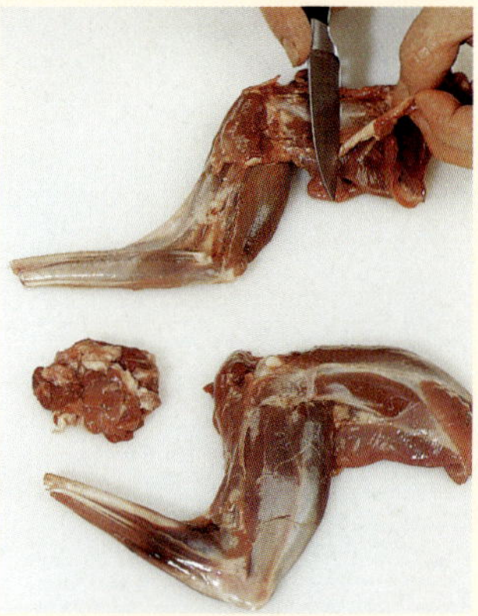

4. Von den Vorderläufen Fett, lockere Haut, Sehnen entfernen.

5. Bauchlappen und Rippen für Hasenklein in Stücke schneiden.

6. Mit gewürzten Speckstreifen zum Braten vorbereitete Hasenteile.

### *Fleischreifung, Farbe und Geruch*

*Früher war es üblich, erlegte Hasen unausgeweidet über mehrere Tage hängen zu lassen, ehe ihnen das Fell abgezogen und sie für die Küche vorbereitet wurden. Ohne das „Abhängen“ würde der Hase nicht zart, hieß es. Dies war insofern richtig, weil auf der Treibjagd erlegte Hasen durch die Streßsituation das in ihrer Muskulatur vorhandene, für die Fleischreifung wichtige Glykogen abgebaut hatten. Die Fleischreifung war unvollkommen. Durch das Abhängen kam zur verzögerten Fleischreifung die Zersetzung der Muskeln durch aus dem Magen-Darm-Bereich eingewanderte Fäulnisbakterien. Das Fleisch wurde dunkel, „roch“ und schmeckte entsprechend. Ein nach dem Erlegen frisch ausgeweideter Hase, der in der Kühlung im Balg 8–10 Tage reift (Kerntemperatur +4° C) und dessen küchenfertige Teile anschließend für eine Woche tiefgefrostet werden, liefert ein in Zartheit und Saftigkeit hervorragendes Wildbret, zumal, wenn es nach dem Anbraten geschmort wird.*

## Mit Rosinen gespickte *Hasenkeulen*

(Foto vorige Seite)

**Zutaten für 4 Personen**

4 Hasenkeulen • 60 g Rosinen • 250 ml roter Traubensaft • 50 g ungeräucherter Speck • Pfeffer aus der Mühle • Thymian • 4 Wacholderbeeren • 50 ml Pflanzenöl • 1 Zwiebel • 1 Becher Crème fraîche oder saure Sahne • frisch gemahlener Pfeffer • Salz.

**Beilagen:** Kartoffelkroketten, mit saurer Sahne angemachter Feldsalat.

Nährwert pro Portion: ca. 681 kcal = ca. 2.800 kJ.

Hilfsmittel: Haarsieb, Bräter mit Deckel, Alufolie, Entfettungsgefäß, Stieltopf.

**Zubereitungszeit:** ca. 90 Min.

**Zubereitung:** Von den Hasenkeulen alle lockeren Häute und sichtbares Fettgewebe entfernen. Rosinen im Traubensaft 20 Min. quellen lassen, dann herausseihen. Speck in kleine Streifen schneiden und diese im Pfeffer wälzen. In die Keulen mit spitzem Messer mehrere Spicklöcher schneiden und jedes zuerst mit zwei Rosinen, dann mit einem Speckstreifen füllen. Jede Keule mit einer zerdrückten Wacholderbeere, im Mörser zerstoßenem oder in der Mühle gemahlenem Thymian, Pfeffer und Salz würzen. Backofen auf 200° C vorheizen. Im Bräter Fett erhitzen, Keulen darin rundum anbraten. Zwischendurch den Bratensatz mit etwas heißem Wasser anlösen. Feingeschnittene Zwiebel und den restlichen Speck zufügen und mit anbraten. Hälfte des Traubensaftes angießen. Bei geschlossenem Deckel im Backofen die Keulen ca. 45 Min. schmoren.

Keulen aus dem Bräter nehmen und in Alufolie einschlagen. Fond durch ein Sieb in ein Entfettungsgefäß gießen, entfetten und in einen Stieltopf geben. Die Rosinen und den restlichen Traubensaft zum Fond geben und diesen etwas einkochen. Crème fraîche einrühren, Sauce mit Pfeffer und Salz abschmecken.

**➥ Hinweis**

Das Fleisch gebratener bzw. geschmorter Hasenkeulen schmeckt auch kalt vorzüglich.

### *Historisches*

*Vor rund 2000 Jahren lobte der Römer und Gourmet Marcus Gavius Apicius den Hasen als ein den Gaumen erfreuender Genuß. Sein Rezept vom Hasenpfeffer blieb bis in die heutige Zeit nahezu unverändert. Apicius war es auch, der ein Frikassee mit gesäuertem Hasenblut und zerstoßener Hasenleber anreicherte – eine Empfehlung, die sich heute noch in verschiedenen Rezepten für Hasenpfeffer findet. Eine Unmöglichkeit, wenn man bedenkt, daß das Hasenblut hierfür erst aufgefangen wurde, wenn der Hase unausgeweidet 8–14 Tage abgehangen hatte (s. S. 96). Die durch die Verwendung des Blutes im Hasenpfeffer erzielte „Geschmacksverfeinerung" ergab sich aus den „aromatischen" Stoffwechselprodukten der im Blut millionenfach gegebenen Erreger.*

*Den Germanen war der Hase ein mit Zauberkraft ausgestattetes Symbol der Fruchtbarkeit. Der Volksglaube, sein köstliches Fleisch fördere den Sex und die Fruchtbarkeit, blieb nicht ohne Folgen. Im Jahr 752 verbot Papst Zacharias den Genuß von Hasenfleisch. Begründung: „Es machet den Menschen geil." Heute ziert das heidnische Fruchtbarkeitssymbol, der Hasenkopf mit den drei Ohren, die Rosette eines Fensters im Kreuzgang des Domes zu Paderborn.*

# Bemooster Hasenrücken
## mit Pfifferlingen

**Zutaten für 4 Personen**

2 Hasenrücken • 50 ml Pflanzenöl • 100 ml Rotwein • 1 Bund Suppengrün • 1 Zwiebel • 8–10 Pfefferkörner • 4 zerdrückte Wacholderbeeren • 1 Lorbeerblatt • 400 g Pfifferlinge • 30 g Butterschmalz • 2 feingeschnittene Schalotten • Pfeffer aus der Mühle • Salz. *Panade:* 4 Eigelb • 100 g frisch gehackte Kräuter (Basilikum, Kerbel, Estragon, Petersilie, Kresse) • frisch gemahlener Pfeffer • Salz. *Sauce:* 150 ml Hasenbrühe • 200 ml Sahne • Pfeffer • Salz.

**Beilagen:** Kroketten oder Teigwaren.

Nährwert pro Portion: ca. 700 kcal = ca. 2.900 kJ.

Hilfsmittel: Bratentopf, Haarsieb, Stieltopf, Bratpfanne, Ofenblech, Backpapier.

**Zubereitungszeit:** ca. 100 Min.

**Zubereitung:** Filets von den Knochen lösen und häuten (s. S. 14). Knochen zerkleinern, Suppengrün und Zwiebel klein schneiden, Pfifferlinge putzen. Hälfte des Öls im Bratentopf erhitzen. Knochen, Suppengrün und Zwiebel nacheinander anrösten. Rotwein zugießen, Pfefferkörner, Wacholderbeeren und Lorbeer zugeben. Topfinhalt mit Wasser bedecken und 40 Min. (im Schnellkochtopf Stufe II 20 Min.) köcheln lassen. Brühe durch ein Sieb in den Stieltopf gießen und auf 150 ml einkochen, erkalten lassen.

**Panade:** Aus Eigelb, Kräutern, Pfeffer und Salz eine Panade herstellen. Backofen auf 200° C vorheizen. Im Stieltopf Butterschmalz erhitzen, Pfifferlinge mit den Schalotten im Fett anschwitzen und bei kleiner Hitze 15 Min. dünsten. Pfeffern und salzen. In der Pfanne das restliche Öl erhitzen. Rückenfilets pfeffern und salzen. In heißem Fett rundum ca. 8 Min. braten. Fleisch auf ein mit Backpapier ausgelegtes Blech setzen, mit der Panade beschichten. Blech in den Ofen geben, die Filets 5 Min. nachgaren.

**Sauce:** Bratensatz mit der Hasenbrühe loskochen. Sahne zugießen und die Sauce cremig einkochen. Mit Pfeffer und Salz würzen.

# Hasenkeulen mit Apfelfüllung

**Zutaten für 4 Personen**

4 Hasenkeulen • Pfeffer aus der Mühle • Salz • 3 Äpfel (Boskop) • 200 ml Rotwein • 50 ml Rapsöl • 3 Schalotten • 100 ml Sahne • Speisestärke • 10 ml Calvados.

**Beilagen:** Butterspätzle und Apfel-Rotkohl.

Nährwert pro Portion: ca. 450 kcal = ca. 1.850 kJ.

Hilfsmittel: Schaumlöffel, Bräter mit Deckel, Alufolie, Haarsieb, Entfettungsgefäß, Stieltopf, Reibe, Zahnstocher, Küchengarn.

**Zubereitungszeit:** ca. 150 Min. Marinierzeit: ca. 60 Min. Garzeit: ca. 60–70 Min.

**Zubereitung:** Von den Hasenkeulen lockere Häute und sichtbares Fett entfernen. Keulen hohl ausbeinen (s. S. 13). Unterbeine abtrennen. Öffnung an einer Seite mit Zahnstochern und Küchengarn schließen (s. S. 36). Innen mit Pfeffer und Salz würzen. Zwei Äpfel schälen, entkernen und in Stücke schneiden. Apfelstükke im Rotwein ca. 1 Stunde marinieren. Mit Schaumlöffel herausheben. Backofen auf 200° C vorheizen. Keulen mit marinierten Apfelstücken füllen, Öffnung mit Zahnstochern und Küchengarn schließen. Öl im Bräter erhitzen. Keulen pfeffern und salzen, rundum anbraten. Schalotten zugeben, den Rotwein angießen. Deckel auflegen und Bräter in den Backofen schieben. Nach 10 Min. Hitze auf 160° C herunterschalten. Keulen weitere 50 Min. garen. Zwischendurch etwas heißes Wasser angießen.

Keulen herausnehmen, in Alufolie einschlagen. Fond durchseihen, entfetten und in einen Stieltopf geben. Sahne zugießen, letzten Apfel schälen und in die Sauce reiben. Sauce mit Speisestärke leicht binden, mit Calvados, Pfeffer und Salz abschmecken.

# Glacierte Hasenkeule

**Zutaten für 4 Personen**

4 Hasenkeulen • 30 g Butterschmalz • 2 kleingeschnittene Schalotten • 300 ml Malzbier • 3–5 Liebstöckelblätter • Pfeffer aus der Mühle • Salz. *Sauce:* 300 ml Roséwein • 2 Tl Preiselbeeren • Speisestärke • Pfeffer • Salz.

**Beilage:** Kastaniengratin (Zutaten: 600–700 g Edelkastanien/ Maronen • 150 ml Milch • 50 ml Sahne • 1 Tl Butter • Pfeffer aus der Mühle • Salz).

Nährwert pro Portion: ca. 625 kcal = ca. 2.600 kJ.

Hilfsmittel: Bratentopf, Stieltopf, Haarsieb, Backblech, Auflaufform, Fleischplatte.

**Zubereitungszeit:** ca. 90 Min. Garzeiten: Hasenkeulen ca. 70 Min., Kastaniengratin ca. 30 Min.

**Zubereitung:** Hasenkeulen von sichtbarem Fett und losen Häuten befreien und mit Pfeffer und Salz würzen. Butterschmalz im Bratentopf erhitzen und darin die Keulen bei mittlerer Hitze rundum anbraten. Schalotten zufügen und glasig werden lassen. Etwas warmes Wasser angießen, Keulen bei mittlerer Hitze gar schmoren, zwischendurch wenden.

**Glasur:** Malzbier mit den Liebstöckelblättern im Stieltopf bis auf einen sirupartigen Bodensatz einkochen. Gegen Ende des Einkochens die Blätter entfernen.

Hasenkeulen aus dem Bratentopf nehmen, auf eine Fleischplatte legen und mit dem Malzbiersirup bestreichen. Im vom Kastaniengratin aufgeheizten Backofen warm halten.

**Sauce:** Bratensatz mit Roséwein loskochen und durch ein Haarsieb in den Stieltopf zum Siruprest geben. Preiselbeeren zufügen, aufkochen und mit Speisestärke leicht binden. Mit Pfeffer und Salz abschmecken.

**Kastaniengratin:** Backofen auf 200° C aufheizen. Maronen an zwei Seiten kreuzweise einschneiden und auf ein Backblech geben. Im Ofen erhitzen, bis die Schale aufplatzt. Maronen schälen und in eine kleine Auflaufform schichten. Mit Milch und Sahne übergießen, pfeffern und salzen. Im Backofen garen. Zum Schluß die Butter in Flocken über das Gratin verteilen.

# Westerwälder Topfhase

**Zutaten für 4 Personen**

1 küchenfertiger Hase • 750 g frischer, gut durchwachsener, in 2 cm dicke Scheiben geschnittener Schweinebauch ohne Schwarte • Pfeffer aus der Mühle • Salz • 50 g Butterschmalz • 100 g Sellerieknolle • 1 Petersilienwurzel (ca. 80 g) • 1 Mohrrübe (ca. 100 g) • 1 mittelgroße Gemüsezwiebel • 2 Lorbeerblätter • 2 Gewürznelken • 150 ml Rotwein • 250 ml Fleischbrühe • 2 El Speisestärke • 1 Päckchen Roggenmehl-Brotteigmischung (ersatzweise 500 g frischer Brotteig vom Bäcker).

**Beilagen:** Klöße von rohen Kartoffeln, mit Rotwein aromatisierter Rotkohl.

Nährwert pro Portion: ca. 1.250 kcal = ca. 5.200 kJ.

Hilfsmittel: Geflügelschere, Bratpfanne, Steinguttopf mit Deckel.

**Zubereitungszeit:** ca. 360 Min.

**Zubereitung:** Hasen in Keulen, Rücken, Blätter, Hals und Rippen zerlegen (s. S. 95). Rücken und Rippen mit der Geflügelschere halbieren. Hasenteile und Schweinebauch pfeffern und salzen. Gemüse putzen und in Scheiben schneiden. Brotteig nach Angabe herrichten. In der Pfanne das Fett erhitzen. Hasenteile und Schweinebauch rundum kurz anbraten. Teile herausnehmen und beiseite stellen. Bratensatz mit Rotwein und Fleischbrühe loskochen. Mit Speisestärke leicht binden. Pfanne vom Herd nehmen. Backofen auf 120° C vorheizen. In den Steinguttopf oder in ein ähnliches Gefäß (kein Römertopf!) Hasenteile, Schweinebauchscheiben und Gemüse abwechselnd hineinschichten. Gewürze zugeben, Sauce aufgießen. Topf mit Deckel oder passendem Teller schließen. Deckel am Topfrand rundum mit Brotteig abdichten. Topf auf dem Rost in den Ofen setzen und dort 4–5 Stunden belassen. Brotkruste gegen Ende der Garzeit mit Wasser bepinseln. Brotkruste aufbrechen, Topfinhalt mit dem Brot servieren.

# *Hase im Krautmantel*

**Zutaten für 4 Personen**

2 gehäutete Hasenrückenfilets • 2 Hasenkeulen (hohl ausgelöst) • Hasenklein (Rippen, Bauchlappen, Vorderläufe) • 30 ml Wodka • Pfeffer aus der Mühle • Salz • 60 g gewürfelter Räucherspeck • 6 Weißkohlblätter • Schweinenetz • 5 mittelgroße, geschälte Pellkartoffeln • 300 ml Brühe (gezogen aus dem Hasenklein). *Füllung:* 80 g entrindetes Weißbrot • 250 g gekochtes Hasenfleisch (von Rippen, Blättern) • 1 Ei • 50 ml Sahne • 2 Messersp. gemahlener Thymian • 5 zerstoßene Wacholderbeeren • Muskat • Pfeffer • Salz. *Sauce:* 50 g gewürfelter Frühstücksspeck • 1 kleine Zwiebel • Thymian • 150 ml Rotwein • 80 ml Sahne • Pfeffer aus der Mühle • Salz.

**Beilagen:** Klöße von rohen Kartoffeln, Krautsalat.

Nährwert pro Portion: ca. 860 kcal = ca. 3.600 kJ.

Hilfsmittel: Schüssel, Küchenmaschine mit Mixmesser, Küchensieb, Bratpfanne, Auflaufform mit Deckel, Stieltopf, Haarsieb, Stabmixer.

**Zubereitungszeit:** ca. 200 Min.

**Zubereitung:** Filets und Keulen in eine Schüssel geben, mit Wodka beträufeln. 60 Min. einwirken lassen. Schweinenetz wässern.

**Füllung:** Weißbrot im Mixer zerreiben, in eine Schüssel geben. Gekochtes Hasenfleisch pürieren, zum Weißbrot geben. Ei, Sahne und Gewürze zufügen, alles zur Füllmasse durchkneten. Kohlblätter in kochendem Salzwasser 4–5 Min. ziehen lassen, auf ein Sieb geben, kalt abbrausen, abtropfen lassen. Filets und Keulen pfeffern und salzen. In der Pfanne fetten Speck zerlassen, Grieben herausnehmen. Im Speckfett bei mittlerer Hitze zuerst die Keulen, dann die Filets rundum anbraten. Herausnehmen und abkühlen lassen. Backofen auf 200° C vorheizen. Krautblätter auslegen, mit Füllmasse bestreichen. Halbes Rückenfilet oder eine Keule auflegen, mit Füllmasse bedecken und in das Kohlblatt einschlagen. Mit Schweinenetz ummanteln. Pellkartoffeln in Scheiben schneiden, in der Auflaufform verteilen. Zuerst die Keulen aufsetzen, 150 ml Hasenbrühe zugießen, in den Backofen setzen. Nach 10 Min. Restbrühe zugießen, abdecken. Temperatur auf 180° C herunterschalten. Nach 30 Min. Garzeit die Filetteile zu den Keulen geben, 20 Min. weitergaren. Hasenteile warm stellen. Bratflüssigkeit mit Kartoffeln durch ein Sieb drücken.

**Sauce:** Im Stieltopf Frühstücksspeck zerlassen. Thymian und feingeschnittene Zwiebel zugeben und anschwitzen. Rotwein zugießen, aufkochen lassen. Flüssigkeit durch ein Haarsieb gießen, in den Topf zurückgeben. Kartoffelbrei zufügen. Sahne zugießen. Sauce mit Stabmixer glattrühren. Mit Pfeffer, Salz und Wodka abschmecken.

# Hasenkeulen in Paprika-Rahm-Sauce

**Zutaten für 4 Personen**

4 Hasenkeulen • 50 g frischer, ungesalzener Speck • Paprikapulver (scharf) • 30 g Butterschmalz • 1 Zwiebel • 300 ml trockener Rotwein • je 1 roter, grüner, gelber Paprika • 100 ml Sahne • 1 Tl Paprikapulver (süß) • 1 Tl Kartoffelmehl • frisch gemahlener Pfeffer • Salz.

**Beilagen:** Salzkartoffeln, Rotkohlsalat.

Nährwert pro Portion: ca. 590 kcal = ca. 2.474 kJ.

Hilfsmittel: Spickmesser, Bratentopf, Schüsseln, Sparschäler, Haarsieb, Entfettungsgefäß, Alufolie, Küchenkrepp.

**Zubereitungszeit:** ca. 90 Min. Garzeiten: Hasenkeulen ca. 50 Min. bei 200° C, Paprika ca. 10 Min.

**Zubereitung:** Speck in Streifen und Stücke schneiden, diese in Paprikapulver (scharf) wälzen. Nebeneinander auf einen Teller legen und im Tiefkühlfach frosten. Den roten, grünen und gelben Paprika schälen, entkernen und in kleine Stücke schneiden. Zwiebel schälen und kleinschneiden. Hasenkeulen kalt abspülen, mit Küchenkrepp trocken tupfen. Lose Häute entfernen. Mit dem Messer Spicklöcher in das Fleisch schneiden. Gefrostete Speckstücke in die Löcher stecken. Keulen pfeffern und salzen. Backofen auf 200° C vorheizen. Im Bratentopf das Butterschmalz erhitzen, darin die Keulen rundum gut anbraten. Bratensatz zwischendurch mit etwas Rotwein anlösen. Zwiebelstükke zufügen und mit anrösten. Restlichen Rotwein zugießen. Bei geschlossenem Deckel auf der untersten Schiene im Backofen garen. Nach 40 Min. die Paprikastücke zum Fleisch geben und mitschmoren. Sahne steif schlagen, süßes Paprikapulver und Kartoffelmehl einarbeiten. Nach Garende das Fleisch aus dem Topf nehmen und in Alufolie einschlagen. In die Sauce die geschlagene Sahne unterziehen.
Hasenkeulen mit der Sauce und den Beilagen servieren.

# Südländisches *Hasenpotpourri*

**Zutaten für 4 Personen**

8 Hasenschultern ohne Unterläufe • 350 g durchwachsener Schweinebauch ohne Schwarte • 25 g Butterschmalz • 100 g getrocknete Aprikosen • 60 g getrocknete Feigen • 40 g getrocknete Datteln • 3 Schalotten • 1/2 entkernte Knoblauchzehe • 150 ml trockener Weißwein • 150 ml warmes Wasser • 250 ml Fleischbrühe (darf Instant sein) • 150 g Crème fraîche • Liebstöckelsalz • Pfeffer aus der Mühle • Liebstöckelsalz • Salz.

**Beilagen:** Spaghetti, süß sauer angerichteter Blattsalat.

Nährwert pro Portion: ca. 700 kcal = ca. 2.900 kJ.

Hilfsmittel: Bratentopf mit Deckel, Fleischgabel, Schüsseln, Küchensieb, Entfettungsgefäß.

**Zubereitungszeit:** ca. 90 Min. Garzeit: nach dem Anbraten 60 Min. im Backofen bei 200° C.

**Zubereitung:** Backofen vorheizen. Von den Hasenschultern sichtbares Fett und locker aufsitzende Häute entfernen. Schweinebauch in kleine Stücke schneiden. Das Fleisch mit Pfeffer und Liebstöckelsalz würzen. Feigen vierteln, Datteln und Aprikosen einmal quer durchschneiden. Schalotten schälen und klein schneiden. Im Bratentopf das Butterschmalz erhitzen. Darin zuerst die Hasenschultern rundum anbraten. Schultern herausnehmen und in einer Schüssel beiseitestellen. Schweinebauchstücke im gleichen Fett anbraten. Schalotten und die Knoblauchzehe zufügen und mitanrösten. Weißwein zugießen, aufwallen lassen, dann Wasser zufügen. Hasenschultern in den Topf geben. Mit geschlossenem Deckel auf der 2. Schiene von unten in den Backofen setzen. Nach Ende der Garzeit die Hasenschultern herausstechen und in eine Schüssel geben. Topfinhalt auf ein Sieb geben. Flüssigkeit auffangen, entfetten und wieder in den Bratentopf geben. Geschnittenes Trockenobst zufügen und die Sauce aufkochen. Fleischbrühe angießen. Hasenschultern und die Fleischstücke aus dem Sieb zufügen. Das Ganze erhitzen, Crème fraîche unterrühren, mit Pfeffer und Salz abschmecken. Mit den Beilagen servieren.

# Hasenpfeffer

**Zutaten für 4 Personen**

750 g Hasenklein (je vier Blätter, Rippen und Bauchlappen) • 500 g gut durchwachsener frischer Schweinebauch (ohne Schwarte und Knochen) • Wildgewürz • Liebstöckelsalz • frisch gemahlener Pfeffer • Salz • 30 g Pflanzenfett • 2 mittelgroße Zwiebeln • 1 Mohrrübe • 1 Stück Sellerieknolle • 1/2 Petersilienwurzel • 300 ml Rotwein • 1 Lorbeerblatt • 4 Wacholderbeeren • 1 El grüne Pfefferkörner • 1 Becher Crème fraîche oder saure Sahne.

**Beilagen:** Kartoffelklöße, Rosenkohl.

Nährwert pro Portion: ca. 650 kcal = ca. 2.750 kJ.

Hilfsmittel: Bratentopf mit Deckel, Haarsieb, Entfettungsgefäß.

**Zubereitungszeit:** ca. 90 Min. Garzeit: ca. 50 Min.

**Zubereitung:** Blätter, Rippen und Bauchlappen von losen Häuten und sichtbarem Fett säubern. Blätter in Schulter, Oberarm- und Unterarmknochen teilen. Hasenklein und den in drei Stücke geschnittenen Schweinebauch mit Wildgewürz, Liebstöckelsalz, Pfeffer und Salz würzen. Im Bratentopf Fett erhitzen, Hasenteile und Schweinebauch anbraten. Auf mittlere Hitze zurückschalten. Geviertelte Zwiebeln, halbierte Mohrrübe, Sellerie und Petersilienwurzel zugeben und anschwitzen. Rotwein zugießen, zerbröseltes Lorbeerblatt und zerdrückte Wacholderbeeren zufügen. Bei geschlossenem Deckel ca. 30 Min. schmoren. Schweinebauchstücke herausnehmen, Hasenteile solange weiterschmoren, bis sich das Fleisch von den Knochen löst. Hasenteile herausnehmen, Knochen auslösen, Fleisch und Schweinebauch in gulaschgroße Stücke schneiden. Bratensaft durch ein Sieb gießen, entfetten und in den Bratentopf zurückgießen. In die Flüssigkeit abgespülte grüne Pfefferkörner und Sahne geben, Sauce um ein Drittel einkochen. Fleisch in der Sauce erwärmen. Kurz vor dem Servieren Crème fraîche unterziehen, mit Pfeffer und Salz abschmecken.

# Hasenrücken

## mit glacierten Maronen

**Zutaten für 4 Personen**

2 Hasenrücken • 50 g geräucherter fetter Speck • 50 g Butterschmalz • 1 Zwiebel • Wildgewürz • Liebstöckelsalz • Pfeffer aus der Mühle • Salz. *Glacierte Maronen (Eßkastanien):* 750 g Maronen • 50 g Butter • 50 g Zucker • 50 ml Sahne.

**Beilage:** Apfelrotkraut.

Nährwert pro Portion: ca. 750 kcal = ca. 3.150 kJ.

Hilfsmittel: Bräter mit Deckel, Backblech, Kochtopf, Haarsieb, Stieltopf, Schaumlöffel, Entfettungsgefäß, Alufolie.

**Zubereitungszeit:** ca. 70 Min. Garzeiten: Hasenrücken ca. 20 Min. bei 200° C (Ober- und Unterhitze), Maronen 2 x 10 Min.

**Zubereitung:** Backofen auf 200° C vorheizen. An den Hasenrücken alles sichtbare Fett wegschneiden. Die Rücken bis auf das schiere Fleisch häuten. Die Zwiebel häuten und klein schneiden. Den Speck in ca. 3 mm dicke Streifen schneiden. Wildgewürz und Liebstöckelsalz im Verhältnis 1:1 auf einem Teller mischen. Speckstreifen in der Würzmischung wälzen. Entlang der Wirbelsäule in die Filets mit kleinem spitzen Messer und im gleichen Abstand zueinander Löcher schneiden und die Speckstreifen einstecken. Im Bräter das Butterschmalz erhitzen. Die Hasenrücken darin auf der Fleischseite gut anbraten. Bratensatz zwischendurch mit etwas Wasser anlösen. Zwiebel zugeben und kurz mitbraten. Die Rücken auf den Knochen stellen, Oberseite pfeffern und salzen. 2 Tassen warmes Wasser angießen, Deckel schließen und den Bräter auf der untersten Einschubleiste in den Backofen geben. Die Rükken nach 20 Min. aus dem Bräter nehmen und in Alufolie einschlagen. Bratensaft mit Wildgewürz, Liebstöckelsalz, frisch gemahlenem Pfeffer und Salz abwürzen. Sauce durch ein Haarsieb in das Entfettungsgefäß gießen, entfetten und zum aufgeschnittenen Fleisch servieren.

**Glacierte Maronen:** Die Maronen auf beiden Seiten kreuzweise einschneiden und auf ein Kuchenblech geben. Das Blech auf der obersten Schiene in den Backofen schieben. Sind die Schalen aufgeplatzt, Maronen aus dem Ofenrohr nehmen und schälen. Im Kochtopf Wasser aufkochen lassen. Maronen darin ca. 10 Min. nachgaren. Im Stieltopf die Butter mit dem Zukker erhitzen und bräunen. Sahne zugießen und aufkochen lassen. Maronen mit dem Schaumlöffel aus dem Topf nehmen, in den Stieltopf geben und in der Karamelmasse glacieren.

**➥ Hinweis**

Wenn zum Anlösen des Bratensatzes Fleischbrühe (Wildfond) verwendet wird, dann ergibt dies eine besonders kräftige und würzige Sauce.

**➥ Tip**

Die in der Würzmischung gewälzten Speckstreifen nebeneinander auf einen Teller legen und vor dem Spicken im Gefrierfach frosten.

# Hasenblätter mit Paprikagemüse

**Zutaten für 4 Personen**

8 Hasenvorderläufe • 50 g Butterschmalz • 50 ml Tokaier • 1 El Senf • Muskat • Rosenpaprika • 1 gehackte Zwiebel • 250 ml Sahne • Pfeffer aus der Mühle • Salz • je 1 roter, grüner, gelber Paprika • 1 feingeschnittene Zwiebel • 3 Tomaten • 1/2 Knoblauchzehe • 50 g gewürfelter Speck • 50 ml Weißwein • 100 g gewürfelter Frühstücksspeck • Pfeffer • Salz.

**Beilagen:** In Butter gebratene Scheiben von Polenta.

Nährwert pro Portion: ca. 750 kcal = ca. 3.100 kJ.

Hilfsmittel: Schüssel, Topf, Bräter mit Deckel, Haarsieb, Stieltopf, kleine Pfanne.

**Zubereitungszeit:** ca. 130 Min. Garzeit: nach dem Anbraten ca. 40 Min.

**Zubereitung:** Von Vorderläufen alles sichtbare Fett entfernen, Fleisch abwaschen, trockentupfen und in eine Schüssel legen. Mit Tokaier beträufeln, 30 Min. ruhen lassen. Paprika halbieren, entkernen und in kochendem Wasser ca. 5 Min. brühen, Haut abziehen, in Würfel schneiden. Tomaten überbrühen, häuten, entkernen und ebenfalls würfeln. Zur Seite stellen. Knoblauch im Salz zerreiben, zum Paprika geben.

Vorderläufe mit Senf bestreichen, mit Muskat, Paprika, Pfeffer und Salz würzen. Butterschmalz erhitzen. Hasenteile bei kleiner Hitze anbraten. Tokaier aus der Schüssel zugießen. Zwiebel zugeben, etwas Wasser angießen, bei geschlossenem Deckel das Fleisch weichschmoren. Vorderläufe abgedeckt warm stellen. Flüssigkeit auf den Bratensatz einkochen. Sahne zugießen, einmal aufkochen. Sauce durch ein Sieb gießen, mit Pfeffer, Salz und Tokaier abschmecken.

Speck im Topf zerlassen, Paprika und Zwiebel im heißen Fett anschwenken. Wein zugießen, bei kleiner Hitze 5 Min. schmoren. Mit Pfeffer und Salz würzen. Frühstücksspeck in kleiner Pfanne anbraten. Vor dem Servieren zusammen mit den Tomaten unter das Gemüse mischen.

# *Hasenleber* auf Apfeltoast

**Zutaten für 4 Personen**

4 Hasenlebern • 50 g Butter • 4 Apfelscheiben • 2 mittelgroße Zwiebeln • 4 Scheiben Toastbrot • Pfeffer aus der Mühle • Salz aus der Mühle.

**Beilage:** Salat der Saison.

Nährwert pro Portion: ca. 220 kcal = ca. 940 kJ.

Hilfsmittel: Bratpfanne mit Deckel, Toaster.

**Zubereitungszeit:** ca. 30 Min.

**Zubereitung:** Hasenlebern häuten. Zwiebeln in Ringe schneiden. Apfel schälen, mittig entkernen, in Scheiben schneiden. 30 g Butter in der Pfanne erhitzen. Hasenlebern in der Butter bei milder Hitze anbraten und unter geschlossenem Deckel ca. 5 Min. dünsten. Lebern aus der Pfanne nehmen und warm halten. Apfelscheiben und Zwiebelringe im gleichen Fett dünsten. Brot toasten, Toasts leicht buttern, mit Apfelscheiben belegen, pro Toast eine Leber auflegen, mit Zwiebelringen garnieren. Mit Pfeffer und Salz würzen.

# Wildkaninchen *(Oryctolagus cuniculus)*

Wildkaninchen sind die kleinsten europäischen Vertreter der Hasenfamilie. Ursprünglich nur in Nordafrika und auf der Iberischen Halbinsel beheimatet, wurden sie zur Zeit der Römer in andere europäische Länder verbracht und dort ausgewildert. Später erfolgte die Auswilderung auch in Australien. Dort gilt es als Landplage und Biotopzerstörer. Vom Feldhasen unterscheiden sich Wildkaninchen durch ihr blau-graues Fell, einen kleineren Körper, Ohren (Löffel) ohne schwarze Spitzen und einen oben grauen Schwanz (Blume). Sie leben in Kolonien und graben sich unterirdische Baue mit meist mehreren, von einem zentralen Kessel nach außen führenden Röhren. Die Tiere sind überaus fruchtbar. Ein weibliches Kaninchen kann im Verlauf eines Jahres in 3–5 Setzakten 30 und mehr Junge zur Welt bringen.

Bejagt werden Wildkaninchen beim Buschieren (Durchstöbern von Gebüschen mit kleinen Hunden, z. B. Teckeln), vom Ansitz in der Nähe eines Kaninchenbaues und mit Frettchen. Letztere sind gezüchtete, im Haar hellfarbige Abkömmlinge des Iltises, des größten Freßfeindes des Wildkaninchens. Einmal in einen Kaninchenbau hineingelassen, treibt das Frettchen dessen Bewohner aus dem Bau, wo sie von um den Bau postierten Jägern erlegt werden. Damit das Frettchen im Bau kein Kaninchen fängt, es anschließend auffrißt und dann in einen stundenlangen Schlaf verfällt, erhält es für die Jagd einen Maulkorb, oder es wird zuvor satt gefüttert. Letzteres mindert bei ihm jedoch die Jagdlust. In Deutschland werden – abhängig von der jeweiligen Populationsstärke – zwischen 150.000 und 250.000, in Österreich zwischen 2.000 und 5.000 Wildkaninchen pro Jagdjahr erlegt. In der Schweiz spielt das Wildkaninchen in freier Wildbahn kaum eine Rolle. Sein Fleisch gilt vielen als besondere Delikatesse, was jedoch schnell in das Gegenteil umschlägt, wenn beim Ausweiden und Abbalgen des Tieres nicht auf eines geachtet wurde: Das Sekret zweier an der Schwanzwurzel sitzender Drüsen (Bild oben) darf nicht auf das Fleisch übertragen werden. Es würde das leicht süßlich schmeckende Wildbret ungenießbar machen. Nach dem Herausschneiden dieser Drüsen muß das Messer gereinigt werden, ehe mit ihm am Wild weitergearbeitet wird.

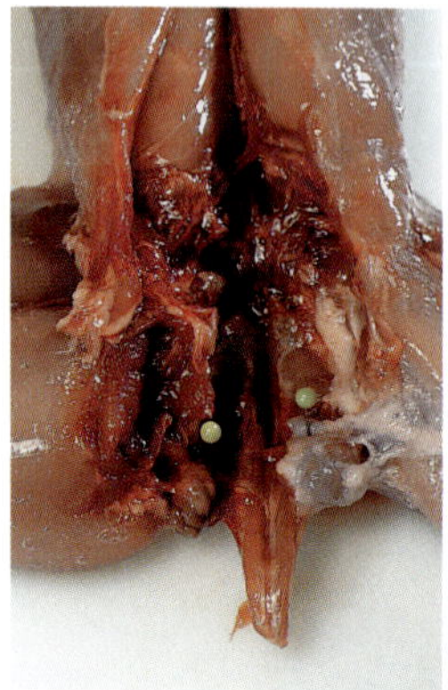

**Erlegungsgewicht (ausgeweidet):** ca. 1 kg.

**Ausschlachtergebnis:** 60 Prozent mit Knochen, 45 Prozent ohne Knochen.

**Tiefkühllagerung:** bis zu 8 Monaten.

| | |
|---|---|
| Hauptjagdzeit: | Ganzjährig, überwiegend jedoch im Herbst. |
| Qualitätsmerkmale: | helles, kurzfaseriges Fleisch, leicht süßliches Aroma. |
| Zubereitungsempfehlung: | Im Ganzen gebraten. Rücken, Keulen und Blätter einzeln gebraten oder geschmort oder zu Frikassee verarbeitet. |
| Hinweis zum Bild: | Gelangt das Sekret der mit Stecknadeln markierten Drüsen an das Fleisch, wird dieses geschmacklich ungenießbar. |

# Ausbeinen und Füllen eines Wildkaninchens

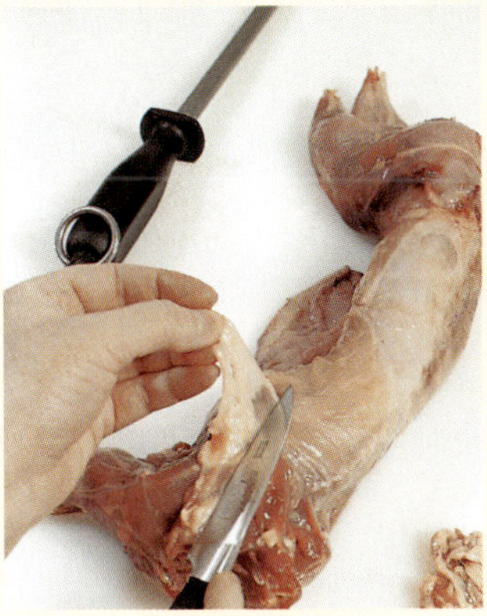

*1. Vor dem Ausbeinen alles äußerlich anliegende Fett entfernen.*

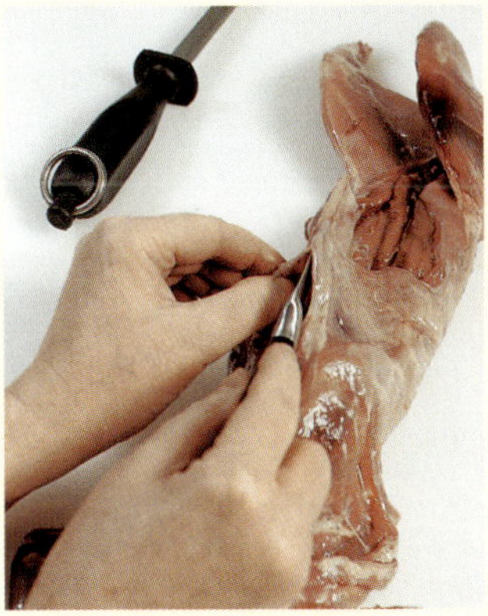

*2. Vom Halsansatz über Brustbeinmitte zur Bauchhöhle aufschneiden.*

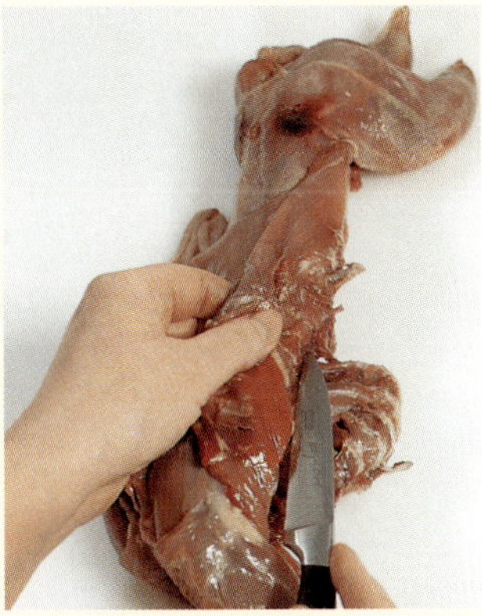

*3. Vom Brustbein über die Rippen zum Rücken das Fleisch abschälen.*

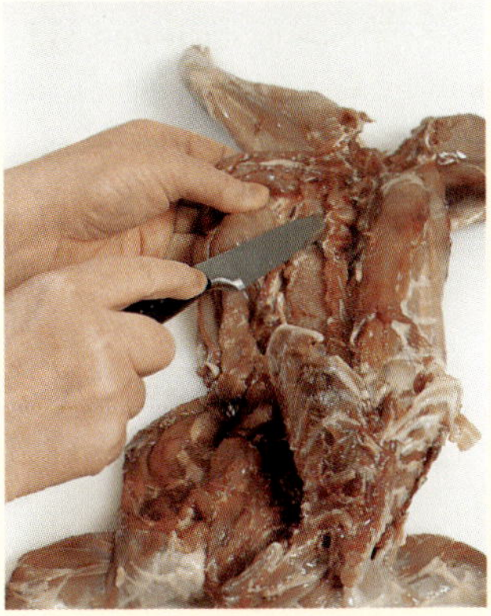

*4. Die unter dem Rückgrat liegenden kleinen Filets herauslösen.*

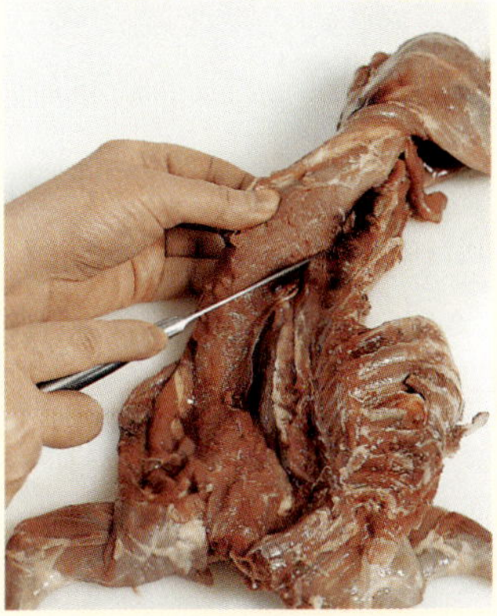

*5. Entlang der Wirbelsäule das Fleisch zur Rückenmitte ablösen.*

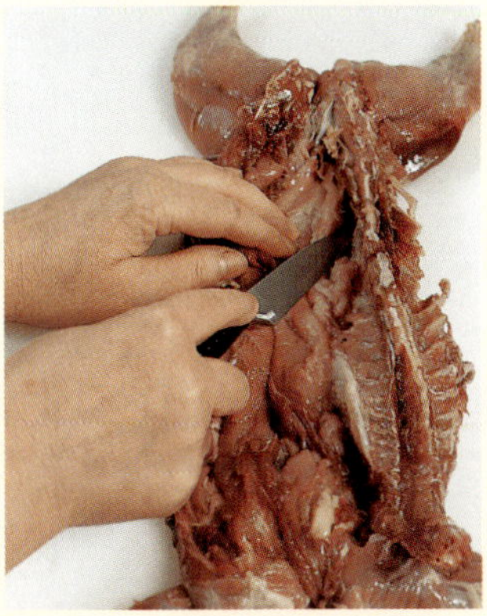

*6. Um die Wirbelsäule herumarbeiten, so daß sie freigelegt wird.*

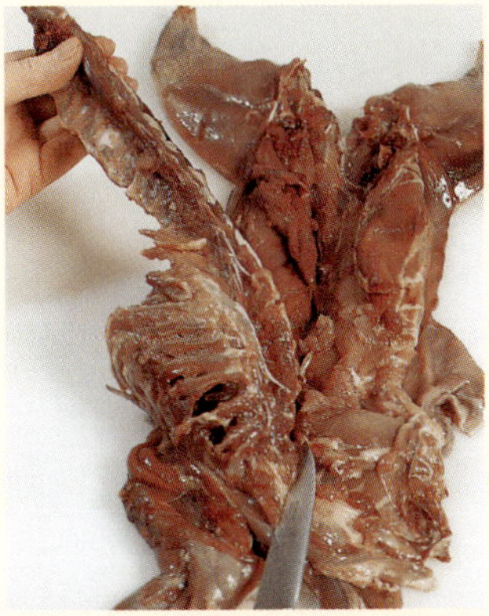

*7. Wirbelsäule von den Keulen bis zum Halsansatz herausschneiden.*

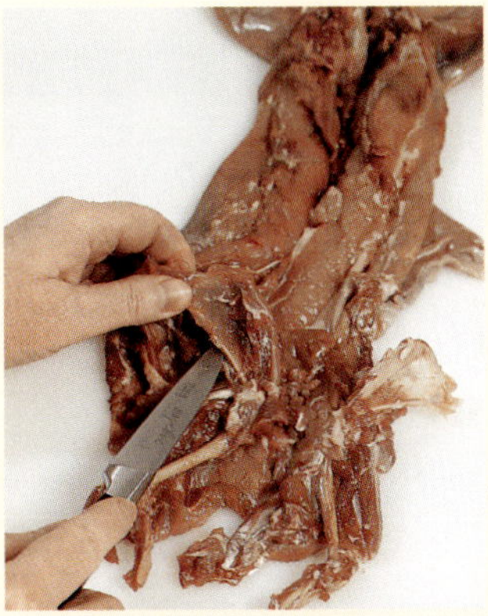

*8. Vorderläufe entlang der Beinknochen aufschneiden, auslösen.*

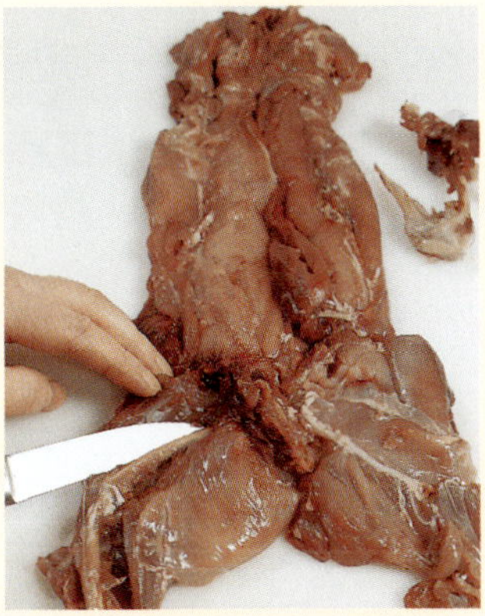

*9. An den Keulen Beckenknochen ablösen und Beinknochen freilegen.*

# Ausbeinen und Füllen eines Wildkaninchens

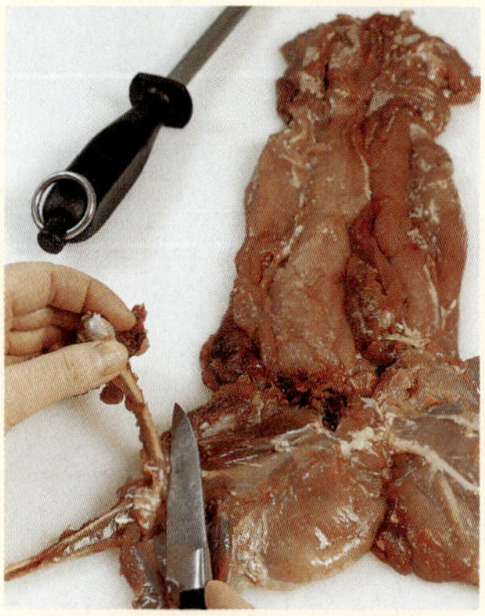

*10. Becken- und Beinknochen aus dem Fleisch herausschneiden.*

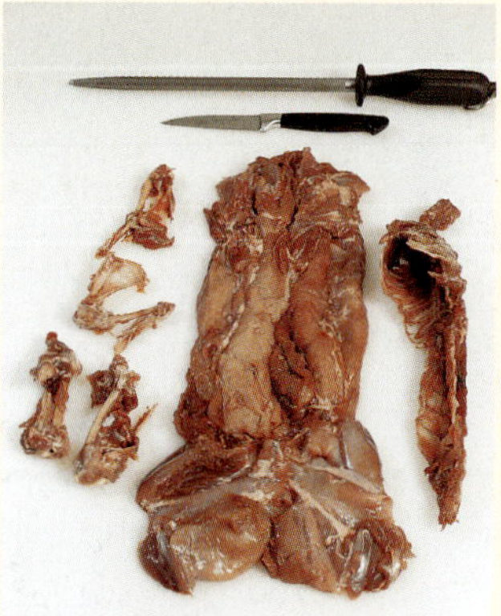

*11. Wildkaninchen mit ausgelöster Wirbelsäule, Rippen, Beinknochen.*

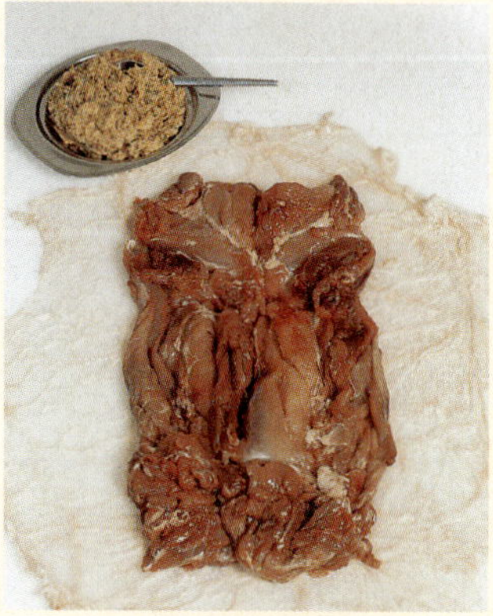

*12. Das knochenfreie Wildkaninchen zum Füllen auf ein Schweinenetz legen.*

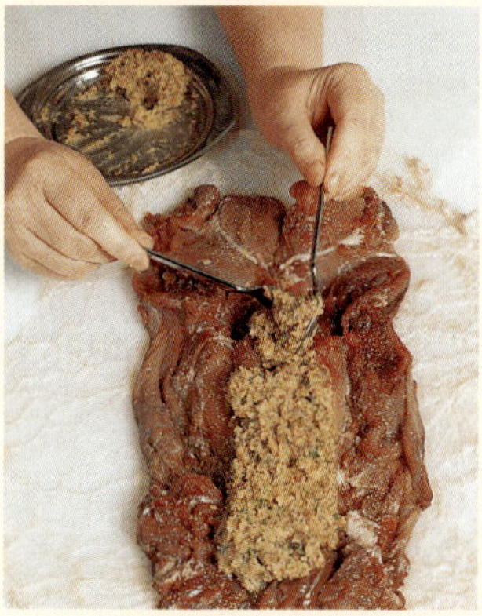

*13. Die vorbereitete Füllung in der Mitte des Körpers auftragen.*

*14. Rippen- und Bauchlappen von außen über die Füllung schlagen.*

*15. Das gefüllte Wildkaninchen in das Schweinenetz einschlagen.*

Das Ausbeinen eines Wildkaninchens erfordert ein scharfes, spitzes Messer, mit dem man entlang der Knochen das Fleisch sauber ablösen kann. Beim Ausbeinen selbst ist darauf zu achten, daß die Außenhaut – auch über dem Rükken – nicht durch Schnittlöcher verletzt wird. Ist dies doch geschehen, dann wird die Haut zusammengeschoben und die Schnittstelle durch Nachinnenklappen von Vorderlauf- oder Keulenfleisch geschlossen. Das später als Ummantelung dienende Schweinenetz hält die Kaninchenrolle in Form.

**➥ Tip**

Zusätzlich in mit Pflanzenöl eingepinselte Alufolie fest einschlagen und auf dem Rost im Backofen braten. Das Einölen der Alufolie verhindert weitestgehend ein Anbacken des Schweinenetzes an der Folie und hilft mit, die Fleischoberfläche zu bräunen. Gegen Ende der Bratzeit aus der Folie genommen und auf ein Blech gesetzt, kann der Wildkaninchen-Rollbraten im Ofen nachgebräunt werden.

# Ragout vom Wildkaninchen
## in Kohlrabi

(Foto vorige Seite)

**Zutaten für 4 Personen**

1 küchenfertiges Wildkaninchen • 4 große Kohlrabi mit Blatt • 1 Mohrrübe • 30 g Butterschmalz • 1 kleine Zwiebel • Pfeffer aus der Mühle • Salz • 100 ml junger Riesling • 500 ml Brühe vom Wildkaninchen • 200 ml süße Sahne • Sherry. *Brühe:* 20 g Butterschmalz • 1 Bund Suppengrün • Liebstöckelzweig • Lorbeerblatt • 10 weiße Pfefferkörner • Salz.

**Beilage:** Naturreis.

Nährwert pro Portion: ca. 660 kcal = ca. 2.760 kJ.

Hilfsmittel: Suppentopf bzw. Schnellkochtopf, flacher Bratentopf, Sieb, Apfelausstecher, Ziseliermesser, scharfer Löffel.

**Zubereitungszeit:** ca. 150 Min. Garzeiten: Ragout ca. 60 Min., Kohlrabi ca. 8 Min. (vorgaren), gefüllt ca. 10 Min.

**Zubereitung:** Fleisch von den Knochen ablösen, von Häuten und Sehnen befreien, in kleine Stücke schneiden. Häute, Sehnen und Knochen mit Wasser gründlich abspülen, im Sieb abtropfen lassen.

**Brühe:** Suppengrün putzen und in Stücke schneiden. Im Suppentopf Butterschmalz erhitzen, abgespülte Abschnitte und Knochen darin anschwitzen. Suppengrün, Pfefferkörner, Lorbeerblatt und Liebstöckelzweig zugeben. Mit warmem Wasser auffüllen, so daß alles gut bedeckt ist. Brühe bei mittlerer Hitze eine Stunde köcheln lassen (im Dampfkochtopf Stufe II 20 Min.). Brühe durch ein Sieb gießen.

Von den Kohlrabi einen flachen Deckel abschneiden. Davon die größten Blätter entfernen, Deckel beiseite stellen. 2–3 der schönsten Blätter waschen und klein schneiden. Kohlrabi schälen, mit einem Ziseliermesser rundum einkerben. Mit einem Apfelausstecher und einem scharfen Löffel vorsichtig aushöhlen. Mark klein schneiden und beiseite stellen. Kohlrabi in kochendes Wasser geben und bei mittlerer Hitze ca. 6–8 Min. vorgaren. Anschließend in kaltes Wasser setzen und darin auskühlen lassen. Mohrrübe putzen und in feine, ca. 5 cm lange Streifen schneiden.

Im flachen Bratentopf 20 g Butterschmalz erhitzen, feingeschnittene Zwiebel im Fett anschwitzen, die Ragoutstücke zufügen und hell anbraten. Mit Pfeffer aus der Mühle und Salz würzen. Fond mit Wein ablöschen und einkochen lassen. Die Brühe zufügen und das Ragout bei geschlossenem Deckel und mittlerer Hitze weich schmoren (ca. 40–60 Min.). Flüssigkeit einkochen lassen, Sahne zugießen und unter ständigem Rühren zu einer sämigen Sauce einkochen. Mit Pfeffer, Salz und etwas Sherry abschmecken. Zum Schluß 1/2 Tasse Kohlrabimark, einen gehäuften El feingeschnittene Kohlrabiblätter und eine halbe, in feine Streifen geschnittene Mohrrübe zufügen. Backofen auf 180° C vorheizen.

Ragout in die ausgehöhlten Kohlrabi füllen und 1–2 El Sauce zugeben. Auflaufform mit restlichem Butterschmalz einstreichen, verbliebenes Kohlrabimark, feingeschnittene Blätter und Mohrrübenstreifen auf dem Boden verteilen. Gefüllte Kohlrabi in die Form setzen, mit Alufolie abdecken und im Backofen 10 Min. garen. Vor dem Servieren die Deckel aufsetzen.

# Wildkaninchen mit Champignons und Crevetten

**Zutaten für 4 Personen**

1 Wildkaninchen • 300 g frische Champignons • 300 g Crevetten (Tiefkühlware) • 50 g Butterschmalz • 2 Schalotten • 350 ml Fond • 100 ml Sahne • 1 El feingeschnittener Dill • Pfeffer aus der Mühle • Salz • Kartoffelmehl • Tabasco (grün). *Fond:* Knochen und Abschnitte vom Wildkaninchen • Putzabfälle von den Champignons • 2 Zweige Liebstöckel (1 El gerebelt) • 1 geviertelte Zwiebel • 1 Tl weiße Pfefferkörner • 1 Lorbeerblatt • Salz.

**Beilagen:** Reis, Salat.

Nährwert pro Portion: ca. 500 kcal = ca. 2.100 kJ.

Hilfsmittel: Schnellkochtopf, Bratentopf, Küchenschere, Küchensieb, Meßgerät, Haarsieb, Schüsseln.

**Zubereitungszeit:** ca. 90 Min. Garzeit: Fond ca. 10 Min. (Stufe II). Kaninchen ca. 45 Min.

**Zubereitung:** Crevetten antauen lassen. Schwanzpanzer, sofern vorhanden, abziehen. Crevetten kalt abspülen. Wildkanin in Keulen, Blätter und Rücken zerlegen. Rippen und Bauchlappen zerkleinern und beiseite stellen. Keulen, Blätter und Rücken entbeinen, häuten und in große Stücke schneiden. Auf ein Sieb geben und kalt abspülen. Abtropfen lassen. Fleisch pfeffern und salzen, in eine Schüssel geben. Knochen und Abschnitte zu den Rippen und Bauchlappen geben. Champignons putzen und in Stücke schneiden. Pilzabfälle mit den Knochen und Abschnitten in den Schnellkochtopf geben, Liebstöckel, Zwiebel, Pfefferkörner, Lorbeer und etwas Salz zufügen. Mit Wasser bedecken und einen Fond auskochen. Im Bratentopf Butterschmalz erhitzen, darin das Wildkaninchenfleisch rundum anbraten. Schalotten und Champignons zugeben und mit anbraten. 350 ml Fond durch Haarsieb zugießen. Bei geschlossenem Deckel und mittlerer Hitze ca. 20 Min. schmoren. Crevetten zugeben, Sahne angießen, Dill einstreuen. Weitere 15 Min. bei offenem Deckel schmoren lassen. Sauce mit Kartoffelmehl leicht binden, mit Pfeffer, Salz und Tabasco abschmecken.

**➥ Tip**

Wer sich das Auskochen der Wildkaninchenreste ersparen will, der kann als Fond auch Hühnerbrühe (Instant) verwenden.

**➥ Hinweis**

Vom Wildkaninchen nur einwandfreie Fleischteile ohne Schrotkörner, lockere Haut und Blutergüsse verarbeiten. Alles sichtbare Fett sowohl bei den für den Fond verwendeten Knochen und Abschnitten als auch bei den Fleischstücken entfernen.

# Kaninchen-Wirsing-Topf

**Zutaten für 4 Personen**

Keulen, Blätter und Rücken von zwei Wildkaninchen • Pfeffer aus der Mühle • Salz • 100 g Speck • 1 Zwiebel • 1 mittelgroßer Wirsingkopf • 1 Tl Mehl • 1 gestrichener Tl Kümmel • 250 ml Fleischbrühe.

**Beilage:** Salzkartoffeln.

Nährwert pro Portion: ca. 800 kcal = ca. 3.300 kJ.

Hilfsmittel: große Bratpfanne, Sieb, Topf, Schmortopf.

**Zubereitungszeit:** ca. 120 Min. Garzeit: Anbraten ca. 5 Min, im Backofen (180° C) ca. 50 Min.

**Zubereitung:** Speck in Würfel, Zwiebel grob schneiden. Kaninchenrücken vierteln, Keulen halbieren, Fleischteile pfeffern und salzen. Speckwürfel in der Pfanne auslassen, Zwiebel zufügen und glasieren. Speckfett abseihen, Grieben und Zwiebel beiseite stellen. Fett wieder in die Pfanne geben, Kaninchenteile anbraten. Fleisch aus der Pfanne nehmen und beiseite stellen. Mehl in das Fett geben und glattrühren. Bratenfond mit der Fleischbrühe loskochen. Backofen auf 180° C vorheizen.
Wirsing in seine Blätter zerlegen, waschen und abtropfen lassen. Einen Teil der Blätter klein schneiden, in kochendem Wasser kurz überbrühen, abseihen, mit den Speckgrieben, Zwiebelstücken und dem Kümmel mischen. Einen Schmortopf mit Wirsingblättern auskleiden, den kleingeschnittenen Wirsing mit den Kaninchenteilen hineinschichten. Bratensaft zugießen. Im Backofen das Kaninchen-Wirsing-Gemisch bei geschlossenem Deckel ca. 50 Min. schmoren.

**➡ Hinweis**

Im Handel werden Wildkaninchen selten angeboten. Wer nachfragt, dem kann es passieren, daß ihm ein schwaches Hauskaninchen als Wildkaninchen offeriert wird. Besser: Sich nach dem Vorsitzenden des örtlichen Jagdvereines erkundigen und diesen anrufen. Gibt es im Einzugsbereich seines Vereines Reviere mit Wildkaninchenbesatz, dann kann er mit Sicherheit auch den dortigen Revierpächter oder sonst einen Jäger nennen. An ihn wendet man sich dann mit der Bitte, von der nächsten Kaninchenjagd 2–3 der „grauen Flitzer" für die eigene Küche zurückzuhalten. Gegen ein kleines Aufgeld wird er die „Lapunzen" auch abbalgen.

# Kaninchenkeulen

## mit Orangen-Pfeffersauce

**Zutaten für 4 Personen**

4 Keulen vom Wildkaninchen • 20 ml Olivenöl • 100 ml Brühe von Wildkaninchenknochen (darf auch normale Fleischbrühe sein) • 100 ml frisch gepreßter Orangensaft • 100 ml Sahne • 1 El rote Pfefferkörner • Liebstöckelsalz • Pfeffer aus der Mühle • Salz.

**Beilagen:** Reis, Chicorée-Orangen-Salat.

Nährwert pro Portion: ca. 360 kcal = ca. 1.500 kJ.

Hilfsmittel: Bratpfanne mit Deckel, Stieltopf, Haarsieb, Alufolie.

**Zubereitungszeit:** ca. 90 Min.

**Zubereitung:** Von den Keulen lockere Häute und sichtbare Fettanlagerungen entfernen. Mit Liebstöckelsalz und Pfeffer würzen. Öl in der Pfanne erhitzen, Keulen rundum anbraten. Fleischbrühe zugießen. Keulen unter Dampf garen, bis sie weich sind (35–50 Min.). Fleischbrühe einkochen lassen, Keulen nachbräunen, herausnehmen, in Alufolie einschlagen und ca. 5 Min. ruhen lassen. Bratenfond mit Orangensaft loskochen, Sahne separat erhitzen und zur Sauce geben, einmal aufkochen. Sauce durchsieben und in den Stieltopf gießen. Hälfte des roten Pfeffers zufügen. Sauce sämig einkochen, mit Pfeffer und Salz abschmecken. Keulen auf den Tellern anrichten, Sauce angießen, restlichen roten Pfeffer auf die Sauce verteilen.

**➡ Hinweis**

Die zum Chicorée-Salat gegebenen Orangenstücke sollten kernlos und gehäutet sein. Zum Häuten an der Schmalseite des Orangenfilets mit dünnem scharfem Messer den Grat wegschneiden. Filet auf die breite Rückenseite stellen. Vom Grat nach links und rechts die Haut dünn wegschneiden. Zum Schluß die Haut an der Breitseite mit dem Messer abschälen. Abgeschnittene Orangenteile auf ein Sieb geben, Saft ausdrücken und zur Sauce geben.

## Gratinierter *Kaninchenrücken*

**Zutaten für 4 Personen**

2 Rücken vom Wildkanin • 2 Zweige Rosmarin • 4 frische Liebstöckelblätter (ersatzweise 2 Messerspitzen gerebelter Liebstöckel) • 1 Knoblauchzehe • 300 g in dünne Scheiben geschnittener Raclettkäse • frisch gemahlener Pfeffer • Salz. *Sauce:* Häute vom Rücken • Rückenknochen • 10 g Butterschmalz • 1 kleiner Zweig Rosmarin • 1 Zwiebel • je 1 Stück Mohrrübe, Lauch, Sellerieknolle • je 1 Zweig Liebstöckel und Petersilie • 1/2 Lorbeerblatt • Saft aus der Alufolie • 100 ml trockener Weißwein • 250 ml Wasser • 100 g Crème fraîche • Pfeffer aus der Mühle • Salz.

**Beilagen:** Spaghetti, mit Rahm angemachter Blattsalat.

Nährwert pro Portion: ca. 520 kcal, ca. 2.170 kJ.

Hilfsmittel: Alufolie, Geflügel- oder Rosenschere, Schnellbratpfanne oder Schnellkochtopf, feuerfeste Platte, Zahnstocher, Haarsieb, Stieltopf.

**Zubereitungszeit:** ca. 80 Min. Garzeiten: Rükken in der Alufolie ca. 30 Min., Sauce ca. 15 Min.

**Zubereitung:** Backofen auf 200° C vorheizen. Die Rücken häuten, alles sichtbare Fett wegschneiden. Häute beiseite legen. Filets entlang des Rückens vom Wirbelknochen anlösen. Knoblauchzehe halbieren, inneren Kern entfernen. Auf jeden Rücken 1 Rosmarinzweig, halbe Knoblauchzehe und 2 Liebstöckelblätter auflegen. Rücken in nasse Alufolie einschlagen und auf der Fettpfanne auf der mittleren Schiene in den Backofen geben. Nach 30 Min. herausnehmen, in der Alufolie gesammelte Flüssigkeit auffangen. Filets vom Knochen lösen und in Alufolie einschlagen. Rückenknochen zerkleinern.

**Sauce:** Zwiebel, Mohrrübe und Sellerieknolle schälen und zusammen mit dem Lauch, dem Liebstöckel und der Petersilie kleinschneiden. In der Schnellbratpfanne das Fett erhitzen, darin die beiseite gelegten Häute, die Rückenknochen mit dem kleingeschnittenen Wurzelgemüse kurz anrösten. Mit Pfeffer leicht übermahlen, etwas salzen. Mit Weißwein ablöschen. Lorbeerblatt und Wasser zufügen. Deckel schließen und bei Stufe II 7 Min. kochen. Druck im Topf unter kaltem Wasser abbauen. Fond in einen Stieltopf seihen. Crème fraîche einrühren, mit Pfeffer und Salz abschmecken.
Backofen auf Oberhitze schalten. Filets aus der Folie nehmen und je zwei Filets mit Zahnstochern zusammenstecken, pfeffern und salzen. Filets auf die feuerfeste Platte setzen. Den Raclettkäse auf den Filets mit Zahnstochern feststecken. Platte auf den Rost setzen und auf der mittleren Schiene in den Backofen geben. Ist der Käse über den Filets verlaufen, Zahnstocher ziehen und die Filets mit der Sauce und den Beilagen servieren.

# Wildkaninchen asiatisch

**Zutaten für 4 Personen**

2 Kaninchenrücken • 30 ml Pflanzenöl • 200 g Weißkohl • 1 mittelgroße Mohrrübe • 80 g Sellerieknolle • 80 g Lauch • 60 g geschälte Zucchini • 1 kleine Zwiebel • 100 g Reispilze aus der Dose • 1 El Honig • Saft einer Zitrone • Sojasauce • Pfeffer aus der Mühle • Salz.

**Beilage:** Reis.

Nährwert pro Portion: ca. 360 kcal = ca. 1.500 kJ.

Hilfsmittel: Gemüsehobel, Julienneschneider, Wok (schalenförmiger, runder Kochtopf) oder große Pfanne, kleine Schüsseln.

**Zubereitungszeit:** ca. 70 Min.

**Zubereitung:** Filets von den Rücken ablösen und häuten, halbieren und in dünne Streifen schneiden. Den Weißkohl hobeln. Gemüse putzen. Mohrrübe, Sellerieknolle, Lauch und Zucchini in feine Streifen (Julienne), Zwiebel in dünne Ringe schneiden. Jedes in ein eigenes Schüsselchen geben. Pilze abtropfen lassen. Im Wok (Pfanne) das Öl erhitzen. Zuerst Streifen vom Wildkanin anbraten. Pfeffern und salzen. Bratensatz mit etwas heißem Wasser anlösen. Hitze auf mittlere Stufe zurückschalten. In Abständen von 2–3 Min. nacheinander Weißkohl, Mohrrübe, Sellerieknolle, Zwiebel, Lauch und Zucchini in den Wok geben und unter ständigem Rühren garen. Honig am Pfannenrand zerfließen lassen und unterrühren. Zitronensaft zufügen. Mit Pfeffer, Salz und Sojasauce abschmecken. Im Wok servieren.

# Dachs, Elch, Rentier, Känguruh, Antilope

Das Faszinierende an der Wildküche ist, daß in ihr praktisch jedes Wildtier als Nahrungsmittel verwertet werden kann. Überall in der Welt, wo Fleisch von Schlachttieren knapp oder für die Mehrheit der Bevölkerung zu teuer ist, dienen Wildtiere als Lieferanten wertvollen tierischen Eiweißes und Fettes. Dem war vor noch nicht langer Zeit auch in Mitteleuropa so.
Im Verlauf der Zeit haben sich die Ansichten über den Verzehr des einen oder anderen Wildtieres gewandelt; meist aufgrund gefühlsmäßiger, oft durch Dritte beeinflußter Empfindungen und einer nahezu uneingeschränkten Verfügbarkeit von Schlachttieren – weniger jedoch infolge sachgerechter Überlegungen. Letztere spielen nur dort eine Rolle, wo auch die Nutzung von Wildtieren als Nahrungsmittel eingeschränkt oder bis auf weiteres eingestellt wird – Maßnahmen, die stets im Interesse der Erhaltung einer überwiegend durch zivilisatorische Einflüsse in ihrem Bestand bedrohten Wildart erfolgen.
Ein gutes Beispiel aus heimischer Wildbahn ist hierfür der Dachs. Der zur Familie der Marder gehörende, der amtlichen Untersuchung auf Trichinen unterliegende Erdhöhlenbewohner liefert ein vorzügliches, einem Jungschweinbraten ähnelndes Wildbret. Auch der aus seinen Keulen hergestellte, mit Wacholderzweigen geräucherte Schinken gilt unter Kennern als Delikatesse. Als die Dachsbestände durch im Rahmen der Tollwutbekämpfung erfolgte Begasung der Baue zusammenbrachen, wurde die Jagd auf ihn solange eingestellt, bis er sich wieder in ausreichender Zahl durch Wald und Feld bewegte; verantwortungsbewußtes Handeln der Jäger, die sich vom Grundsatz her nicht nur als Nutzer, sondern auch als Schützer und Heger aller wild lebenden Tiere und Pflanzen verstehen. Wissenswert: Der Verzehr von Dachs und Fuchs wurde z.B. in der Schweiz erst ab 1. Juli 1995 gesetzlich untersagt. Und in Belgien werden nach wie vor in einzelnen Restaurants wie privat Rücken und Keulen vom Bisam serviert.

### Über 300 Kilogramm Wildbret

Daß Europas und der Welt größte Hirschart, der Elch, noch heute in Skandinavien und in osteuropäischen Ländern, wie Polen, den baltischen Staaten, Weißrußland und Rußland, zahlreich seine Fährte zieht, ist ebenfalls den Jägern zu verdanken. Als Fleischlieferant (je nach Alter und Geschlecht über 300 kg reines Wildbret) und Nahrungsmittel hochgeschätzt, schützten sie seine Art selbst in Hungerszeiten durch Gesetzesinitiativen und zahlenmäßige Abschußbegrenzung vor der Ausrottung. Einmal mehr bewährte sich auch hier die Lebensweisheit, daß man das, was man langfristig nutzen will, bereit sein sollte, zu erhalten und sich seiner maßvoll zu bedienen, auch wenn dies zeitweise Einschränkungen und Opfer bedeutet. Extreme, das wissen Jäger als Angehörige des ältesten Handwerks der Erdgeschichte, sind da fehl am Platz.
Zur Jagdsaison sich die Truhe mit wertvollem Wildbret zu füllen und auch andere an diesen naturgewachsenen Köstlichkeiten teilhaben zu lassen, ist z. B. nicht nur für Norwegens Jäger bei der Jagd auf das wilde Rentier die selbstverständlichste Sache der Welt. Die Jagd schöpft den Zuwachs ab und verhindert, daß die einzige in Europa noch frei lebende Rentierpopulation durch Überpopulation zuerst ihren Lebensraum und dann sich selbst zerstört – indem sie mangels Nahrung Opfer von Hunger und Seuchen wird.
Ein Problem, mit dem sich die Wildhüter in vielen Ländern der Erde, so bei den überbordenden Elefantenpopulationen in Simbabwe und im Krüger Nationalpark in Südafrika, konfrontiert sehen. Von den Abschüssen profitieren die Einheimischen, denen das Fleisch zu für sie erschwinglichen Preisen angeboten wird. Lebensraum zerstörend wirken auch die hohen

Populationen bei den verschiedenen Känguruharten in Australien. Deren Fleisch, dem Wildbret des Rotwildes ähnlich, wissen Australier durchaus zu schätzen, doch vermögen sie die notwendigerweise anfallenden Mengen nicht allein zu verzehren. Die Edelstücke, wie Rückenfilet und Keulen, ausschließlich zu Hundefutter zu verarbeiten, widerstrebt ihnen verständlicherweise. So wurden Exportmärkte für dieses Wildbret gesucht und unter anderem auch in Europa gefunden.

### Känguruhfleisch umgetauft

Daß mancher Wildliebhaber vor einigen Jahren in Deutschland statt Hirschragout Gulasch vom Känguruh verzehrte, fiel ihm ebensowenig auf wie dem das kleingeschnittene Känguruhfleisch als Hirschragout einkaufenden Gastronomen. Es waren in der Fleischhygiene tätige Veterinärmediziner, die diesen Etikettenschwindel letztlich auffliegen ließen und diese Manipulation durchführenden Wildhändler zur Anzeige brachten. Daß weder Köche noch Konsumenten es bemerkten, lag mit daran, daß das Fleisch, alter Wildküche folgend, über Tage mit Gewürzen und Wein kräftig mariniert wurde. Durch eine solche, den Geschmack jeglichen Fleisches verändernde „Tortur" läßt sich letztlich fast alles als vom Hirsch, Reh oder Wildschwein stammendes Gulasch oder Bratenstück anbieten. Zumal, und dies ist ein besonderer Trick, wenn die Sauce noch mit Maraschinowein aromatisiert wird, der jene süßlich-faulige Geschmackskomponente vermittelt, die heute noch von vielen fälschlicherweise als „typischer Wildgeschmack" angesehen wird.

### Köstliches Gazellen- und Antilopenfleisch

Einst zum „An-den-Mann-Bringen" eines aufgrund ungekühlten, überlangen Abhängens sich bereits in der Zersetzung befindenden und mit starkem Fäulnisgeschmack (Hautgout) behafteten Wildfleisches durchaus zweckmäßig, sind derartige Behandlungsmethoden dank moderner Kühl- und Tiefkühlmöglichkeiten in der neuen Wildküche passé. Beizen, Marinaden und Überwürzungen mit Preiselbeeren, so sie denn beim vom Springbock, Impala, Oryx oder Gnu stammenden Wildbret eingesetzt würden, ließen den in Afrika lebenden Wildliebhaber schier verzweifeln. Verschwunden wären all jene feinen Aromen, die ihm das Steak, den Braten oder das Gulasch als von dieser oder jener Antilopen- oder Gazellenart abstammend erkennen lassen. Wer deren Wildbret – unverfälscht zubereitet – ein- oder mehrfach verkostet, vielleicht sogar in der eigenen Küche verarbeitet hat, der weiß, welchen Genuß es Zunge und Gaumen zu bereiten vermag. Um so unverständlicher ist es, daß es in der Vergangenheit (hoffentlich nicht mehr in der Zukunft) einzelne Wildfleischimporteure gegeben hat, die Springbockkeulen als Rehkeulen und Gnurücken als Hirschrücken deklariert verkauft haben. Eine wahrheitsgerechte Auszeichnung auf dem Verkaufsetikett und auf der Speisenkarte hätte sicherlich dem einen oder anderen unvoreingenommenen Verkoster zur gleichen Erkenntnis verholfen, die Wildesser im Ursprungsland dieser Wildarten längst besitzen: ein vorzüglich schmeckendes, von der Natur dem Menschen geschenktes Nahrungsmittel.

Einer über die bekannten und auch in diesem Kochbuch für Haarwild vorgestellten, den Eigengeschmack des Fleisches weitestgehend unverfälscht erhaltenden Zubereitungsempfehlungen hinausgehenden Behandlung bedarf es bei aus anderen Kontinenten stammendem Wildbret nicht. Und der kulinarischen Kreativität sind in der neuen Wildküche nur in jenen Fällen Grenzen gesetzt, in denen die hohe Qualität des von der Natur gegebenen Nahrungsmittels „Wild" durch unsachgemäße Gewinnung, Behandlung oder Zubereitung beeinträchtigt wird.

# Elchfilet in Kräutertunke

**Zutaten für 4 Personen**

800 g Elchfilet (darf auch Lende oder Keule sein) • frisch gemahlener Pfeffer • Salz • 30 ml Pflanzenöl • 1/2 Gemüsezwiebel. *Sauce:* 200 ml Wildbrühe (Fleischbrühe) • 150 ml Sahne • 1 Kästchen Kresse • Blätter von 2 Stengeln Staudensellerie • 1/2 Bund krause Petersilie ohne Stengel • Blätter von 2 Stengeln Liebstöckel • Pfeffer • Salz.

**Beilagen:** Kartoffeln, Tomaten-Gurken-Salat.

Nährwert pro Portion: ca. 600 kcal = ca. 2.500 kJ.

Hilfsmittel: Bratentopf mit Deckel, Haarsieb, Küchenmaschine mit Mixmesser, Stieltopf, Alufolie.

**Zubereitungszeit:** ca. 80 Min.

**Zubereitung:** Elchfilet kräftig pfeffern und salzen. Im Bratentopf das Öl erhitzen, Filet rundum anbraten. Gehackte Zwiebel zugeben. Bei mittlerer Hitze unter geschlossenem Deckel ca. 35–40 Min. braten. Zwischendurch etwas Wildbrühe angießen. Filet aus dem Topf nehmen und in Alufolie einschlagen. Bratensatz mit Wildbrühe aufkochen, Sahne zugeben und um ein Drittel einkochen. Sauce etwas abkühlen lassen. Durch ein Sieb in den Mixer geben, Kräuter zufügen und durchmixen. Sauce in den Stieltopf gießen, einmal aufkochen, mit Pfeffer und Salz abschmecken. Filet tranchieren, mit der Sauce und den Beilagen servieren.

# Biltong

Biltong ist eine in südafrikanischen Ländern heiß begehrte Spezialität: aus dem Wildbret von Wildtieren – von der Oryx-Antilope bis zum Elefanten – hergestelltes, hartes Trockenfleisch. In Streifen (ca. 10 x 7 x 30 cm) geschnitten, wird es in einer aus Pökelsalz, braunem Zucker, Pfeffer, Koriander und Essig hergestellten, mit aromatischen Würzsaucen angereicherten Lake 2–3 Tage gebeizt, anschließend in eine Wasser-Essig-Mischung getaucht und nachfolgend bis zu drei Wochen luftgetrocknet.

# Fasane *(Phasianus colchicus)*

Der aus dem asiatischen Raum stammende Hühnervogel ist in seiner Artenvielfalt so bunt wie ein Herbststrauß. Während die Hähne ein buntes Gefieder mit unterschiedlicher Zeichnung und lange Schwanzfedern tragen, sind die Hennen durchgehend braungrau befiedert. Nach Europa brachten zuerst die Römer und Griechen Fasane als Ziergeflügel und Fleischlieferanten. Später entstanden an Fürstenhöfen Fasanerien, in denen die Vögel gezüchtet und unter Netzen gehalten wurden. Fasanenhennen legen in der Gefangenschaft zwar Eier, brüten diese jedoch nicht aus. Dies besorgen Haushuhnglucken. In Fasanerien erfolgt dies mit Brutmaschinen. Die nach 23–24 Tagen schlüpfenden Küken werden wie Junghühner aufgezogen.

Ausgewildert wurden Fasane verstärkt im 18. Jahrhundert, wobei es zur Vermischung verschiedener Rassen kam. In den Revieren anzutreffen sind vor allem Ringfasane, deren Kennzeichen bei den Hähnen entweder ein schmaler weißer Halsring *(Phasianus colchicus torquatus)* oder ein breiter weißer Halsring *(Phasianus colchicus mongolicus)* ist. Letzterer weist zusätzlich weiße Schulterflügel auf. Versuche, einstmals in heimischer Wildbahn begründete Vorkommen durch weitere Auswilderungen zu stützen, erwiesen sich langfristig als wenig erfolgreich. Naßkalte Witterung zur Aufzuchtzeit der Küken, eine überhand nehmende Zahl an natürlichen Feinden, wie Habicht, Bussard, Krähe, Fuchs und Marder, und landwirtschaftlich bedingte Veränderungen in Anbaumethode und Biotop machten viele Bemühungen zunichte.

Wurden noch vor 40 Jahren in Deutschland fast eine Million Fasane in freier Wildbahn erlegt, waren es in den letzten Jahren rund 400.000 Stück. Zwischen 170.000 und 220.000 Fasane werden in Österreich geschossen, während es in der Schweiz rund 400 sind. Ein Teil der in Handel und Gastronomie angebotenen Fasane kommt aus den ost- und südosteuropäischen Staaten, in denen Fasanerien für die Jagd jährlich Hunderttausende Fasane in die Wildbahn entlassen, aber auch direkt in den Handel liefern. Verstärkt erfolgen auch Importe aus asiatischen Ländern.

**Fasan küchenfertig:** je nach Alter und Geschlecht 500–1.100 g, aus Fasanerien bis 1.300 g.

**Tiefkühllagerung:** 12–16 Wochen, danach wird das Fett ranzig.

| | |
|---|---|
| Hauptjagdzeit: | (Achtung: regional stark unterschiedlich)<br>Oktober – Januar<br>Erlegt werden vorwiegend Fasanenhähne. |
| Altersmerkmale beim Hahn: | Rückseitiger Sporn oberhalb der Zehen:<br>im ersten Lebensjahr 3–5 mm lang, mit zunehmenden Alter wachsend. |
| Altersmerkmale bei der Henne: | Im ersten Lebensjahr kurze Schwanzfedern (Stoß),<br>danach lange Schwanzfedern. |
| Qualitätsmerkmale: | relativ helles, langfaseriges Fleisch |
| Zubereitungsempfehlung: | Junge Fasane braten, ältere Fasane vorkochen, vom Sud bedeckt erkalten lassen, dann braten. |

# Zurichten von Federwild und -teilen (Beispiel Fasan)

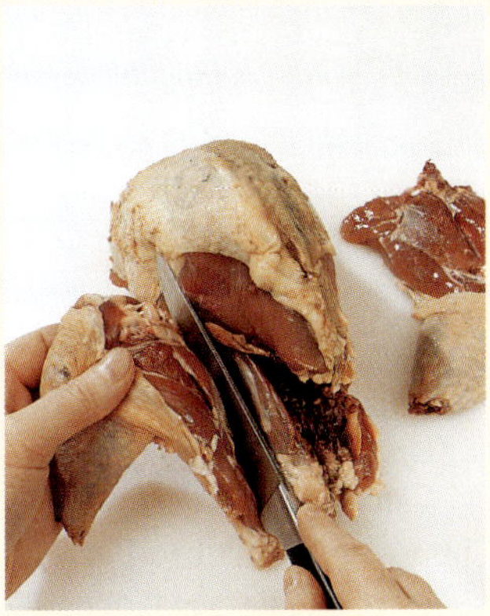

*1. Keulen abtrennen:
Schnitt zwischen Darm- und Oberschenkelbein.*

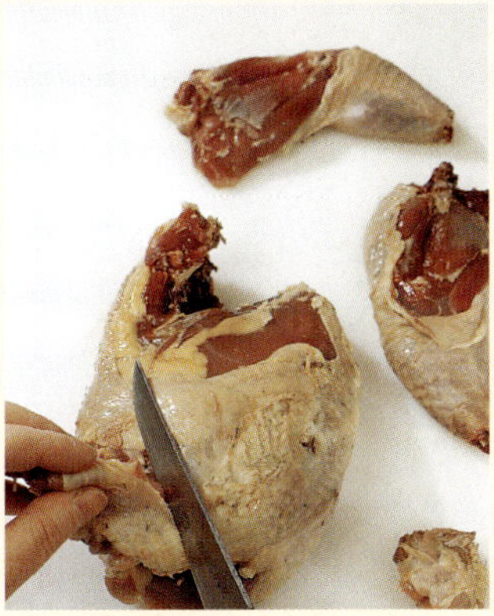

*2. Flügel abtrennen:
Schnitt zwischen Gabel- und Oberarmbein.*

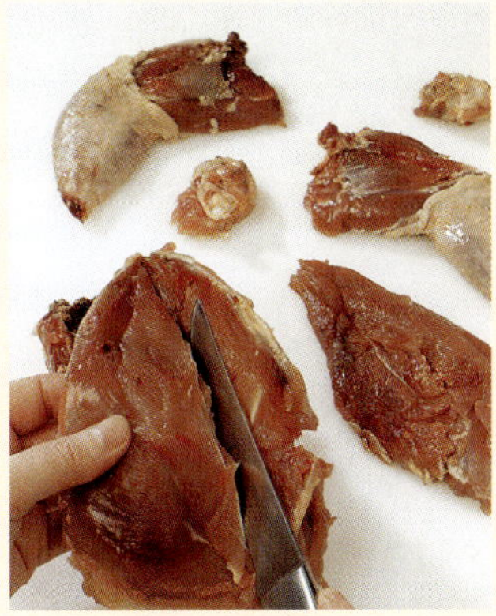

*3. Brustfilets auslösen:
Schnitt am Brustbein in Richtung Rippen.*

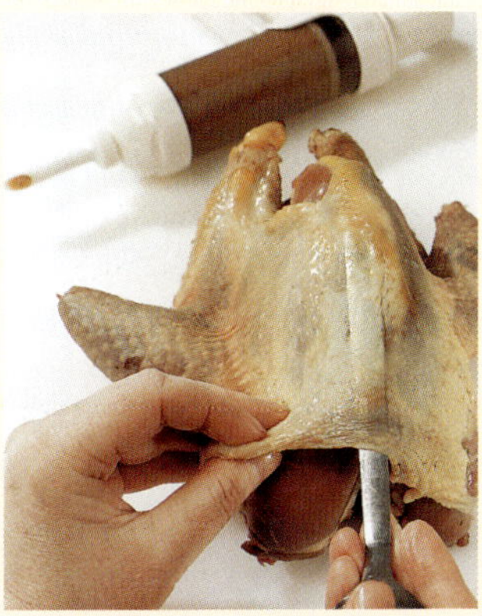

*1. Füllen unter der Haut:
Mit Löffelstiel Haut vom Fleisch lösen.*

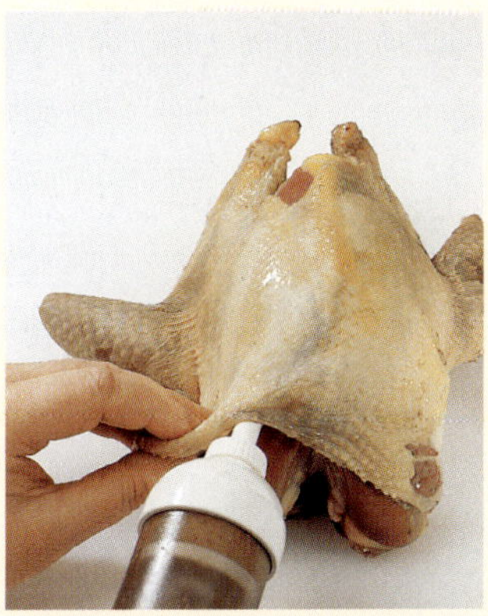

*2. Füllung mit Gebäckspritze und langer Tülle unter die Haut spritzen.*

*3. Unter der Haut gefüllter und bratfertig gebundener Fasan.*

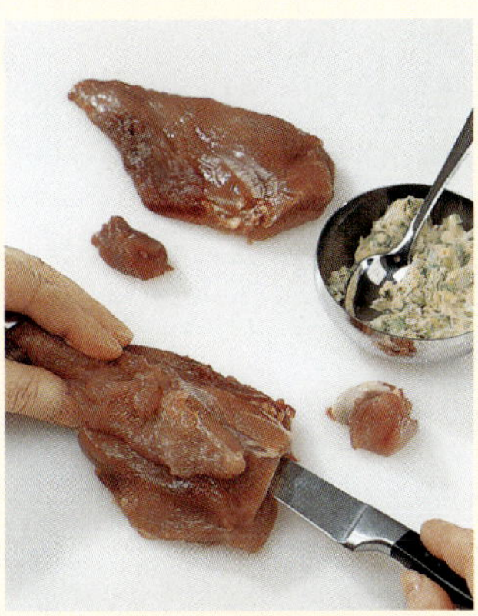

*1. Füllen von Brustfilets:
In das große Filet eine Tasche schneiden.*

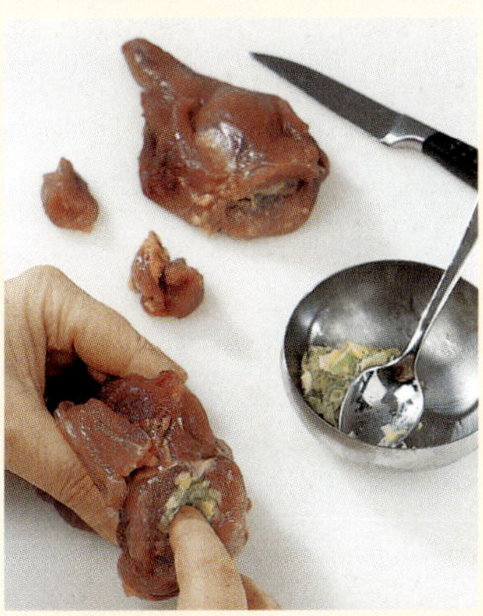

*2. Füllung mit dem Finger tief und fest in die Tasche stopfen.*

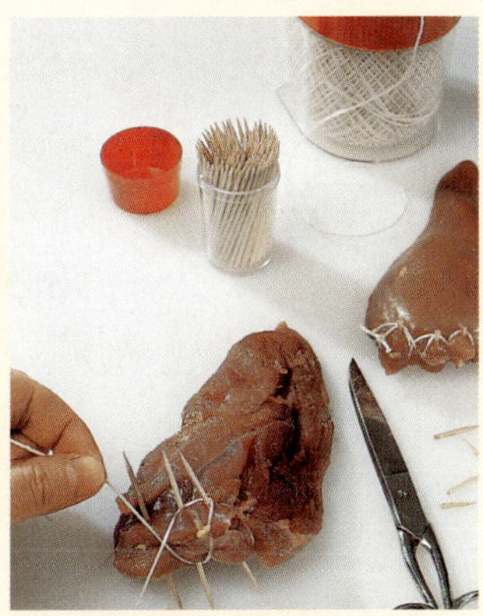

*3. Öffnung mit Zahnstochern und Küchengarn schließen.*

# *Fasanenbrust* mit Taschenfüllung

**Zutaten für 4 Personen**

Brustfilets von 2 Fasanen • 200 g Lauch • 200 ml Sahne • 2 El gehackte frische Pistazien • 2 Eigelb • Pfeffer aus der Mühle • Salz • Mehl • 1 Ei. *Würzmischung:* je 1 Messersp. Rosmarin, Oregano, Estragon • Semmelbrösel. *Sauce:* 10 g Butterschmalz • 250 ml Fasanenbrühe • 20 g Butter • 2 feingeschnittene Schalotten • 50 ml trockener Weißwein • 100 ml Sahne • 2 El Pistazien.

**Beilagen:** Reis, Chicoréesalat.

Nährwert pro Portion: ca. 570 kcal = ca. 2.400 kJ.

Hilfsmittel: Stieltopf, Zahnstocher, Küchengarn, Backpapier.

**Zubereitungszeit:** ca. 90 Min.

**Zubereitung:** Lauch in feine Ringe schneiden. Mit der Sahne in einen Stieltopf geben und erhitzen. Pfeffern und salzen. Gehackte Pistazien zugeben. Unter Rühren die Masse zu einem dicken Brei einkochen. Erkalten lassen. Eigelb unterarbeiten. In Brustfilets eine Tasche schneiden (s. S. 125). Filets mit der Masse füllen, mit Zahnstochern und Küchengarn schließen. Pfeffern und salzen. Fasanenbrüste rundum mit Mehl bestäuben. Ei mit der Würzmischung auf einem Teller zerschlagen. Brüste darin wenden, panieren. Backofen auf 180° C vorheizen. Brüste auf ein mit Backpapier ausgelegtes Blech legen und in den Ofen geben. 20 Min. braten. Zwischendurch zweimal Flocken vom Butterschmalz auf die Panade geben.

**Sauce:** Butter im Stieltopf erhitzen, feingeschnittene Schalotten andünsten, Weißwein zugießen und aufkochen. Fasanenbrühe zugeben, auf die Hälfte einkochen, Sahne zugießen und ca. 3 Min. kochen. Grob gehackte Pistazienkerne hineingeben, mit Pfeffer und Salz abschmecken.

# *Fasan* mit Sprossengemüse

(Foto vorige Seite)

**Zutaten für 4 Personen**

2 küchenfertige Fasane • 1 Bund Wurzelgemüse (Lauch, Petersilie, Sellerie, Mohrrübe) • 1 Zweig Liebstöckel • 2 Lorbeerblätter • 2 mittelgroße Zwiebeln • 1 Bund krause Petersilie • frisch gemahlener Pfeffer • Liebstöckelsalz • 250 g dünn geschnittener Frühstücksspeck. *Sauce:* 350 ml eingekochte, durch ein Tuch geseihte Fasanenbrühe • 50 ml Sahne • je 30 ml Apfelwein und trockener Weißwein (Riesling) • Speisestärke • Pfeffer aus der Mühle • Salz. *Sprossengemüse:* 50 g Baby-Pfifferlinge • 20 ml Olivenöl • 200 g Sojabohnenkeime • 30 g Sultaninen • 8 kleine braune Champignons • 40 ml Kräuteressig • 20 ml Balsamico • 60 ml Olivenöl • 1 kleingeschnittene Schalotte • Pfeffer aus der Mühle • Salz • Prise Zucker.

**Beilage:** Reis oder Kartoffelpüree.

Nährwert pro Portion: ca. 550 kcal = ca. 2.300 kJ.

Hilfsmittel: Bräter mit Deckel, Küchengarn, Backofenrost, Backtrennpapier, Geflügel- oder Rosenschere, Alufolie, Haarsieb, Suppentopf, Durchseihtuch, Schüsseln, Stieltopf.

**Zubereitungszeit:** ca. 100 Min. Garzeiten: Fasane im Wurzelsud ca. 45 Min., im auf 250° C vorgeheizten Backofen ca. 15 Min. Pilze ca. 2 Min.

**Zubereitung:** Fasanen innen und außen gründlich waschen. Zwiebeln schälen. In jeden Fasan eine Zwiebel und einige Stengel Petersilie geben. Ständer mit Küchengarn zusammenbinden. Wurzelgemüse putzen, klein schneiden, mit dem Liebstöckelzweig und dem Lorbeerblatt in den Bräter geben. Diesen zu zwei Drittel mit Wasser füllen und aufkochen lassen. In den kochenden Sud die Fasane so einlegen, daß sie auf der Seite liegen. Soviel warmes Wasser zugießen, daß sie nahezu bedeckt sind. Unter geschlossenem Deckel bei mittlerer Hitze köcheln lassen. Nach ca. 30 Min. Fasane wenden. Nach 45 Min. Kochzeit die Fasane aus dem Sud nehmen und einzeln in Alufolie einschlagen. Abkühlen lassen. Backofen auf 250° C (Ober- und Unterhitze) vorheizen. Fasanenbrühe durchs Haarsieb gießen und auf die Hälfte einkochen, dann durch ein Tuch seihen.

Aus den Fasanen die Zwiebel und Petersilie entfernen. Küchengarn lösen. Die Vögel der Länge nach halbieren und auf ein mit Backtrennpapier ausgelegten Rost legen. Mit Pfeffer aus der Mühle und Liebstöckelsalz würzen, mit Frühstücksspeckscheiben belegen. In den Backofen (zweite Schiene von oben) schieben, auf Oberhitze schalten und bräunen. Nach ca. 8 Min. die Speckscheiben entfernen und die Hälften weitere 7 Min. bräunen lassen.

**Sauce:** Fasanenbrühe und Sahne im Stieltopf erhitzen. Apfelwein und Weißwein zugießen. Mit Speisestärke leicht binden, mit Pfeffer und Salz abschmecken.

**Sprossengemüse:** Im Stieltopf das Olivenöl erhitzen, darin die Pfifferlinge kurz anbraten. Topfinhalt in eine größere Schüssel geben. Die Champignons waschen, halbieren, mit den Sultaninen und den Sprossen zu den Pfifferlingen geben. Aus der Schalotte, den Essigen und dem Olivenöl mit Pfeffer, Salz und etwas Zucker eine Salatsauce anrühren. Über das Gemüse geben und alles gut durchheben.

**➥ Hinweis**

Durch das Vorkochen der Fasane wird ihr Fleisch besonders zart und saftig. Dadurch, daß sie in den kochenden Sud gegeben werden, verlieren sie auch nicht soviel vom Eigenaroma.

# *Fasan* hautnah gefüllt

**Zutaten für 4 Personen**

2 küchenfertige Fasane • 60 g entrindetes Weißbrot • 3 Eigelb • 100 g Mozarella • 80 g entkernte grüne Oliven • frisch gemahlener Pfeffer • Salz • gerebelter Oregano • gemahlene Kräuter der Provence. *Sauce:* 30 g Butter • 2 feingeschnittene Schalotten • 1 gestr. El Mehl • 150 ml trockener Weißwein • 1 Becher Crème fraîche oder saure Sahne.

**Beilagen:** Teigwaren, Salat der Saison.

Nährwert pro Portion: ca. 500 kcal = ca. 2.100 kJ.

Hilfsmittel: Küchenmaschine mit Mixmesser, Gebäckspritze mit langer Tülle, Küchengarn, Bratfolie, Alufolie, Haarsieb, Entfettungsgefäß, Stieltopf.

**Zubereitungszeit:** ca. 100 Min. Garzeit: ca. 50 Min.

**Zubereitung:** Weißbrot im Mixer zerreiben. Käse, Oliven, Eigelb zufügen und durchmixen. Masse mit Kräutern der Provence, Pfeffer und Salz würzen. Fasane innen pfeffern und salzen. Unter der Haut mit der Masse füllen (s. S. 125). Außen mit Pfeffer und Salz würzen. Backofen auf 200° C vorheizen. Fasane binden und in Bratfolie setzen. 50 ml Weißwein zugießen und auf einem Rost mit untergeschobener Fettpfanne in den Backofen geben. Nach dem Aufblähen der Folie Hitze auf 160° C zurückschalten und die Fasane solange braten, bis die Haut braun ist. Fasane aus der Folie nehmen, in Alufolie einschlagen. Bratensaft durch ein Sieb gießen, entfetten. Im Stieltopf Butter erhitzen, die feingeschnittenen Schalotten andünsten, Mehl zugeben und bräunen lassen. Weißwein angießen, mit entfettetem Bratensaft auffüllen. Auf ca. 200 ml einkochen. Mit Kräutern der Provence und Oregano würzen. Crème fraîche unterrühren, mit Pfeffer und Salz abschmecken.

# *Fasan* im Wein-Gemüse-Sud

**Zutaten für 4 Personen**

2 küchenfertige Fasane • 2 Bund Petersilie • 100 g Sellerieknolle • 1/2 Stange Lauch • 1 Zweig Liebstöckel • 2 Zwiebeln • 2 mittelgroße Mohrrüben • 50 g Butter • 2 Lorbeerblätter • 12 weiße Pfefferkörner • Streifen von einer unbehandelten Zitronenschale • 400 ml Riesling • Pfeffer aus der Mühle • Salz.

**Beilagen:** Reis oder Baguette.

Nährwert pro Portion: ca. 510 kcal = ca. 2.070 kJ.

Hilfsmittel: großer Suppentopf, Schaumlöffel, Küchengarn, Alufolie.

**Zubereitungszeit:** ca. 80 Min. Garzeit: ca. 50 Min.

**Zubereitung:** Fasane innen und außen gut waschen. Petersiliensträuße pfeffern und salzen, in die Fasane geben. Diese binden. Sellerie in Streifen, Möhren und Lauch in Scheiben schneiden, Zwiebeln vierteln. Im Suppentopf Butter erhitzen, Wurzelgemüse anschwitzen. Wein zugießen, einmal aufkochen lassen. Fasane in den Topf geben. Mit Wasser auffüllen, bis sie bedeckt sind. Gewürze und Zitronenstreifen zufügen. Offen aufkochen lassen, Brühe abschäumen. Bei geschlossenem Deckel und zurückgeschalteter Temperatur weiterkochen, bis die Fasane weich sind. Vögel herausnehmen, in Alufolie einschlagen, abkühlen lassen. Das Fleisch von den Knochen lösen und klein schneiden. Wurzelgemüse und Gewürze mit Schaumlöffel herausheben. Brühe auf die Hälfte einkochen, mit Pfeffer und Salz abschmekken. Fleischstücke und ausgesuchte Stücke des Wurzelgemüses in die Brühe geben.

# *Fasan* auf Orangenkraut

**Zutaten für 4 Personen**

2 küchenfertige Fasane • 4 geschälte Orangen • Pfeffer aus der Mühle • Salz • 30 ml Olivenöl • 50 ml frisch gepreßter Orangensaft • 1 El Zucker • 1 feingeschnittene Zwiebel • 100 ml Sahne • Speisestärke • 300 g gehobelter Weißkohl • 300 g naturvergorenes Sauerkraut • 200 ml frisch gepreßter Orangensaft • Pfeffer aus der Mühle • Salz.

**Beilage:** Semmelknödel.

Nährwert pro Portion: ca. 830 kcal = ca. 3.400 kJ.

Hilfsmittel: Bräter mit Deckel, Fettpinsel, Gemüsetopf, Alufolie, Entfettungsgefäß, Stieltopf.

**Zubereitungszeit:** ca. 90 Min. Garzeit: ca. 60 Min.

**Zubereitung:** Backofen auf 230° C vorheizen. Fasane innen und außen gut waschen. Mit je einer geschälten Orange füllen, kräftig pfeffern und salzen. In den Bräter geben, 300 ml Wasser zugießen und bei geschlossenem Deckel im Backofen ca. 30 Min. schmoren. Deckel abnehmen, Temperatur auf 200° C zurückschalten. Fasane braten, bis sie schön braun sind. Zucker im Orangensaft auflösen, mit Öl vermischen und Fasane zwischendurch mehrfach mit der Flüssigkeit bepinseln. Fasane aus dem Bräter nehmen und in Alufolie einschlagen.

Im Bratensatz die Zwiebel andünsten. Fond mit etwas Wasser loskochen, durch ein Sieb gießen, entfetten und in den Stieltopf geben. Heiße Sahne zufügen, aufkochen lassen. Mit Speisestärke binden, mit Pfeffer und Salz abschmekken.

Restliche Orangen in Scheiben trennen, diese häuten, halbieren. Weißkohl und Sauerkraut mischen, mit Orangensaft in einen Topf geben. Bei mittlerer Hitze ca. 30 Min. kochen. Kurz vor dem Servieren mit frisch gemahlenem Pfeffer und Salz abschmecken. Halbierte Orangenscheiben unterheben.

# Fasanen-Pilz-Ragout

## im Teignest

**Zutaten für 4 Personen**

400 g Fasanenfleisch (z. B. von Keulen und Flügeln) • 150 g Champignons • 2 Schalotten • 30 g Butter • 30 g Kochschinken • 150 ml Sahne • 2 Eigelb • 30 ml Sahne • Pfeffer aus der Mühle • Salz • Zitronensaft • Worcestershiresauce.

**Beilagen:** 4 aus Blätterteig hergestellte rechteckige Nester.

Nährwert pro Portion: ca. 350 kcal = ca. 1.450 kJ.

Hilfsmittel: Pfanne mit Deckel.

**Zubereitungszeit:** ca. 30 Min.

**Zubereitung:** Fasanenfleisch in kleine Stücke schneiden. Pilze putzen und blättrig schneiden. Schalotten häuten und klein schneiden. Kochschinken in Streifen schneiden. In der Pfanne Butter erhitzen. Schalotten andünsten, Fleischstücke anbraten. Pilze in die Pfanne geben, etwas heißes Wasser angießen. Bei geschlossenem Deckel und milder Hitze schmoren. Nach ca. 8–10 Min. Sahne zugießen und bei erhöhter Hitze einkochen. Eigelb mit Sahne verrühren und zufügen. Mit Pfeffer, Salz, Zitronensaft und Worcestershiresauce abschmecken. In die Blätterteignester füllen und servieren.

# *Fasanenbrust* im Rotkohlblatt

**Zutaten für 4 Personen**

Brustfilets von 2 Fasanen • Pökelsalz • 4 große Blätter Rotkohl • Essig • 50 g entrindetes Weißbrot • 200 g Fasanenfleisch (abgelöste kleine Brustfilets, aus den Keulen) • 200 g Fasanen- oder Geflügelleber • 20 g Butter • 1 Zwiebel • 50 ml Sahne • 1 Ei • 4 Zweige frischer oder 1 El gerebelter Majoran • Muskatnuß • frisch gemahlener Pfeffer • Salz.

**Beilagen:** Kartoffelpüree, Rotkohlsalat.

Nährwert pro Portion: ca. 400 kcal = ca. 1.700 kJ.

Hilfsmittel: Schüssel, Bratpfanne, Küchenmaschine mit Mixmesser, großer Topf, Alufolie, Haarsieb.

**Zubereitungszeit:** Zubereitungszeit nach 2 Tagen pökeln und 5 Std. wässern: ca. 80 Min. Garzeit: ca. 30 Min.

**Zubereitung:** Fasanenbrüste in eine Pökellake (s. S. 205) legen und zwei Tage pökeln, dann 4–5 Stunden wässern. Bei den Rotkohlblättern das dicke Strunkende herausschneiden. Blätter in siedendem Essigwasser ca. 10 Min. garen. Herausnehmen und kalt abspülen. Fleisch pfeffern und salzen. In der Pfanne Butter erhitzen, Fleisch und Leber braten. Feingeschnittene Zwiebel zugeben und glasig werden lassen. Pfanneninhalt abkühlen lassen. Fasanenfleisch, Leber, Zwiebel, Sahne, Ei und Majoran in den Mixer geben und alles pürieren. Mit geriebener Muskatnuß, Pfeffer und Salz würzen. Rotkohlblätter auslegen, mit dem Püree bestreichen. Auf jedes Kohlblatt eine Fasanenbrust auflegen, Püree aufstreichen, mit dem Kohlblatt ummanteln. Brüste in Alufolie doppelt einschlagen, in kochendem Wasser ca. 30 Min. garen. Auf einem Sieb abtropfen lassen. Aus der Folie nehmen, mit den Beilagen servieren.

# *Fasanenbrust* auf Chinakohl

**Zutaten für 4 Personen**

Bruststücke von 2 Fasanen • 1 TL gemahlene Kräuter der Provence • frisch gemahlener Pfeffer • Salz • 30 ml Pflanzenöl. *Sauce:* 30 g Butter • 1 Schalotte • 1 EL Weizenmehl • 300 ml Fasanenbrühe (darf auch Hühnerbrühe sein) • 30 g Rosinen • 15 g gehobelte Mandeln • Pfeffer aus der Mühle • Salz • Sojasauce • Worchestershiresauce • Zitronensaft.

**Beilagen:** Gedünsteter Chinakohl, Salzkartoffeln.

Nährwert pro Portion: ca. 450 kcal = ca. 1.900 kJ.

Hilfsmittel: Bratpfanne mit Deckel, Stieltopf, Haarsieb, Alufolie.

**Zubereitungszeit:** ca. 70 Min. Garzeit: Fasanenbrust: ca. 20–30 Min.

**Zubereitung:** Fasanenbrüste pfeffern und salzen. Schalotte schälen und klein schneiden, beiseite stellen. In einer Bratpfanne das Öl erhitzen, die Fasanenbrüste darin bei zurückgeschalteter Temperatur zuerst auf der Fleischseite, dann auf der Hautseite anbraten. Fasanenbrüste auf die Fleischseite drehen, mit Kräutern der Provence würzen und bei geschlossenem Deckel und mittlerer Hitze fertigbraten. Fasanenbrüste aus der Pfanne nehmen, in Alufolie einschlagen. Vor dem Servieren schräg aufschneiden. Überschüssiges Fett aus der Bratpfanne gießen. Bratensatz mit der Fasanenbrühe loskochen.

**Sauce:** Rosinen in etwas warmem Wasser weichen lassen, dann ausseihen. Im Stieltopf Butter erhitzen, darin Schalotte glasig andünsten. Mehl zufügen und unter ständigem Rühren bräunen. Aus der Bratpfanne die Fasanenbrühe durch ein Sieb zugießen und aufkochen lassen. Rosinen und Mandeln in die Sauce geben. Sauce mit Pfeffer, Salz, Sojasauce, Worchestershiresauce und Zitronensaft abschmecken.

# *Cassoulet* vom Fasan

**Zutaten für 4 Personen**

2 küchenfertige Fasane • 500 g Edelpilze (Steinpilze, Pfifferlinge, Maronen) • 50 g Butterschmalz • 1 Mohrrübe • 1 Stück Lauch (ca. 50 g) • Blätter von einem Selleriezweig • 1 Zweig Liebstöckel • 3 Zweige Petersilie • 1 Zwiebel • 8 schwarze Pfefferkörner • 350 ml trockener Weißwein (Savignon, Riesling oder Chardonnay) • frisch gemahlener Pfeffer • Salz • 100 ml Sahne • 2 Tl Kartoffelmehl.

**Beilagen:** Scheibe vom Serviettenkloß, Feldsalat.

Nährwert pro Portion: ca. 600 kcal = ca. 2.500 kJ.

Hilfsmittel: Schüsseln, Geflügelschere (ersatzweise Rosenschere), Bratentopf mit Deckel, Bratpfanne, Fleischgabel, großes und kleines Haarsieb, Entfettungsgefäß, Schlagschüssel, Schneebesen, Alufolie.

**Zubereitungszeit:** ca. 70 Min. Garzeiten: Fasan ca. 50 Min. bei 200° C, Pilze ca. 10 Min.

**Zubereitung:** Backofen auf 200° C vorheizen. Fasane häuten, Flügel abtrennen. Beides beiseite legen. Die Vögel der Länge nach halbieren, dann in Keulen und Bruststücke zerlegen, pfeffern und salzen. Zwiebel und Mohrrübe schälen und kleinschneiden. Pilze putzen und beiseite legen. Im Bratentopf die Hälfte des Butterschmalzes erhitzen, darin die Fasanenstücke auf der Fleischseite anbraten, herausnehmen und beiseite stellen. Im Bratenfett Fasanenhaut und -flügel, Zwiebel, Mohrrübe, Sellerie-, Petersilien-, Liebstöckelzweig und Pfefferkörner kurz anrösten. Fasanenstücke auflegen, den Wein angießen, Deckel schließen und den Bratentopf in den vorgeheizten Backofen geben. In der Zwischenzeit in der Bratpfanne das restliche Butterschmalz erhitzen, darin die Pilze braten, pfeffern und salzen. Pilze auf ein Sieb geben und abtropfen lassen. Fasanenteile am Ende der Garzeit herausnehmen und in Alufolie einschlagen. Fond durch ein Haarsieb in das Entfettungsgefäß seihen, entfetten und in den Bratentopf geben. Pilze zufügen und erwärmen. Von den Fasanenstükken das Fleisch in groben Stücken ablösen und zu den Pilzen geben. Sauce mit Pfeffer und Salz abschmecken. Sahne steif schlagen, das Kartoffelmehl einarbeiten. Die Sahne unter das Cassoulet ziehen. Mit Scheibe vom Serviettenkloß auf vorgewärmten Tellern servieren.

# Rebhuhn *(Perdix perdix)*

In Mitteleuropa heimisches Feldhuhn, dessen Bestände in freier Wildbahn rückläufig sind. Großflächig betriebene Landwirtschaft, ausgeräumte Flure und eine Vielzahl von Feinden, zu denen neben den Raubvögeln, Fuchs und Marder auch wildernde Katzen zählen, sind hierfür die Hauptgründe. Durch Anpflanzungen von Hecken, Erhalt und Neuanlage von breiten Feldrainen, Brach- und Ödflächen versuchen die Revierinhaber, vorhandenen Rebhuhnbeständen den Lebensraum zu verbessern. Bejagt werden sie nur noch dort, wo die Populationen eine maßvolle Nutzung zulassen. Rebhühner wirken rundlich und haben eine grau-braune Befiederung. Hähne, auch manche Hennen, tragen einen braunen Brustschild. Unterscheidungsmal für die Geschlechter ist die Zeichnung der Federn. Hähne haben einen deutlich sichtbaren Schaftstrich auf der Feder, während die Feder der Henne eine stärkere Querbänderung aufweist.

Rebhühner leben in der Paarungs- und Aufzuchtzeit der Jungen in Einehe. Die Henne legt bis zu 20 Eier in Bodenmulden (Ausmähverluste!) und bebrütet sie 24 Tage. In den ersten zwei Lebenswochen benötigen die Küken Insekten und Insekteneier als Nahrung. Naßkalte Witterung ist ungünstig: Einmal gibt es keinen Insektenflug, so daß viele Küken verhungern, zum anderen gehen sie an Unterkühlung ein. Ist ein Gelege flügge, bildet es mit dem Brutpaar ein Volk, vom Jäger „Kette" genannt.

In Deutschland wurden in den letzten Jahren zwischen 10.000 und 14.000 Stück, in „guten Jahren" auch schon mal über 20.000 Stück, Anfang der siebziger Jahre weit über eine Viertelmillion Rebhühner geschossen. Ähnlich dramatisch ist im gleichen Zeitraum der Rückgang der Jahresstrekken in Österreich: von über 75.000 auf rund 14.000 Stück. In der Schweiz spielen Rebhühner jagdlich keine Rolle. Die in Handel und Gastronomie angebotenen Rebhühner stammen aus der freien Wildbahn Osteuropas oder Schottlands, aus Zuchtbetrieben oder sind spanische Rothühner *(Alectoris rufa)*, ein dort noch zahlreich vorkommender, gegenüber unserem Rebhuhn ca. 150 g schwererer Verwandter unseres Feldhuhns mit roter Kopfzeichnung.

**Rebhuhn küchenfertig:** 220–300 g (Rothuhn bis 400 g).
**Tiefkühllagerung:** 6–8 Monate, danach Ranzigwerden des Fettes.

| | |
|---|---|
| Hauptjagdzeit: | (Achtung: regional stark unterschiedlich)<br>September – Dezember |
| Altersmerkmale: | Junge Hühner: spitz zulaufende Handschwingen. |
| Qualitätsmerkmale: | braun-rötliches, kurzfaseriges, hocharomatisches Fleisch. |
| Zubereitungsempfehlung: | Im Ganzen braten oder schmoren. |

# Gebratene Rebhühner

(Foto vorige Seite)

**Zutaten für 4 Personen**

4 küchenfertige Rebhühner • 35 g Butterschmalz • 2 in dünne Scheiben geschnittene Brötchen • 100 ml Sahne • 100 g Sultaninen oder Korinthen • 1 Eigelb • 2 feingeschnittene Schalotten • frisch gemahlener Pfeffer • Salz • 50 g zerlassene Butter • 100 ml Sahne • 20 ml Portwein.

**Beilagen:** Hirseplätzchen, süß-sauer eingelegter Kürbis.

Nährwert pro Portion: ca. 530 kcal = ca. 2.200 kJ.

Hilfsmittel: Sieb, Schüssel, Stieltopf, Küchenkrepp, Zahnstocher, Küchengarn, Bräter mit Deckel, Alufolie, Haarsieb.

**Zubereitungszeit:** ca. 140 Min. Garzeit: bei 220° C ca. 15–20 Min., bei 180° C ca. 20 Min.

**Zubereitung:** Rebhühner innen und außen mit Salz bestreuen, 15 Min. einwirken lassen. Innen und außen mit Wasser gut abspülen, abtropfen lassen. Sahne erhitzen und über die Brötchenscheiben gießen, weichen lassen. Brötchenteig pfeffern und salzen, Rosinen und Eigelb einarbeiten. Backofen auf 220° C vorheizen. Rebhühner mit der Brötchenmasse füllen, verschließen und binden (s. S. 158). Rebhühner pfeffern. Im Bräter Butterschmalz erhitzen, Rebhühner an den Seiten anbraten. Etwas Wasser und die Schalotten zufügen. Mit geschlossenem Deckel in den Backofen geben. Nach ca. 15 Min. Deckel entfernen, mit etwas zerlassener Butter begießen. Temperatur auf 180° C herunterschalten. Rebhühner bräunen lassen. Zwischendurch nochmals mit Butter begießen. Rebhühner aus dem Bräter nehmen, in Alufolie einschlagen. Sahne zum Bratensatz geben, aufkochen lassen. Sauce durch ein Haarsieb in den Stieltopf gießen, um ein Drittel einkochen lassen. Mit Pfeffer, Salz und Portwein abschmecken.

**Hirseplätzchen**

250 g Hirse (gibt es im Reformhaus) • 2 Eier • 50 g Haferflocken • Pfeffer • Salz • Muskat • feingeschnittene Petersilie • Mehl • Butterschmalz.

**Zubereitungszeit:** ca. 35 Min.

**Zubereitung:** Hirse unter fließendem Wasser gut abspülen. In reichlich Salzwasser ohne viel umzurühren 25 Min. kochen. Auf ein Sieb geben, erkalten lassen. Eier, Haferflocken, Petersilie unterarbeiten. Teig evtl. mit Mehl andicken, mit Pfeffer, Salz, Muskat würzen. Plätzchen formen, im Fett ausbacken.

**➥ Tip**

Zur Sauce gegebene Sahne schäumt beim Auf- und Einkochen mehrfach hoch. Damit sie nicht überschäumt, den Topf um ein Drittel von der Herdplatte ziehen, so daß auf dem Boden unterschiedliche Temperaturen gegeben sind. Wenn die anfangs großen Schaumblasen klein geworden sind, hat die Sauce die richtige Flüssigkeitsdichte erreicht.

# Mit Rehmus gefülltes *Rebhuhn*

**Zutaten für 4 Personen**

2 küchenfertige Rebhühner • 30 g Butterschmalz • Pfeffer • Salz. *Füllung:* 350 g Rehfilet • Pökelsalz • 1 Ei • 1 Tl Majoran • Muskatnuß • Pfeffer aus der Mühle • Salz • 2 kleingeschnittene Schalotten. • 200 ml trockener Weißwein • 200 ml Sahne • Cognac.

**Beilagen:** Wilder Reis, Brokkoli.

Nährwert pro Portion: ca. 550 kcal = ca. 2.300 kJ.

Hilfsmittel: kleine Pfanne, Küchenmaschine mit Mixmesser, Gebäckspritze mit langer Tülle, Zahnstocher, Küchengarn, Bräter, Alufolie, Haarsieb, Stieltopf, Fettpinsel.

**Zubereitungszeit:** ca. 90 Min. Pökelzeit: ca. 120 Min. Garzeit: ca. 35 Min. bei 220° C.

**Zubereitung:** Rehfilet häuten, in Stücke schneiden, in Pökelsalz wälzen. 2 Stunden einwirken lassen. 15 Min. wässern, abtropfen lassen, pfeffern. In der Pfanne 10 g Butterschmalz erhitzen. Filetstücke kurz anbraten, abkühlen lassen. Backofen auf 220° C vorheizen. Filetstücke mit Ei, geriebener Muskatnuß und Majoran pürieren. Rebhühner unter der Haut (s. S. 125) und innen füllen. Bauchhöhle verschließen (s. S. 158), binden, pfeffern. Im Bräter Butterschmalz erhitzen, Rebhühner einsetzen, mit Bratfett bepinseln. In den Backofen geben. Bräunt die Haut, Wein über die Rebhühner gießen, Schalotten zugeben, Bräter zudecken, 25 Min. garen. Zwischendurch mit Bratensaft begießen. Hühner aus dem Bräter nehmen, in Alufolie einschlagen. Bratensatz mit der Sahne loskochen, durch ein Sieb in den Stieltopf gießen, dickflüssig einkochen. Mit Pfeffer, Salz und Cognac abschmecken. Rebhühner halbieren, in Brüste und Keulen teilen, innere Füllung anlegen.

**➥ Hinweis**

Weist die Brusthaut durch Schrotkörner verursachte Löcher auf, wird die Brust nach dem Füllen mit frischen, ungesalzenen Speckfladen umwickelt. Speck nach 10 Min. Bratzeit entfernen.

**➥ Tip**

Die Füllmasse kann durch im Mixer zerriebenes Toastbrot und etwas Sahne gestreckt werden.

# *Salmi* vom Rebhuhn

**Zutaten für 4 Personen**

3 küchenfertige Rebhühner • 30 g Butterschmalz • frisch gemahlener Pfeffer • Salz • 1 Bund Suppengrün • 1 Zweig Liebstöckel • 1 Lorbeerblatt • 1 Zwiebel • 2 Gewürznelken • 2 Schalotten • 1 gestr. El Mehl • 40 ml Madeira • 100 ml Sahne • Pfeffer aus der Mühle • Salz • Zucker • Zitronensaft.

**Beilagen:** Blätterteiggebäck.

Nährwert pro Portion: ca. 350 kcal = ca. 1.450 kJ.

**Hilfsmittel:** kleiner Bräter, Küchen- oder Geflügelschere, Suppentopf, Haarsieb, Entfettungsgefäß, Stieltopf, Auflaufform.

**Zubereitungszeit:** ca. 110 Min.

**Zubereitung:** Rebhühner waschen und trockentupfen. Pfeffern und salzen. Rebhühner von allen Seiten gut anbraten. Etwas Wasser angießen, bei geschlossenem Deckel und milder Hitze die Rebhühner weich schmoren. Bräter vom Herd nehmen. Hühner erkalten lassen. Brust- und Keulenfleisch ablösen und in Stücke schneiden. Zur Seite legen. Knochen zerkleinern, mit den übrigen Resten in den Suppentopf geben. Suppengrün, mit Nelken und Lorbeerblatt gespickte Zwiebel zulegen und mit warmem Wasser bedecken. Knochen ca. 30 Min. auskochen. Schmorsatz im Bräter erneut erhitzen, feingeschnittene Schalotten anschmoren, Mehl in den Bräter stäuben, glattrühren und bräunen. Madeira zugeben, aufkochen lassen. Brühe entfetten und zugießen. Flüssigkeit auf die Hälfte einkochen. Durch ein Sieb gießen. Erwärmte Sahne zugeben. Zu einer sämigen Sauce einkochen. Mit Pfeffer, Salz, Zucker und Zitronensaft abschmecken. Backofen auf 200° C vorheizen. Das geschnittene Fleisch in eine Auflaufform schichten, Sauce darübergießen, im Backofen erwärmen.

**➥ Tip**

Das Salmi kann noch mit Morcheln oder gehobelten Trüffelscheiben verfeinert werden.

# Rebhuhn mit Steinpilz-Rahmsauce

**Zutaten für 4 Personen**

4 küchenfertige Rebhühner • 50 g Salz • Pfeffer aus der Mühle • 300 g frische Steinpilze (können auch gefrostet oder aus der Dose sein) • 2 feingeschnittene Schalotten • 200 ml Sahne.

**Beilagen:** Scheiben vom Semmelkloß, Mohrrübensalat.

Nährwert pro Portion: ca. 370 kcal = ca. 1.550 kJ.

Hilfsmittel: Schüssel, Bratfolie, Entfettungsgefäß, Stieltopf, Alufolie.

**Zubereitungszeit:** ca. 90 Min. Garzeit in der Folie: ca. 45 Min.

**Zubereitung:** Rebhühner innen und außen mit Salz bestreuen, 15 Min. einwirken lassen, gut abspülen, abtropfen lassen, pfeffern. Backofen auf 220° C vorheizen. Hühner zusammen mit Steinpilzen, Schalotten in die Bratfolie geben. Auf einem Rost mit untergeschobener Fettpfanne in den Ofen setzen. Solange braten, bis die Vögel braun geworden sind (ca. 40 Min.). Hühner aus der Bratfolie nehmen, in Alufolie einschlagen. Flüssigkeit mit den Steinpilzen in den Stieltopf geben, Sahne zugießen und zu einer sämigen Sauce einkochen. Mit Pfeffer und Salz abschmecken. Rebhühner mit der Sauce und den Beilagen servieren.

**➥ Tip**

Werden gefrostete Steinpilze verwendet, dann werden diese gefroren in eine Pfanne mit heißer Butter gegeben und bei geschlossenem Deckel und hoher Hitze aufgetaut. Zwischendurch mehrmals umrühren. Alternativ können sie auch in kochendem Wasser aufgetaut werden. Leicht abgekühlt kommen sie dann mit in die Bratfolie. Grund: Läßt man gefrostete Pilze, insbesondere Steinpilze und Maronen, normal auftauen, verliert ihr Fleisch an Kernigkeit und bekommt einen süßlichen Geschmack.

# Gekochtes Milch-Rebhuhn

**Zutaten für 4 Personen**

4 küchenfertige Rebhühner • 150 g Sellerieknolle • 1 Petersilienwurzel • 1 große Mohrrübe • 1 Gemüsezwiebel • Pimentkörner • Wacholderbeeren • schwarze Pfefferkörner • 1 Zweig Liebstöckel • 1 Stück Ingwerwurzel • 1 l Milch • 80 ml Sahne • Speisestärke • frischer Majoran • frischer Rosmarin.

**Beilagen:** Teigwaren oder Reis.

Nährwert pro Portion: ca. 430 kcal = ca. 1.800 kJ.

Hilfsmittel: Wasserkessel, hoher Suppentopf, Stieltopf, Haarsieb.

**Zubereitungszeit:** ca. 70 Min. Garzeit: ca. 40–45 Min.

**Zubereitung:** Rebhühner innen und außen gründlich waschen. Mit kochendem Wasser überbrühen. Wurzelgemüse in Scheiben schneiden. Milch mit der Sahne vermischen und aufkochen. Rebhühner mit dem Wurzelgemüse in die heiße Milch geben. Gewürze zufügen. Bei mittlerer Hitze ca. 40 Min. garen. Hühner aus dem Topf nehmen und warm stellen. Garflüssigkeit durch ein Haarsieb gießen. Auf die Hälfte einkochen. Mit Speisestärke leicht binden, mit Pfeffer und Salz abschmecken. Vor dem Servieren feingeschnittenen Majoran und Rosmarin zur Sauce geben.

# Rebhuhnschnitten mit Balsamicosauce

**Zutaten für 4 Personen**

4 Rebhuhnbrüste mit Brustbein • 50 ml Olivenöl • Pfeffer aus der Mühle • Salz • 2 feingeschnittene Schalotten • 2 El Schnittlauchröllchen • 1 El feingeschnittenes Basilikum • 1 El feingeschnittene Petersilie • 100 ml Wasser • 20 ml Balsamico • Zucker.

**Beilagen:** Teigwaren, Reis, Zuckerschoten.

Nährwert pro Portion: ca. 350 kcal = ca. 1.450 kJ.

Hilfsmittel: große Pfanne oder Bräter mit Deckel, Stieltopf, Alufolie, Haarsieb.

**Zubereitungszeit:** ca. 50 Min. Garzeit: ca. 10 Min.

**Zubereitung:** Rebhuhnbrüste pfeffern und salzen. In der Pfanne Olivenöl erhitzen, Brüste auf der Fleischseite bei mittlerer Hitze anbraten. Umdrehen, etwas Wasser angießen und 5 Min. dünsten. Brüste in Alufolie einschlagen. Bratensatz mit Wasser loskochen, durch ein Sieb in den Stieltopf gießen. Balsamico zugeben, mit Zucker, Pfeffer und Salz abschmecken, aufkochen. Vor dem Servieren die Kräuter zur Sauce geben. Brustfilets von den Knochen lösen, in Scheiben schneiden, auf dem Teller anrichten und mit der Sauce übergießen.

# Ringeltaube *(Columba palumbus)*
# Türkentaube *(Streptopelia decaocto)*

Die Ringeltaube ist die größte mitteleuropäische Taubenart. Ihren Namen verdankt sie dem weißen, nach vorne offenen Halsring. Im Gegensatz dazu zeigt die körperlich kleinere, aus Südasien in den letzten Jahrzehnten zugewanderte Türkentaube am Hals ein fast schwarzes, wie ein Halbmond aussehendes Nackenband. Während die graublau befiederte, an den Flügeln einen weißen Federstreifen aufweisende Ringeltaube ihren Lebensraum überwiegend in mit Bäumen bestandener Feldflur und lichten Wäldern hat, lebt und brütet die braungrau gefiederte Türkentaube in der Nähe menschlicher Ansiedlungen. Beide Arten haben nichts mit den Stadttauben gemeinsam, bei denen es sich um verwilderte Nachkommen der von der südeuropäischen Felsentaube abstammenden Haustaube handelt.

Paarungszeit ist von Ende März bis Juli. Das zwei Eier aufweisende Gelege – bis zu dreimal in der Brutperiode – wird von beiden, sich äußerlich nicht unterscheidenden Elternteilen bebrütet. Die Jungen schlüpfen nach zweieinhalb Wochen. Vier Wochen später sind sie flugfähig. Die Bejagung der Tauben erfolgt aus gegen Sicht von oben schützender Deckung – Jägerweisheit: Die Taube hat auf jeder Feder ein Auge – an Feldrainen und Waldrändern. Dort, wo die Tauben scharenweise in Korn- und Gemüsefelder einfallen und hohen Schaden verursachen, werden auch Taubenattrappen als Locktauben zur Jagd eingesetzt. Sofort nach dem Erlegen muß der Kropf der Taube entfernt und der Körper ausgeweidet werden, um eine Säuerung des Fleisches mit nachfolgend unangenehmer Geschmacksbeeinflussung zu vermeiden. Rupfen läßt sich die Taube am leichtesten im warmen Zustand. In Deutschland nimmt die Ringeltaube mit inzwischen jährlich zwischen 800.000 und 1.000.000 erlegten Exemplaren Rang eins unter dem Federwild ein. In Österreich liegen die Strecken zwischen 20.000 und 25.000 Stück pro Jahr, während die Taubenjagd in der Schweiz praktisch ohne Bedeutung ist. Im Handel sind Wildtauben nur selten erhältlich. Die in Restaurants angebotenen Wildtauben stammen meist aus Revieren in der Umgebung, die auch Bezugsquellen für Privathaushalte sind.

**Ringeltaube küchenfertig:** 300–450 g (Türkentaube: 200–250 g).

**Tiefkühllagerung:** bis zu 8 Monaten, danach Ranzigwerden des Fettes.

| | |
|---|---|
| Hauptjagdzeit: | (Achtung: regional stark unterschiedlich)<br>November – Februar, zur Schadensabwehr auf den Feldern auch im Sommer und Frühjahr. |
| Altersmerkmale: | Junge Ringeltauben ohne weißen Halsring |
| Qualitätsmerkmale: | Fleisch von graublauer Farbe, zarter Struktur, sehr aromatisch. |
| Zubereitungsempfehlung: | Ganz oder in Teilstücken (Brustfilets 70 Prozent am Gesamtfleischanteil), versehen mit aromatischen Füllungen, braten oder schmoren.<br>Flügel, Keulen, Knochen für Suppe verwenden. |

Weingut Sander
1988er
Mettenheimer Michelsberg
Weißer Burgunder
Auslese
TROCKEN
Herbes
de
Provenc

# Wildtaubenbrust mit Forellenmus gefüllt

(Foto vorige Seite)

**Zutaten für 4 Personen**

4 Wildtauben • 1 frische Forelle (à 350 g) • 100 ml Sahne • 1 Tl gemahlene Kräuter der Provence • 1 angeschlagenes Eiweiß • Pfeffer aus der Mühle • Salz • 4 Speckfladen. *Sauce:* Wildbret und Knochen der Wildtauben • frisch gemahlener Pfeffer • Salz • 20 g Butterschmalz • 4 kleine Zwiebeln mit Zwiebelblättern (Schlotten) • 80 ml trockener Weißwein • 60 ml Sahne • gemahlene Kräuter der Provence • 50 g kalte Butter in Stücken.

**Beilagen:** Mit Basilikum vermischter Reis, Rapunzel- oder Chicoréesalat.

Nährwert pro Portion: ca. 450 kcal = ca. 1.900 kJ.

Hilfsmittel: großer und kleiner Bratentopf mit Deckel, Stieltopf, Küchensieb, Haarsieb, Küchenmaschine mit Mixmesser, Passiersieb (feinste Scheibe), Schüssel, Gebäckspritze mit langer Tülle, Küchen- oder Geflügelschere, Stabmixer, Küchengarn.

**Zubereitungszeit:** ca. 110 Min. Garzeit: Brühe ca. 50 Min., Brüste ca. 30–35 Min.

**Zubereitung:** Vom Rücken her mit der Haut die Taubenbrüste auslösen. Kleine, in der Farbe hellere Brustfilets ablösen und beiseite legen.

**Forelle:** Kopf und Schwanzflosse abschneiden. Entlang des Rückgrates halbieren und filetieren. Sichtbare und fühlbare Gräten herausziehen. Fleisch mit dem Messer von der Haut schaben, im Mixer pürieren. 40 ml Sahne zugeben, durchmixen. Forellenmus durch Passiersieb streichen, kühlen. Ins Mus restliche Sahne und Eiweiß einarbeiten, mit Pfeffer leicht übermahlen. Kräuter der Provence, etwas Salz zufügen. Mus durchrühren, 20 Min. kühlen. Mus in die Gebäckspritze füllen.

Backofen auf 200° C vorheizen. Zwiebelblätter abschneiden, beiseite legen.

In die großen Brustfilets jeweils eine Tasche schneiden und mit dem Forellenmus füllen. Zwischen die Filets weiteres Forellenmus geben, Filets übereinanderlegen. Mit Pfeffer und gemahlenen Kräutern der Provence würzen. Kleine Brustfilets von der Seite so anlegen, daß ein Austreten der Füllmasse verhindert wird. Filets in Speckfladen einschlagen, mit Küchengarn binden.

In großen Bratentopf setzen, in den Backofen geben. 30 Min. braten. Vor dem Servieren Speck entfernen. Restliches Forellenmus in die Zwiebelblätter (Schlotten) füllen. Diese in siedendem Wasser 2–3 Min. garen, in 2–3 cm große Stücke schneiden, auf dem Teller mit anrichten.

**Sauce:** Verbliebene Taubenkörper mit der Küchenschere zerkleinern, pfeffern und salzen. Im Bratentopf Butterschmalz erhitzen, Taubenstücke kräftig anbraten. Kleingeschnittene Zwiebeln zufügen, kurz mitbraten. Bratensatz mit Weißwein ablöschen, aufkochen lassen und soviel Wasser zufügen, daß alles gut bedeckt ist. Bei mittlerer Hitze ca. 40 Min. kochen lassen. Brühe durch ein Haarsieb in einen Stieltopf gießen, auf die Hälfte einkochen. Sahne und Gewürz zufügen und auf die benötigte Flüssigkeitsmenge einkochen. Mit Pfeffer und Salz abschmecken. Kurz vor dem Servieren kalte Butter zufügen, Sauce mit dem Stabmixer schaumig schlagen.

# Gebratene Wildtaube

## mit Curry-Rahmsauce

**Zutaten für 4 Personen**

4 küchenfertige Wildtauben • 50 g Sellerieknolle • 50 g Porree • 50 g Mohrrübe • 50 g Petersilienwurzel • 50 ml Pflanzenöl • 300 ml Wasser • Pfeffer aus der Mühle • Salz. *Sauce:* 1 Fleischtomate • 200 ml Sahne • Curry • Pfeffer • Salz.

**Beilagen:** Wilder Reis, Salat.

Nährwert pro Portion: ca. 460 kcal = ca. 1.900 kJ.

Hilfsmittel: Bräter mit Deckel, Stieltopf, Schüssel, Zahnstocher, Küchengarn, Fettpinsel, Alufolie.

**Zubereitungszeit:** ca. 80 Min. Garzeit: ca. 60 Min. bei 200° C.

**Zubereitung:** Wurzelgemüse klein schneiden und mischen. Wildtauben damit füllen. Bauchöffnung mit Zahnstochern und Küchengarn (s. S. 158) verschließen. Flügel und Schenkel mit Küchengarn binden. Tauben pfeffern und salzen. Backofen auf 200° C vorheizen. Im Bräter 30 ml Pflanzenöl erhitzen. Tauben zuerst auf den Seiten, dann auf dem Rücken und der Brust anbraten. Auf den Rücken setzen. 300 ml Wasser angießen. Bräter mit geschlossenem Decke in den Backofen setzen.
Nach 30 Min. Deckel entfernen. Vögel mit Öl bepinseln. Weitere 30 Min. braten. Zwischendurch mit Öl bepinseln.
Tauben aus dem Bräter nehmen, in Alufolie einschlagen. Tomate in Stücke schneiden, zum Bratensatz geben und anbraten.
Sahne zugießen, Flüssigkeit um ein Drittel einkochen. Sauce durch ein Sieb in den Stieltopf gießen, mit Curry, Pfeffer und Salz abschmecken. Tauben halbieren, Wurzelgemüse entfernen. Mit der Sauce und den Beilagen servieren.

# Gespickte Taubenbrüste

## mit Linsengemüse

**Zutaten für 4 Personen**

4 küchenfertige Wildtauben • 40 g frischer Speck • Pfeffer aus der Mühle • Salz • 30 g Butterschmalz • 1 Bund Suppengrün • 8–10 Pfefferkörner • 1 Zwiebel • Salz. *Linsengemüse:* 100 g Linsen • 1 feingeschnittene Zwiebel • 250 ml Taubenbrühe • 2 El Zwiebelblattröllchen • 20 g Butterschmalz • 50 g gewürfelter Frühstücksspeck. *Sauce:* 20 g Butter • 2 Frühlingszwiebeln ohne Blatt • 50 ml trockener Weißwein • 250 ml Taubenbrühe • 40 ml Sahne • Pfeffer aus der Mühle • Salz • Zitronensaft • Speisestärke.

**Beilage:** Pellkartoffeln.

Nährwert pro Portion: ca. 580 kcal = ca. 2.400 kJ.

Hilfsmittel: Bratentopf, Schnellkochtopf, Haarsieb, Schüsseln, Haushalts- oder Geflügelschere.

**Zubereitungszeit:** ca. 170 Min.

**Zubereitung:** Taubenbrüste auslösen, mit Speckstreifen spicken, pfeffern und salzen, beiseite stellen. Taubenkörper zerkleinern, pfeffern und salzen. Im Bratentopf 30 g Butterschmalz erhitzen, Knochen und Fleisch anbraten. In den Schnellkochtopf geben. Suppengrün, Pfefferkörner, halbierte Zwiebel zufügen. Mit Wasser bedecken, bei Stufe II 20 Min. kochen. Brühe durch ein Sieb in eine Schüssel gießen, beiseite stellen.

**Linsen:** Ca. 2 Stunden im Wasser einweichen, abtropfen lassen. Im Schnellkochtopf mit Taubenbrühe ansetzen, 15 Min. bei Stufe I garen. Butterschmalz im Bratentopf erhitzen. Frühstücksspeck und feingeschnittene Zwiebel zugeben, glasig werden lassen. Durch ein Haarsieb gießen, Fett auffangen. Speck- und Zwiebelstücke mit den Zwiebelblattröllchen unter die Linsen mischen, mit Pfeffer und Salz abschmecken.

**Sauce:** Im Stieltopf Butter zerlassen. Geschnittene Frühlingszwiebeln zugeben, andünsten. Mit Wein ablöschen, Brühe zugießen, aufkochen. Sahne zufügen, nochmals aufkochen. Mit Speisestärke binden, mit Pfeffer, Salz und Zitronensaft abschmecken. Speckfett im Bratentopf erhitzen. Taubenbrüste darin ca. 5 Min. braten. 60 ml Taubenbrühe zugießen, Deckel aufsetzen, 5 Min. garen. Brüste in Scheiben schneiden, mit den Linsen anrichten.

# *Wildtaubenbrüste* im Nudelteig

**Zutaten für 4 Personen**

4 küchenfertige Wildtauben • 30 ml Olivenöl • 1 Knoblauchzehe • Thymian • Pfeffer • Salz • 1 Bund Suppengrün • Pfefferkörner • 1 Zwiebel • 12 Lasagne-Teigscheiben • 2 Eigelb. *Füllung:* 300 g entrindetes Weißbrot • 3 Tl Dill • 3 El Petersilie • 1 Zwiebel (alles feingeschnitten) • 5 Eigelb • 60 ml Sahne • Pfeffer • Salz. *Sauce:* 20 g Butter • 1 Schalotte • 1 El geschnittene Dillstengel • 20 ml Weißwein • 200 ml Taubenbrühe • 100 ml Sahne • Speisestärke • feingeschnittener Dill • Pfeffer • Salz.

**Beilage:** Salat der Saison.

Nährwert pro Portion: ca. 900 kcal = ca. 3.750 kJ.

Hilfsmittel: Schnellkochtopf, Topf, Stieltopf, Bratentopf, Auflaufform, Küchensieb, Haarsieb, Küchenmaschine mit Mixmesser, Fettpinsel.

**Zubereitungszeit:** ca. 80 Min.

**Zubereitung:** Taubenbrüste auslösen, mit Thymian, Pfeffer, Salz würzen. Taubenkörper halbieren, mit Suppengrün, Zwiebel, Pfefferkörnern im Schnellkochtopf (Stufe II 15 Min., normaler Kochtopf 50 Min.) Brühe kochen. Durchsieben, auf 200 ml einkochen. Fleisch ablösen, klein schneiden, beiseite stellen. Im Bratentopf Olivenöl mit Knoblauch erhitzen. Knoblauch herausnehmen, aufheben. Taubenbrüste im Fett ca. 6–8 Min. braten, erkalten lassen. Lasagnescheiben 8 Min. kochen, im kalten Wasser abkühlen, abtropfen lassen. Backofen auf 200° C vorheizen.

**Füllung:** Weißbrot im Mixer zerreiben, mit Kräutern, zerdrückter Knoblauchzehe, Eigelb durchmixen, pfeffern und salzen. Hälfte der Masse mit Taubenfleisch vermischen.
Auflaufform mit Olivenöl einstreichen. Auf 8 Lasagnescheiben Füllmasse ohne Taubenfleisch auftragen, je 1 Brustfilet aufsetzen, mit gleicher Masse bedecken. Ränder mit Eigelb bestreichen, einschlagen. In restliche Lasagnescheiben mit Taubenfleisch vermischte Masse einschlagen. Alles in Auflaufform setzen, mit Olivenöl einpinseln. Im Backofen 10–15 Min. braten.

**Sauce:** Im Stieltopf Butter erhitzen, geschnittene Schalotte und Dillstengel andünsten. Weißwein zugießen, einkochen. Taubenbrühe und Sahne zugeben, um ein Drittel einkochen, durch Sieb gießen, aufkochen, mit Speisestärke binden. Pfeffern, salzen, mit Dill bestreuen.

# Wildtaubenragout auf Kartoffelpuffern

**Zutaten für 4 Personen**

4 küchenfertige Wildtauben • Pfeffer aus der Mühle • Salz • 20 g Butterschmalz • 1 feingewiegte Zwiebel • 30 ml Estragonessig • 150 ml Taubenbrühe • 100 ml Sahne • 2 El gehackte Kräuter (Kerbel, Petersilie, Estragon) • Zitronensaft • Worcestershiresauce. *Kartoffelpuffer:* 700 g rohe, geriebene Kartoffeln • 1 Zwiebel • 1 Ei • 3 El Semmelbrösel • 60 ml Pflanzenöl • Salz • 1 Glas/Dose Aprikosen • 1 El Honig • Zitronensaft.

**Beilage:** Salat der Saison.

Nährwert pro Portion: ca. 750 kcal = ca. 3.100 kJ.

Hilfsmittel: Topf, Bratpfanne mit Deckel, Stieltopf.

**Zubereitungszeit:** ca. 90 Min.

**Zubereitung:** Wildtaubenfleisch von den Knochen lösen, in Streifen schneiden, pfeffern und salzen. Aus den Knochen eine Brühe kochen, auf die benötigte Menge einkochen. In der Pfanne Butterschmalz erhitzen, Ragout goldbraun anbraten, feingewiegte Zwiebel zugeben, glasig werden lassen. Estragonessig angießen, einkochen. Brühe zufügen, Ragout bei geschlossenem Deckel ca. 8 Min. garen. Flüssigkeit einkochen lassen, Sahne zufügen, gehackte Kräuter untermischen. Ragout mit Zitronensaft, einigen Tropfen Worcestershiresauce, Pfeffer und Salz abschmecken, in einen Topf geben, warm halten. 250 ml Saft aus der Aprikosendose mit Honig und Saft einer halben Zitrone im Stieltopf erhitzen, Aprikosen darin erwärmen.

**Kartoffelpuffer:** Aus geriebenen Kartoffeln, Zwiebel, Ei und Semmelbröseln Teig herstellen, salzen. In der Pfanne Öl erhitzen, handtellergroße Kartoffelpuffer ausbacken, Taubenragout darauf anrichten, Aprikosenhälften beifügen.

# Wildtauben-Mousse

**Zutaten für 1,5 l Terrinenform bzw. mehrere kleine Formen**

400 g abgekochtes, verlesenes Fleisch von der Wildtaube • 1.500 ml kalte Wildtaubenbrühe • 100 ml weißer Portwein • 50 g Gelatinepulver. *Weiße Sauce:* 15 g Butter • 1 EL Mehl • 100 ml trockener Weißwein • 200 ml von der Taubenbrühe. *Sonstiges:* 10 g Gelatinepulver • 100 ml von der gelierenden Taubenbrühe • 150 ml Sahne • Pfeffer • Salz.

**Beilage:** Sauce aus mit Portwein pürierten Aprikosen, Baguette.

Nährwert: pro 100 g: ca. 130 kcal = ca. 545 kJ.

Hilfsmittel: 1,5 l Terrinenform oder mehrere kleine Formen, großes Behältnis mit gestoßenem Eis, mittelgroßer Topf, Stieltopf, Schaumlöffel, Handmixer, Schüsseln, Küchenmaschine mit Schneidmesseraufsatz, feinmaschiges Passiersieb, Spatel.

**Zubereitungszeit:** ca. 80 Min. ohne Abkochen der Tauben.

**Zubereitung:** Gelatinepulver in 500 ml Wildtaubenbrühe quellen lassen. In den Topf geben, restliche Wildtaubenbrühe und Portwein zugießen und erwärmen, bis die Gelatine sich aufgelöst hat. Terrinenform in das Behältnis mit Eis so setzen, daß dieses bis an den Rand reicht. Gelierende Wildtaubenbrühe bis zum Rand eingießen. Wenn die Flüssigkeit am Boden und an den Wänden geliert, Brühe zurückgießen. Vorgang wiederholen, bis sich eine ca. 4 mm dicke Geleeschicht gebildet hat. Terrinenform kalt halten.

**Weiße Sauce:** Im Stieltopf Butter schmelzen, Mehl zufügen und glatt rühren. Weißwein und Taubenbrühe zufügen und langsam erhitzen. Schaum abschöpfen. Bei mittlerer Hitze auf die Hälfte einkochen und abkühlen lassen.

Sahne steif schlagen. 10 g Gelatinepulver in der gelierenden Taubenbrühe quellen lassen und erwärmen, bis sie sich aufgelöst hat. Flüssigkeit in den Schneidmesseraufsatz geben, Fleisch und weiße Sauce zufügen und alles pürieren. Masse durch das Sieb streichen. Mit Pfeffer und Salz kräftig abschmecken. Ein Drittel der Sahne in das Mousse mit dem Handmixer einarbeiten, Restsahne unter die Masse ziehen. Mousse in die vorbereitete Form füllen, erkalten lassen, mit gelierender Taubenbrühe abdecken. 12 Stunden kühl stellen. Zum Stürzen Form kurz in warmes Wasser tauchen.

**➥ Tip**

In die gelierende Taubenbrühe und in das Mousse fein geschnittene krause Petersilie geben.

**➥ Hinweis**

Das Tauben-Mousse wird als Vorspeise gereicht oder mit Baguette als kleine Mahlzeit serviert.

# Wildtaube würzig gefüllt

**Zutaten für 4 Personen**

2 küchenfertige Wildtauben • 2 Fladen Räucherspeck. *Füllung:* 100 g entrindetes Weißbrot • 70 g gewürfelte Wildsalami (oder normale Salami) • 25 g gewürfelte Delikateßgurke • 80 ml Sahne • 2 Eigelb • 2 Tl geschnittene Petersilie • Salz • Pfeffer aus der Mühle • 4 Scheiben Salami (5 mm dick). *Sauce:* 15 g Butter • 2 geschnittene Schalotten • 1 El Mehl • 200 ml Wildtauben- oder Geflügelbrühe • Pfeffer und Salz • 1 El Schnittlauchröllchen.

**Beilagen:** Polenta, mit Speckwürfeln aromatisiertes Weißkraut.

Nährwert pro Portion: ca. 450 kcal = ca. 1.900 kJ.

Hilfsmittel: Küchenmaschine mit Mixmesser, Schüssel, Bratentopf, Stieltopf.

**Zubereitungszeit:** ca. 70 Min. Garzeit: ca. 40–45 Min.

**Zubereitung: Füllung:** Weißbrot im Mixer zerreiben, in eine Schüssel geben. Sahne, Gurkenstücke, Salami, Eigelb, Petersilie, Salz, Pfeffer zufügen, durchmengen. Backofen auf 200° C vorheizen. Tauben mit der Füllung füllen, Bauchhöhle verschließen (s. S. 158). Unter die Brusthaut über jedes Brustfilet eine Scheibe Salami schieben.

Tauben pfeffern, mit Speckfladen umwickeln, in Bratentopf setzen, in den Backofen geben. 40 Min. braten. Nach 15 Min. Speck entfernen. Etwas heißes Wasser in den Bratentopf geben.

**Sauce:** Butter im Stieltopf erhitzen, Schalotten darin andünsten. Mit Mehl bestäuben, glattrühren. Brühe zugießen, aufkochen lassen. Mit Pfeffer und Salz abschmecken. Vor dem Servieren Schnittlauchröllchen zugeben.

# Salat von der *Wildtaubenbrust*

**Zutaten für 4 Personen**

4 Brustfilets ohne Haut • 10 mittelgroße Champignonköpfe • 25 g Butterschmalz • Zitronensaft • Pfeffer • Salz. *Salatsauce:* 40 ml Olivenöl • 20 ml Balsamico-Essig • 2 feingeschnittene Schalotten • 1 El Schnittlauchröllchen • 1 kleine zerdrückte Knoblauchzehe • Zucker • Salz • Pfeffer aus der Mühle • Salatblätter.

**Beilagen:** Toast, Salat.

Nährwert pro Portion: ca. 220 kcal = ca. 940 kJ.

Hilfsmittel: Bratpfanne, Schüssel, Alufolie.

**Zubereitungszeit:** ca. 30 Min.

**Zubereitung:** Taubenbrüste pfeffern, salzen. In der Pfanne Butterschmalz erhitzen. Filets ca. 10 Min. braten. In Alufolie einschlagen, erkalten lassen. Champignonköpfe häuten, in dünne Scheiben schneiden, mit Zitronensaft beträufeln.

**Salatsauce:** Aus Öl, Essig, Schalotten, Schnittlauch eine Sauce anrühren, mit Zucker, Pfeffer und Salz abschmecken. Brustfilets in Streifen schneiden, mit Champignonscheiben auf einem Salatbett anrichten, mit der Sauce übergießen.

# *Taubenbrüste* im Wirsingblatt

**Zutaten für 4 Personen**

8 ausgelöste Brüste von der Wildtaube • je 8 dünne Scheiben feiner Frühstückspeck (Bacon) und frischer (grüner) Speck • 8–16 Blätter vom Wirsing (je nach Größe) • Pfeffer aus der Mühle • Salz. *Sauce:* 30 g in feine Würfel geschnittener, geräucherter Speck • 1 kleingeschnittene Zwiebel • 250 ml Taubenbrühe (gekocht mit Suppengrün aus den Taubenresten) • 1 Tl Kümmel • Kartoffelmehl • frisch gemahlener Pfeffer • Salz.

**Beilagen:** Salzkartoffeln, Wirsinggemüse.

Nährwert pro Portion: ca. 500 kcal = ca. 2.100 kJ.

Hilfsmittel: großer Suppentopf mit Deckel, Schaumlöffel, Küchensieb, Stieltopf, Leinentuch, Alufolie.

**Zubereitungszeit:** ca. 90 Min. Garzeit: ca. 45 Min.

**Zubereitung:** Aus den Wirsingblättern den Strunk herausschneiden. Je 3–4 Blätter in siedendem Wasser 2–3 Min. überbrühen. Mit dem Schaumlöffel herausnehmen, auf ein Sieb geben und kalt abspülen. Taubenbrüste pfeffern und salzen. Jedes Brustfilet erst in einen Streifen Frühstückspeck, dann in eine Scheibe grünen Speck einschlagen. Anschließend mit 1–2 Wirsingblättern ummanteln und in ein Stück Leinentuch geben. Dieses so zusammendrehen, daß der sich im Wirsingblatt befindende Saft ausläuft und das Blatt fest am Filet anliegt. Filets dann fest in ein Stück Alufolie einschlagen. In siedendem Wasser garen. Vor dem Servieren die Alufolie entfernen.

**Sauce:** Im Stieltopf Speckwürfel ausbraten. Im Speckfett die Zwiebel glasig andünsten. Taubenbrühe angießen, den Kümmel zugeben und aufkochen. Mit Kartoffelmehl leicht binden. Mit Pfeffer und Salz abschmecken.

# Wild-Gemüse-Eintopf

**Zutaten für 4 Personen**

Je 250–300 g gebratenes Wildbret von Haarwild und Federwild • je 350 g Mohrrübe, Steckrübe, Stängel von der Staudensellerie und Rosenkohl • 1 mittelgroße Zwiebel • 30 g Butter • 1.000 ml Wildbrühe • 1 Tl frisch geriebene Ingwerwurzel • 2 Kartoffeln • Pfeffer aus der Mühle • Salz.

**Beilage:** Baguette.

Nährwert pro Portion: ca. 350 kcal = ca. 1.460 kJ.

Hilfsmittel: Kartoffelschäler, Schüsseln, Bratentopf, Kartoffelreibe.

**Zubereitungszeit:** ca. 90 Min. Garzeit: ca. 25 Min.

**Zubereitung:** Wildbret in Stücke schneiden. Mohrrübe und Steckrübe schälen. Mohrrübe schräg in Scheiben, Steckrübe in ca. 10 mm dicke Streifen schneiden. Stengel der Staudensellerie waschen, entfädeln und in ca. 5 cm große Stücke schneiden. Rosenkohl putzen, am Stielende kreuzweise einschneiden. Zwiebel schälen und klein schneiden. Im Bratentopf die Butter erhitzen, darin die Mohrrüben-, Steckrüben- und Zwiebelstücke anschwitzen. Die Hälfte der Wildbrühe angießen und aufkochen lassen. Nach 5 Min. Garzeit den Rosenkohl, die Staudensellerie und die restliche Wildbrühe zufügen. Aufkochen lassen und bei mittlerer Hitze garen. Kartoffeln schälen und in das Gemüse reiben. Geriebene Ingwerwurzel zufügen. Mit Pfeffer und Salz kräftig abschmecken Wildbret in den Eintopf geben und erwärmen.

**➥ Hinweis**

Dieses Gericht eignet sich vorzüglich zur Verwertung von Bratenresten, wobei die Kombination des Wildbrets von Schalen- und Federwild ihm eine besondere geschmackliche Note vermittelt.

**➥ Tip**

Damit der Rosenkohl und die Staudensellerie ihre frische grüne Farbe behalten, werden sie vorab in siedendem Wasser, dem 1 Tl Natron zugesetzt wurde, ca. 1 Min. blanchiert. Anschließend gibt man sie in kaltes Wasser und läßt sie nachfolgend auf einem Sieb abtropfen.

# Wildgans *(Anser Branta)*
# Wildente *(Anas)*

Die Graugans *(Anser anser)* als größte unter den Wildgänsen und Urahn unserer Hausgans sowie die kleinere Saatgans *(Anser fabalis)* zählen zu den in der mitteleuropäischen Wildküche am meisten genutzten Arten. Beide sind Süßwasserbewohner. Im Herbst ziehen Wildgänse zu Tausenden nach Westen und Süden, unter ihnen auch Arten, deren Lebensraum die Meeresküsten sind. Deren besonderes Merkmal ist ein schwarzer Hals, deswegen auch mit dem Gattungsnamen *„Branta"* belegt. Gänse leben paarweise zusammen. Während die Gans das Brutgeschäft – 5 bis 8 Eier werden rund 30 Tage bebrütet – alleine durchführt, beteiligt sich der Ganter (gleiches Aussehen wie die Gans) auch an der Aufzucht der Jungen, die nach ca. 16–18 Wochen erwachsen sind. Bis zur nächsten Brut leben Gänsepaare in großen Sozialverbänden zusammen. Gänse können bis zu 25 Jahre alt werden und mehr Flugstunden zurücklegen als ein moderner Düsenjet. Die Bejagung erfolgt aus guter Deckung morgens und abends beim Ab- und Anflug vom und zum Wasser, am Tag beim Anflug auf die Saatfelder.

Häufigste Entenart in Mitteleuropa ist die ans Süßwasser gebundene Stockente *(Anas platyrhynchos)*. Weniger verbreitet sind die kleineren, überaus wohlschmeckenden Krickenten *(Anas crecca)* und Knäkenten *(Anas querquedula)*. Wie bei den Gänsen gibt es auch bei den Enten Arten, deren Lebensraum die Meeresküsten sind. Unterschieden werden Enten, bei denen die Erpel ein farbenprächtiges Federkleid tragen, nach ihrem Schwimmverhalten in Tauch- und Schwimmenten (Pürzel im bzw. über dem Wasser). In der Paarungszeit, auch danach, leben Enten oft in Einehe. Das Brut- und Aufzuchtgeschäft (je nach Art 4–12 Eier, 21–32 Bruttage) besorgt die Ente. Nach 7–10 Wochen sind die Jungen flugfähig.

In Deutschland werden jährlich einige Tausend Wildgänse und zwischen 500.000 und 600.000 Wildenten (fast ausschließlich Stockenten), in Österreich mehrere Hundert Wildgänse und um die 80.000 Wildenten erlegt. In der Schweiz haben beide Federwildarten keine jagdliche Bedeutung. Ein großer Teil der im Handel und in der Gastronomie angebotenen Wildgänse und -enten stammt aus kommerziellen Aufzuchtbetrieben.

**Graugans küchenfertig:** je nach Alter bis 3.500 g.

**Stockente küchenfertig:** je nach Alter 650–900 g.

**Tiefkühllagerung:** bis zu 6 Monaten, danach Ranzigwerden des Fettes.

| | |
|---|---|
| Hauptjagdzeit: | (Achtung: regional stark unterschiedlich)<br>Gänse: August – Januar; Enten: September – Januar |
| Altersmerkmale: | Gänse: Erste Monate grau-grüne, danach gelb-orangefarbene Schwimmhäute.<br>Enten: Bis zu einem Jahr orange-gelbe, danach orange-rote Schwimmhäute. |
| Qualitätsmerkmale: | Gänse: Grau- und Saatgans: dunkelrotes, saftiges, hocharomatisches Fleisch. Meeresgänse: Im Fett teilweise tranig schmeckend.<br>Enten: dunkelrotes Fleisch, bläulich schimmernde Haut, saftig und aromatisch. Meeresenten: Im Fett teilweise tranig schmeckend. |
| Zubereitungsempfehlung: | Gänse und Enten vorkochen, vom Sud bedeckt erkalten lassen, dann braten, oder vordämpfen und braten. |

# Ausbeinen und Füllen einer Wildente

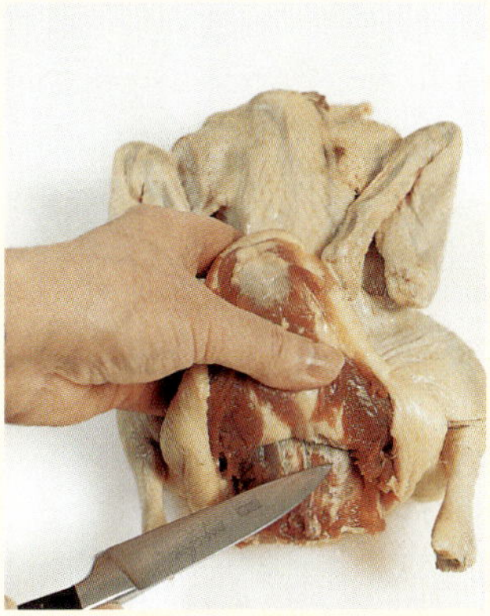

*1. Pürzel nach oben drücken und Fleisch vom Darmbein lösen.*

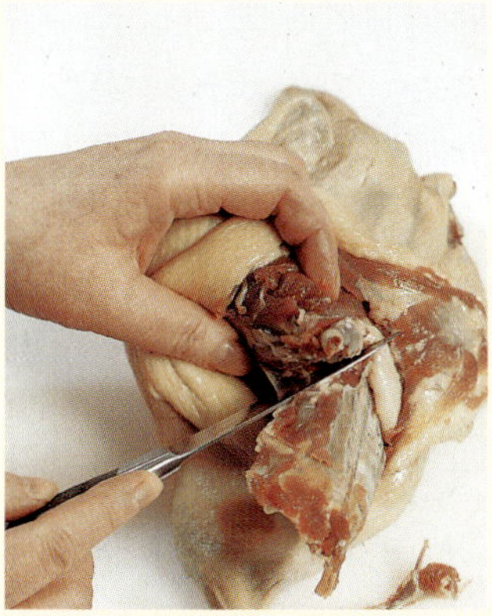

*2. Oberschenkel der Keulen im Gelenk vom Sitzbein abtrennen.*

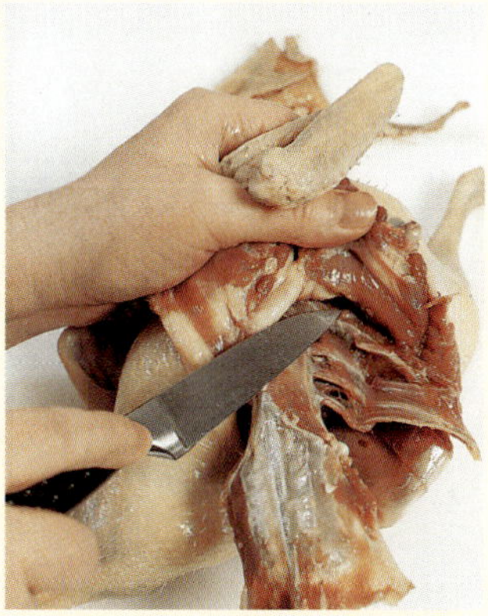

*3. Fleisch nach vorne schieben und an den Rippen schabend ablösen.*

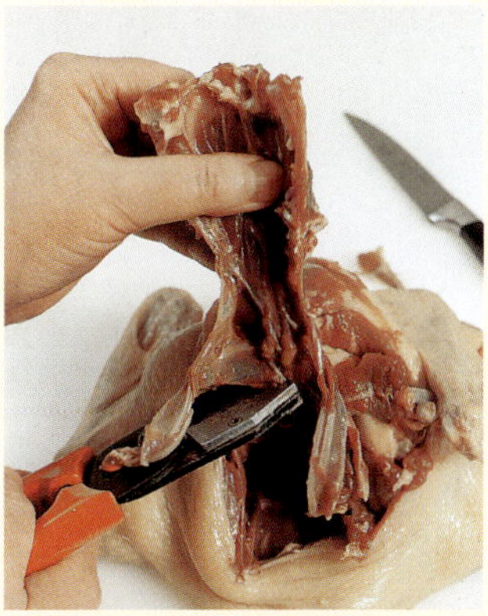

*4. Sitzbein mit einer Küchenschere (-zange) in Rippenhöhe abtrennen.*

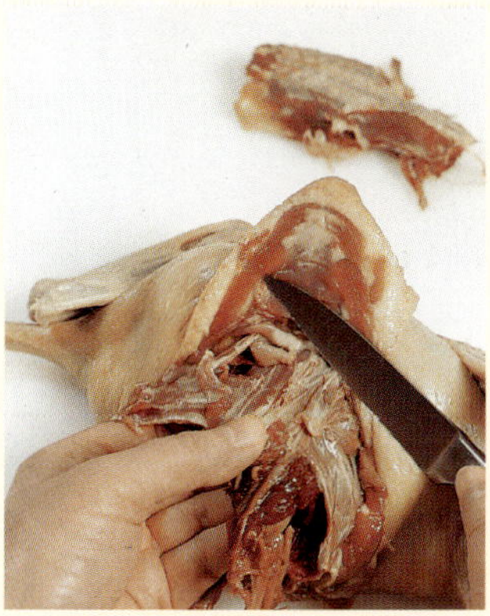

*5. Am Brustwirbel (Rücken) Fleisch bis zum Schulterblatt ablösen.*

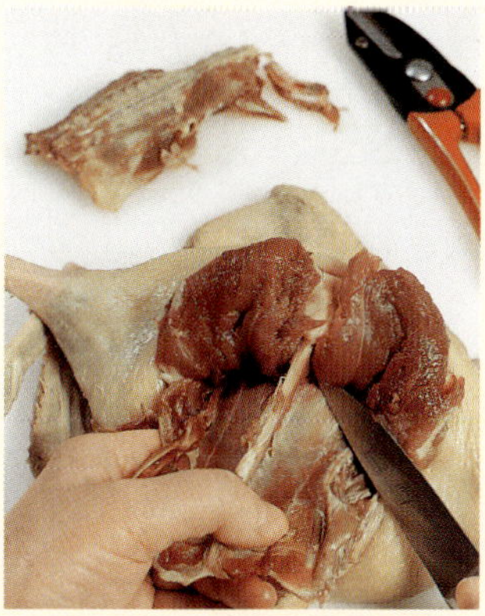

*6. Ente umdrehen, am Brustbein die Filets nach vorne abschieben.*

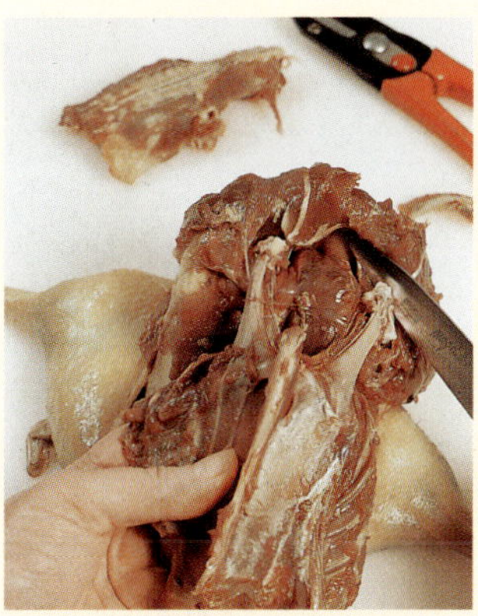

*7. Brust- und Rabenschnabelbein bis zu den Gelenken freilegen.*

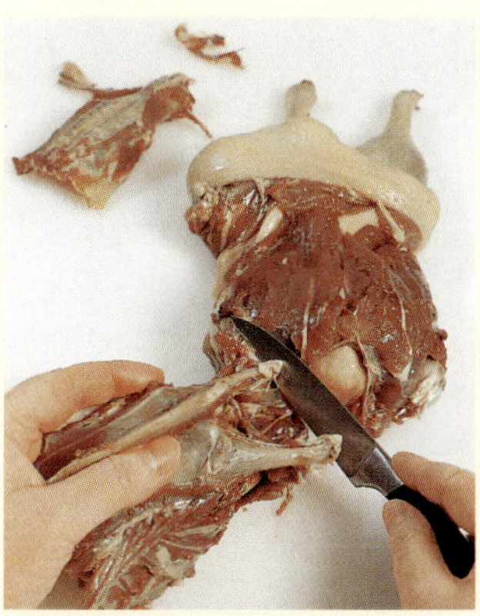

*8. Brust- und Rabenschnabelbein von den Oberarmbeinen trennen.*

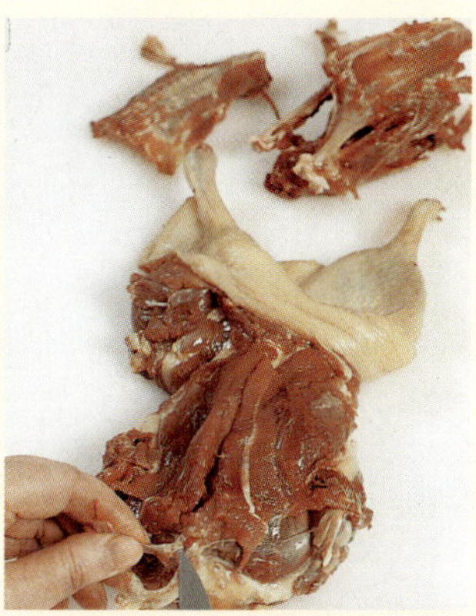

*9. Gabelbein durch Abschaben des Fleisches freilegen und auslösen.*

# Ausbeinen und Füllen einer Wildente

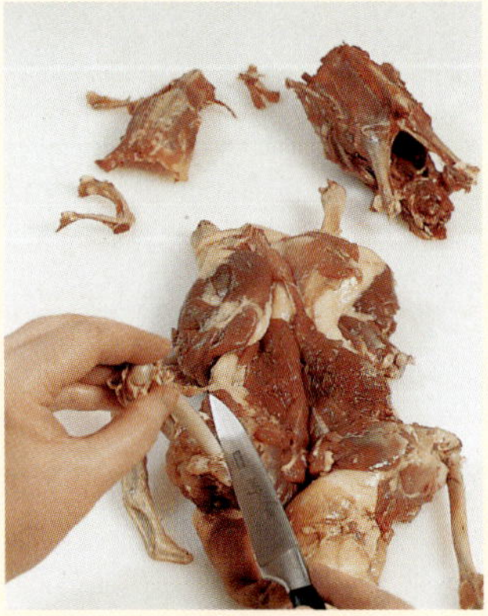

*10. Am Oberarmbein Fleisch rundum abschaben, Knochen herauslösen.*

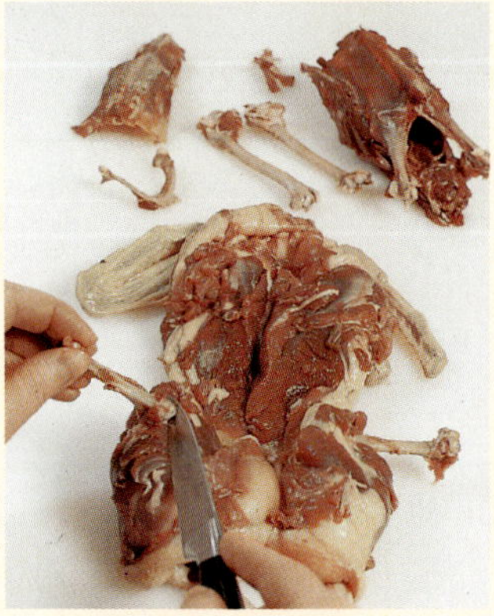

*11. Oberschenkelknochen rundum freischaben, aus der Keule lösen.*

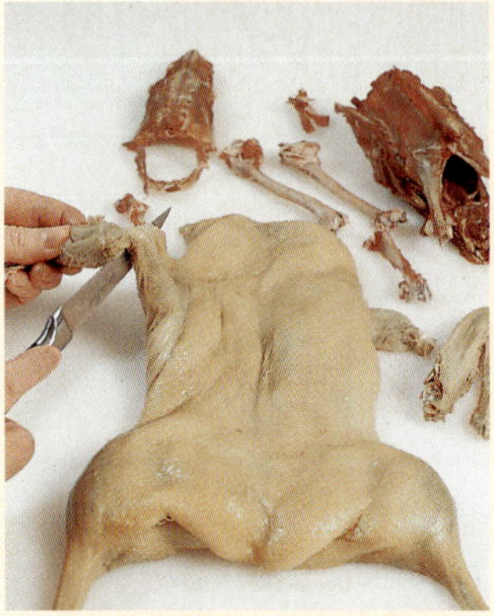

*12. Äußere Flügelteile (Speiche und Elle) vom Körper abschneiden.*

*13. Füllmasse, Küchengarn, Zahnstocher und entbeinte Wildente.*

*14. Füllmasse mit Löffel in die Ente geben, mit Fingern nachstopfen.*

*15. Über quergesteckte Zahnstocher Ente mit Küchengarn schließen.*

Auf die gleiche Art und Weise, wie bei der Wildente dargestellt, wird auch anderes Federwild ausgebeint. Wesentlich ist ein kleines, spitzes und scharfes Messer, mit dem sich die Trennschnitte gut durchführen lassen. Das wie ein Strumpf umgestülpte Fleisch wird vom Knochengerüst mehr abgeschabt als abgeschnitten. Dies gilt besonders für das Freilegen und Auslösen der Oberarmbeinknochen in den Flügeln und der Oberschenkelknochen in den Keulen. In letzteren beläßt man den Unterschenkelknochen im Fleisch. Sichtbare Sehnen werden freigeschabt und abgetrennt. Die Technik beim Verschließen der gefüllten Wildente entspricht der, wie sie beim Verschnüren von mit Haken versehenen Schuhen gebräuchlich ist. Mit dem Herausziehen der Zahnstocher fällt die Schnur automatisch ab.

**Anmerkung des Autors zur gezeigten Wildente**
Es ist eine aus einer Zuchtfarm stammende Wildente. Sie ist wesentlich fetter als die Vögel aus freier Wildbahn und gleicht im Erscheinungsbild fast einer Hausente.

# *Wildente* mit Gemüsefüllung

(Foto vorige Seite)

**Zutaten für 4 Personen**

1 küchenfertige Wildente (ca. 750 g) • Wurzelgemüse (Porree, Sellerie, Mohrrübe, Petersilie, Zwiebel). *Füllung:* 200 g gehobelter Weißkohl • 1 Mohrrübe • 80 g Rosinen • 200 ml halbtrokkener Weißwein • 3 Tl Orangeat • 40 g entrindetes Weißbrot • 1 Ei • 100 ml Sahne • Pfeffer aus der Mühle • Salz.

**Beilagen:** Kroketten oder Reis.

Nährwert pro Portion: ca. 660 kcal = ca. 2.750 kJ.

Hilfsmittel: Haushalts- oder Geflügelschere, Küchenmaschine mit Mixmesser, Gemüsehobel, kleiner Suppentopf, Haarsieb, Holz-Zahnstocher, Küchengarn, Bratfolie, Entfettungsgefäß, Schüssel, Alufolie, Stieltopf.

**Zubereitungszeit:** ca. 130 Min. Garzeit: in aufgeblähter Folie ca. 60 Min.

**Zubereitung:** Wildente ausbeinen (s. S. 157). 60 g Rosinen ca. 10 Min. in Weißwein einweichen. Knochen mit der Haushaltsschere zerkleinern. Mit Suppengemüse im Topf aufsetzen, pfeffern und salzen. Eine Brühe kochen. Diese durch ein Haarsieb gießen, auf ca. 100 ml einkochen, zur Seite stellen.

**Füllung:** Mohrrübe in feine Streifen schneiden. Weißkohl und Mohrrübe in siedendem Salzwasser 3 Min. garen. Auf ein Sieb geben, kalt abbrausen und abtropfen lassen. Rosinen aussieben, Flüssigkeit zur Seite stellen. Weißbrot im Mixer zerreiben. In einer Schüssel Weißkohl, Mohrrübe, Rosinen, Orangeat, Weißbrot und Ei durchmischen, pfeffern und salzen. Backofen auf 200° C vorheizen. Ente mit der Mischung füllen, mit Zahnstochern und Küchengarn schließen (s. S. 158). Ente in eine Bratfolie geben. 2 El von der Rosineneinweichflüssigkeit (Wein) zufügen. Bratfolie schließen, auf einen Rost setzen. Mit untergeschobener Fettpfanne in den Backofen schieben. Ca. 50–60 Min. braten (Haut sollte gut braun sein). Ente aus der Folie nehmen und in Alufolie einschlagen.
Flüssigkeit aus der Bratfolie auffangen, entfetten und in einen Stieltopf geben. Entenbrühe und restlichen Einweichwein zufügen und auf ein Drittel einkochen. Heiße Sahne zugießen, restliche Rosinen zufügen. Sauce soweit einkochen, daß sie cremig fließt. Mit Pfeffer und Salz abschmecken. Ente teilen, mit der Sauce und den Beilagen servieren.

**➥ Hinweis**

Wer die Möglichkeit hat, Wildenten direkt vom Jäger zu beziehen, der sollte darauf achten, daß diese ordentlich ausgeweidet und nicht nur ausgehakelt sind. Außerdem müssen sie noch gerupft werden. Lassen sich bei der Trockenrupfung die Federn nur schwer aus der Haut lösen, wird wie folgt verfahren: Ente in eine große Schüssel oder kleine Wanne legen und mit heißem Wasser überbrühen. Anschließend an den Beinen (Rudern) fassen, mit der anderen Hand mit kurzem, kräftigem Ruck Federn gegen die Wuchsrichtung aus der Haut ziehen. Damit diese nicht einreißt, immer nur zwei, drei Federn auf einmal greifen. Begonnen wird das Rupfen auf dem Rücken. Es folgen Bauchseite, Keulen und Flügel. Nach dem Rupfen müssen die kleinen Haarfedern mit offener Flamme abgesengt werden. Hierfür darf keine Flamme einer Kerze verwendet werden. Sie rußt, verfärbt die Haut und verändert deren Geschmack. Bewährt hat sich der Einsatz der großen Flamme eines Stabfeuerzeuges.

# Brustfilets von der Wildente im Bierteig

**Zutaten für 4 Personen**

4 Wildentenbrüste mit Brustbein • Pfeffer aus der Mühle • Salz • 50 g Butterschmalz • 1 feingewiegte Zwiebel • 1 Bund Suppengrün • 1 Liebstöckelzweig • 1 geviertelte Zwiebel • 1 Lorbeerblatt • 6 weiße Pfefferkörner • 50 ml Sahne • 100 ml Holundermuttersaft (erhältlich im Reformhaus) • 1 El Zucker • 60 ml Eierlikör • Speisestärke • Fritierfett. *Bierteig:* 100 g Mehl • 2 Eigelb • 125 ml Bier • 2 geschlagene Eiweiß • Salz.

**Beilagen:** Reis, Salat der Saison.

Nährwert pro Portion: ca. 600 kcal = ca. 2.500 kJ.

Hilfsmittel: Küchen- oder Geflügelschere, Topf, Haarsieb, Bratpfanne, Alufolie, Entfettungsgefäß, Stieltopf, Friteuse oder entsprechender Topf.

**Zubereitungszeit:** ca. 80 Min., Garzeit in der Pfanne ca. 10 Min., in der Friteuse ca. 3 Min.

**Zubereitung:** Wildentenbrüste auslösen, so daß 8 Filets verfügbar sind. Knochen zerkleinern. Im Topf 20 g Butterschmalz erhitzen, Knochen anbraten, Suppengrün, Liebstöckel, Zwiebel, Pfefferkörner, Lorbeerblatt zugeben, mit Wasser bedecken, ca. 35 Min. kochen. Brühe durch ein Haarsieb gießen, auf 300 ml einkochen. Entenbrustfilets pfeffern und salzen. In der Pfanne Butterschmalz erhitzen, Brustfilets darin braten (ca. 8–10 Min.), aus der Pfanne nehmen, in Alufolie einschlagen.

Im Bratensatz die feingewiegte Zwiebel anschmoren, mit der Brühe auffüllen, aufkochen. Flüssigkeit durch ein Sieb gießen, entfetten, in den Stieltopf geben. Sahne und mit Zukker vermischten Holundermuttersaft zugießen, aufkochen, mit Speisestärke leicht binden. Sauce mit Pfeffer und Salz abschmecken, mit Eierlikör verfeinern. Fritierfett erhitzen.

**Bierteig:** Aus Mehl, Eigelb, Eischnee, Bier und etwas Salz einen Teig anrühren. Entenbrüste im Bierteig wälzen und im heißen Fett ausbacken Mit den Beilagen servieren.

# Wildente aus dem Apfelsud

**Zutaten für 4 Personen**

2 küchenfertige Wildenten • 3 l naturtrüber Apfelsaft • 8 Stengel Petersilie • Pfeffer aus der Mühle, Salz. *Sauce:* 600 ml Apfelsud • Speisestärke • frisch gemahlener Pfeffer • Salz.

**Beilagen:** Kartoffel-Sellerie-Püree, Sprossengemüse oder mit Apfelessig und Olivenöl süß-sauer angemachter Blattsalat. Alternativ: Ebly-Weizen

Nährwert pro Portion: ca. 620 kcal = ca. 2.600 kJ.

Hilfsmittel: Kochtopf mit Deckel, Stieltopf, Küchengarn, Schaumlöffel, Geflügelschere, Backofen, Ofenrost, Backtrennpapier, Alufolie.

**Zubereitungszeit:** ca. 60 Min. Garzeiten: Enten im Sud ca. 45 Min., im Backofen bei 220° C ca. 10 Min. (mittlere Einschubleiste).

**Zubereitung:** Im Kochtopf den Apfelsaft aufsetzen und aufkochen lassen. Enten innen und außen unter kaltem Wasser abspülen. In jede Ente einen Zweig Petersilie geben. Flügel und Keulen mit Küchengarn an den Körper binden. Die Vögel mit der Brust nach unten in den kochenden Apfelsaft geben, bei geschlossenem Deckel köcheln. Backofen auf 220° C vorheizen (Ober-und Unterhitze). Ofenrost mit Backtrennpapier belegen. Enten mit dem Schaumlöffel aus dem Sud nehmen, der Länge nach halbieren und mit der Fleischseite nach oben auf den Rost legen. In den Backofen schieben und bräunen lassen. Vom Rost nehmen, pfeffern und salzen, dann in Alufolie einschlagen und 5 Min. ruhen lassen. In Brüste und Keulen tranchieren, mit den Beilagen und der Sauce servieren.

**Sauce:** 600 ml vom Apfelsaft auf die Hälfte einkochen, mit Speisestärke leicht binden, mit Pfeffer und Salz abschmecken.

# *Wildente* mit Baumpilzen

**Zutaten für 4 Personen**

2 küchenfertige Wildenten • 25 g getrocknete Chinesische Baumpilze (Holunderpilze) • 1 Bund Suppengrün • 1 Zwiebel • 10 Pfefferkörner • Salz • 50 ml Olivenöl • 1 Zwiebel • 50 g Lauch • 50 g Mohrrübe • 50 g Sellerieknolle • 2 gestr. Tl Currypulver • 150 ml Wildentenbrühe • 3 El Honig • Saft einer Zitrone • Pfeffer aus der Mühle • Salz • Worcestershiresauce • 100 g Reisnudeln.

**Beilage:** Salat der Saison.

Nährwert pro Portion: ca. 750 kcal = ca. 3.100 kJ.

Hilfsmittel: großer Suppentopf oder Schnellkochtopf, Topf, Haarsieb, große Bratpfanne mit Deckel.

**Zubereitungszeit:** ca. 100 Min. ohne Einweichen der Pilze.

**Zubereitung:** Wildenten in Brüste, Keulen und Flügel zerlegen. Pilze mit 1 l heißem Wasser überbrühen und ca. 2 Stunden quellen lassen. Im Suppentopf Wasser mit Suppengrün, Zwiebel, Pfefferkörnern und etwas Salz aufsetzen, zum Kochen bringen. In das sprudelnde Wasser Ententeile einlegen und bei mittlerer Hitze ca. 45 Min. kochen (Schnellkochtopf Stufe I 20 Min.). Alles erkalten lassen. Fleisch von den Knochen lösen, in mittelstarke Streifen schneiden. Lauch, Mohrrübe, Sellerie in feine Streifen, Zwiebel in Scheiben schneiden. Reisnudeln kochen, auf ein Sieb geben, kalt abspülen.

In der Pfanne 30 ml Öl erhitzen, Entenfleisch anbraten, herausnehmen. Restliches Öl in die Pfanne geben, erhitzen. Abgetropfte Pilze, Lauch, Mohrrübe, Sellerie und Zwiebel im Fett anschwitzen, 150 ml Entenbrühe angießen. Currypulver über die Mischung stäuben. Honig und Zitronensaft zufügen, bei geschlossenem Deckel 5 Min. schmoren. Das geschnittene Entenfleisch hineingeben. Mit Pfeffer, Salz und Worcestershiresauce abschmecken. Zum Schluß die Reisnudeln unterheben, alles erhitzen.

# Wildente mit Pfifferling-Rahm-Sauce

**Zutaten für 4 Personen**

2 küchenfertige Wildenten mit Haut • 1 Mohrrübe • 2 Zweige Sellerieblatt • 3–4 Blätter vom Lauch • 5 Petersilienstängel • 4–5 Liebstökkelblätter • 1 Zwiebel • 1 Lorbeerblatt • 10 weiße Pfefferkörner • 1 EL Zucker • 2 EL Wasser • Pfeffer aus der Mühle • Salz. *Pfifferling-Rahm-Sauce:* 500 g frische Pfifferlinge • 1 Zwiebel • 20 g Butterschmalz • 100 ml Sahne • 200 ml Entensud • 1 EL Speisestärke • Pfeffer aus der Mühle • Salz.

**Beilage:** Semmelknödel

Nährwert: pro Portion ca. 400 kcal = ca. 1.670 KJ.

Hilfsmittel: großer Kochtopf, Schüsseln, Geflügel- oder Rosenschere, Schaumlöffel, Backofen, Rost, Fettpfanne, Fettpinsel, Haarsieb, Küchensieb, Stieltopf, Bratpfanne.

**Zubereitungszeit:** ca. 90 Min. Garzeiten: Enten im Sud ca. 60 Min., im Ofen bei 230° C ca. 10–15 Min. Pilzfond ca. 15 Min., Pfifferlinge ca. 10 Min.

**Zubereitung:** Wildenten kalt abspülen, mit Küchenkrepp trocken tupfen. Mohrrübe schälen, vierteln, übrige Zweige und Blätter waschen und mit der Mohrrübe, der geschälten halbierten Zwiebel, Lorbeerblatt, Pfefferkörnern und etwas Salz in den Kochtopf geben. Zur Hälfte mit Wasser auffüllen und aufkochen. In den kochenden Sud die Enten geben und köcheln lassen. Backofen aufheizen. Enten aus dem Sud nehmen, der Länge nach halbieren und auf den Rost mit untergeschobener Fettpfanne legen. Zucker in einer Tasse mit dem Wasser auflösen. Damit die Enten einpinseln, pfeffern und salzen. Auf der 2. Schiene von unten in den Ofen schieben und die Entenhälften bräunen lassen. Danach in Keulen und Brüste teilen.

**Pfifferling-Rahm-Sauce:** Pfifferlinge waschen, auf ein Sieb geben, verlesen und putzen. Pilzabfälle aufheben. Im Stieltopf die Hälfte des Butterschmalzes erhitzen, darin die Pilzabfälle anschmoren und trocken fallen lassen. Fein geschnittene Zwiebel zugeben. Mit Pfeffer und Salz würzen. Sahne angießen und aufkochen lassen. Entensud zufügen, nach dem Aufkochen mit Speisestärke leicht binden. Fond durch ein Haarsieb seihen, warmstellen. In der Bratpfanne das restliche Butterschmalz erhitzen, darin die Pfifferlinge anbraten bis alle Flüssigkeit verdampft ist. Pilzfond zugießen, mit Pfeffer und Salz abschmecken. Mit den Ententeilen und der Beilage servieren.

# *Wildgans* mit kandierten Maronen

**Zutaten für 4–6 Personen**

1 küchenfertige Wildgans (ca. 2.000–2.500 g) • 1 El gerebelter Majoran • frisch gemahlener Pfeffer • Salz • je 1 Stück Porree, Sellerieknolle, Mohrrübe, Petersilienwurzel, Zwiebel • Liebstöckelzweig • 50 g Butter • 2 El Zucker • 100 ml Sahne • 500 g Maronen (Eßkastanien). *Sauce:* 25 g Butter • 1 feingeschnittene Schalotte • 1 El Mehl • 300 ml entfetteter Bratensaft • geriebene Muskatnuß • 2 Tl gerebelter Majoran • Pfeffer aus der Mühle • Salz.

**Beilagen:** Salzkartoffeln, Klöße, Brokkoli.

Nährwert pro Portion: ca. 900 kcal = ca. 3.750 kJ.

Hilfsmittel: Zahnstocher, Küchengarn, großer Bräter mit Deckel, flacher Topf, Stieltopf, Entfettungsgefäß, Geflügelschere, Alufolie, Haarsieb.

**Zubereitungszeit:**
ca. 150 Min. Garzeit: ca. 90–100 Min.

**Zubereitung:** Gans innen mit Majoran, Pfeffer und Salz kräftig würzen. Mit dem Wurzelgemüse füllen, mit Zahnstochern und Küchengarn schließen (s. S. 158). Außen mit Pfeffer und Salz würzen. Backofen auf 220° C vorheizen. Gans mit dem Rücken nach oben in den Bräter setzen. 2 Tassen Wasser angießen. Deckel aufsetzen und in den Ofen schieben. Nach ca. 50 Min. Deckel entfernen. Rücken bräunen lassen. Temperatur auf 200° C herunterschalten. Gans umdrehen und solange im Ofen belassen, bis sie schön braun ist (gesamt ca. 90 Min.). Gans aus dem Bräter nehmen, in Alufolie einschlagen. Bratensatz mit zwei Tassen Wasser loskochen, durch ein Sieb gießen, entfetten. Maronen kreuzweise einschneiden (s. S. 213), bei 220° C im Backofen 10 Min. rösten, schälen, im Stieltopf Butter erhitzen, Zucker zugeben, karamelisieren lassen. Sahne zugießen, dickflüssig einkochen. Maronen hineingeben, mehrmals wenden, warm halten.

**Sauce:** Im Stieltopf Butter erhitzen, Schalotte darin anschwitzen. Mehl einsieben, bräunen lassen. Bratensatzflüssigkeit zugießen, mit Muskatnuß, Majoran, Pfeffer und Salz würzen, aufkochen lassen. Vor dem Servieren durch ein Haarsieb gießen.

# *Klößchen* von der Wildgans

**Zutaten für 4–6 Personen**

1 küchenfertige Wildgans (ca. 2.000 g) • Pfeffer aus der Mühle • Muskat • Salz • 10 ml Cognac oder Weinbrand • 1 Bund Suppengrün • 1 Zwiebel • 1 Lorbeerblatt • 1 Liebstöckelzweig • 10 weiße Pfefferkörner • 150 ml Sahne • 2 Eiweiß. *Sauce:* 30 g Butter • 1 Zwiebel • 1 1/2 El Mehl • 40 ml trockener Weißwein • 400 ml Gänsebrühe • 50 ml Sahne • 2 El Essigkapern • frisch gemahlener Pfeffer • Salz • Zitronensaft.

**Beilagen:** Kartoffelpüree, Reis, mit Weinessig angemachter Salat.

Nährwert pro Portion: ca. 400 kcal = ca. 1.700 kJ.

Hilfsmittel: Küchen- oder Geflügelschere, Schnellkochtopf oder Suppentopf, Sieb, Schüsseln, Meßgefäß, Küchenmaschine mit Mixmesser, Passiersieb, Eisportionierer (falls vorhanden), Stieltopf.

**Zubereitungszeit:** ca. 150 Min.

**Zubereitung:** Gans in Keulen, Flügel, Brustfilets zerlegen (s. S. 125). Von den Brustfilets die Haut entfernen, Fleisch in kleine Stücke schneiden. In eine Schüssel geben, pfeffern, salzen und mit Cognac beträufeln. Gerippe mit der Schere zerkleinern. Keulen, Flügel und Knochen mit Suppengrün, halbierter Zwiebel, Lorbeerblatt, Liebstöckel und Pfefferkörnern in den Topf geben. Mit heißem Wasser bedecken, eine Brühe kochen (Schnellkochtopf Stufe II 15 Min., normaler Topf 40 Min.). Brühe durch ein Sieb gießen. Fleisch und Knochen erkalten lassen. 400 ml Brühe beiseite stellen, Rest wieder in den Topf geben. Fleisch von den Knochen ablösen, klein schneiden, pfeffern, salzen und zusammen mit den Brustfiletstücken unter Zugabe der Sahne im Mixer pürieren. Masse durch die kleinste Lochscheibe des Passiersiebs drücken, im Kühlschrank durchkühlen. Das angeschlagene Eiweiß unterarbeiten und erneut kühlen. Brühe im Topf erhitzen. Aus der Masse mit angewärmtem Löffel oder Eisportionierer Fleischklößchen formen und in der erhitzten Brühe ca. 8 Min. ziehen lassen.

**Sauce:** Kapern auf ein Sieb geben, abtropfen lassen. Butter im Stieltopf erhitzen, feingeschnittene Zwiebel zugeben und anschwitzen lassen. Mehl zufügen, glattrühren. Weißwein und zur Seite gestellte Brühe zugießen. Alles aufkochen lassen. Erwärmte Sahne zufügen, Sauce etwas einkochen. Kapern zugeben. Mit Pfeffer, Salz und Zitronensaft abschmecken.

# Vorspeise von der *Wildgansbrust*

**Zutaten für 4 Personen**

1 ausgelöste Brust von der Wildgans • Pfeffer aus der Mühle • Salz • 20 ml Pflanzenöl • 30 ml trockener Weißwein • 30 ml Wasser • *Sauce:* Bratensaft • 2 El Balsamico • 2 El Olivenöl • 2 El Schnittlauchröllchen • Salz • rote Pfefferkörner.

**Beilage:** gebutterter Toast, Baguette.

Nährwert pro Portion: ca. 330 kcal = ca. 1380 kJ.

Hilfsmittel: Bratpfanne, Bratfolie, Entfettungsgefäß, Stieltopf, Alufolie.

**Zubereitungszeit:** ca. 90 Min. Garzeit: ca. 75 Min.

**Zubereitung:** Backofen auf 160° C vorheizen. Die Wildgansbrust pfeffern und salzen. Das Öl in einer Pfanne erhitzen. Das Fleisch von der Hautseite kroß, von der Fleischseite leicht anbraten. Die Pfanne vom Herd nehmen. Das Fleisch handwarm abkühlen lassen und zusammen mit dem Wein und dem Wasser in den Bratfolienbeutel geben. Diesen verschließen und mit einer Stricknadel zwei Löcher in den Beutel stechen. Den Beutel auf den Ofenrost legen und auf der mittleren Schiene in den Ofen schieben. Nach Ende der Garzeit das Fleisch aus dem Beutel nehmen, in Alufolie einschlagen und gut auskühlen lassen.

**Sauce:** Den Saft aus dem Beutel auffangen, entfetten und in den Stieltopf geben. Auf die Menge von 2 El einkochen und abkühlen lassen. Den Fleischsaft mit Balsamico, Olivenöl, etwas Salz und den Schnittlauchröllchen zu einer Sauce verrühren. Die Gänsebrust in dünne Scheiben schneiden, auf einem Teller anrichten, mit der Sauce beträufeln und mit rotem Pfeffer bestreuen.

# Waldschnepfe *(Scolopax rusticola)*

Schnepfen gehören zur Familie der Wat- und Möwenvögel. Ihr langer, vorne spitz zulaufender Schnabel (Stecher) dient zur Nahrungssuche im Boden. Fast taubengroß, besitzt die Schnepfe ein hervorragendes Tarnkleid, das sie am Boden nicht erkennen läßt. Maler früherer Zeiten begehrten von der Schnepfe zwei dünne, spitz zulaufende Federn, von denen sich je eine an den Flügelspitzen der Schnepfe befindet (Malerfedern), und den über dem Bürzel wachsenden kleinen, pinselartigen Federbusch (Schnepfenbart) – beides auch geschätzte Jagdtrophäen. Schnepfen ziehen im Herbst in Millionenzahl aus ihren Brutgebieten, die von Skandinavien über Mitteleuropa bis Ostasien reichen, in südliche Gefilde. Einzelne (Lagerschnepfen) überwintern auch bei uns. Die Rückkehr in die Brutreviere beginnt im Februar und dauert bis Mitte/Ende April. Dort streicht der Schnepf in der Abend- und Morgendämmerung entlang von Waldkanten und waldnahen Lichtungen auf der Suche nach den sich meist am Boden aufhaltenden Weibchen. Typisch ist sein schaukelnder, zickzack-förmiger Flug und der aus einem dunkleren „Quorren" und einem höheren feinen „Puitzen" bestehende Balzruf. Brutgeschäft und die Aufzucht der Jungen besorgt der weibliche Vogel, der bei Gefahr den Nachwuchs einzeln auch schon mal Huckepack nimmt und mit ihm einen Ortswechsel vollzieht. So von Wissenschaftlern beobachtet. In Deutschland durfte die Waldschnepfe bis in die siebziger Jahre auf dem Frühjahrsstrich bejagt werden. Inzwischen ist nur noch die Jagd im Herbst erlaubt. In der Schweiz ist die Frühjahrsjagd auf die Schnepfe seit mehr als 50 Jahren verboten. Einzelne Kantone erlauben die Jagd im Herbst. Anders in Österreich, in der auch die Frühjahrsjagd gestattet ist. Wurden in Deutschland vor dem Frühjahrsjagdverbot jährlich noch um die 25.000 Schnepfen, an die 80 Prozent davon Männchen, erlegt, so sank die Zahl inzwischen auf 11.000 bis 15.000 Stück. Beobachtungen haben ergeben, daß der Bestand der Waldschnepfe weniger durch die Frühjahrsjagd, sondern weit mehr durch die Zunahme der Wildschweine in den Brutrevieren beeinflußt wird. Diese finden die Bodengelege (vier hellbraune, dunkel gefleckte Eier) und fressen sie auf. In Gastronomie und Handel erhältliche Schnepfen stammen aus Ländern Südeuropas, vor allem Südfrankreich, wo sie während des Herbstzuges zu Hunderttausenden erlegt werden. Eine künstliche Aufzucht von Schnepfen ist bis heute nicht gelungen.

**Gewicht küchenfertig:** ca. 250 g.

**Tiefkühllagerung:** 8–12 Monate (je nach Fettanteil).

| | |
|---|---|
| Hauptjagdzeit: | (Achtung: regional stark unterschiedlich)<br>Oktober – Januar, vereinzelt auch im März/April |
| Qualitätsmerkmale: | dunkles, hocharomatisches, kurzfaseriges Fleisch. |
| Zubereitungsempfehlung: | Ganz oder in Teilstücken braten und schmoren. |
| Bezugsquellentip: | Nachfrage beim Präparator, der hin und wieder eine von einem Jäger erlegte Schnepfe präpariert und den aus dem Federkleid gelösten Wildkörper gelegentlich abgibt. |

# Schnepfenbrust auf Schnepfenmus-Toast

(Foto vorige Seite)

**Zutaten für 4 Personen**

4 küchenfertige Schnepfen • 2 Tl Cognac • 15 g Butterschmalz • Pfeffer • Salz • 2 Schalotten • 20 g Butter • 200 ml Wildbrühe • 30 ml Madeira • Herzen und Lebern der Schnepfen • 150 g Geflügelleber • 20 g Butter • 2 Eigelb • 40 ml Sahne • 1 Tl gehackte Petersilie • Pfeffer • Salz • 20 g getrocknete Morcheln.

**Beilagen:** 8 schräg geschnittene, getoastete Scheiben Baguette, mit Schnepfenmus gefüllte Morcheln.

Nährwert pro Portion: ca. 600 kcal = ca. 2.500 kJ.

Hilfsmittel: Küchen- oder Geflügelschere, Bratentopf mit Deckel, Entfettungsgefäß, Haarsieb, kleine Bratpfanne, Passiersieb, Gebäckspritze mit Spitztülle, Backblech, Backpapier, Alufolie.

**Zubereitungszeit:** ca. 90 Min.

**Zubereitung:** Schnepfen in Keulen, Flügel, Brustfilets zerlegen (s. S. 125). Letztere mit Cognac beträufeln und beiseite legen. Knochengerüst mit der Schere zerkleinern, alles pfeffern und salzen. Butterschmalz im Topf erhitzen. Flügel, Keulen, Knochen rundum anbraten, feingeschnittene Schalotten zugeben, glasig werden lassen. Wildfond angießen, bei geschlossenem Deckel schmoren, bis sich das Fleisch von den Knochen löst. Fleisch- und Knochenteile herausnehmen. Zum Schmorsaft Madeira gießen, aufkochen. Sauce durch Haarsieb gießen, entfetten, sirupartig einkochen. Fleisch von den Knochen ablösen, fein schneiden und hacken, beiseite stellen. Morcheln im Wasser einweichen. In der Pfanne Butter erhitzen. Lebern und Herzen bei milder Hitze braten. Aus der Pfanne nehmen, abkühlen lassen, fein hacken, zum Fleisch geben. Mischung pfeffern und salzen. Masse zweimal durch das Passiersieb, erst grobe, dann feine Lochscheibe, streichen. Unter das Schnepfenmus Eigelb, Sahne und Petersilie mischen, pfeffern und salzen. Mus kühl stellen. Backofen auf 200° C vorheizen. Etwas Mus in die Gebäckspritze geben, eingeweichte Morcheln füllen. Baguettescheiben mit dem Schnepfenmus dick bestreichen. Zusammen mit den Morcheln auf ein mit Backpapier ausgelegtes Backblech setzen. 8 Min. im Ofen backen. Butter in der Pfanne erhitzen, Brustfilets pfeffern und salzen. Bei milder Hitze 6–8 Min. braten. Aus der Pfanne nehmen, in Alufolie warm halten. Filets aufschneiden, auf die Brotscheiben setzen, mit der Sauce übergießen, mit den Morcheln servieren.

### *Schnepfendreck*

*Bereits der Name weist auf die Besonderheit dieser Zubereitung hin, die aus den überaus muskulösen Darmschlingen, zum Teil ungereinigt, der Leber und dem Herz der Schnepfe besteht. Das von Köchen wie Liebhabern des Schnepfendrecks gepriesene Aroma stammt von den am Darm anhaftenden verdauten Nahrungsresten, die tierischen Ursprungs sind, da sich die Schnepfe überwiegend von in morastigem Boden lebendem Kleingetier ernährt. Innere Organe und Eingeweide werden ganz fein gehackt, mit Semmelbröseln, Butter, würzenden Kräutern, wie Petersilie, Kerbel, Estragon, vermischt, mit Cognac, Wein oder Zitronensaft angereichert, gepfeffert und gesalzen, auf kleine, rund ausgestochene gebutterte Weißbrotscheiben gespritzt und im Ofen kurz gebacken.*

# *Salmi* vom Schnepf mit Trüffelklößchen

**Zutaten für 4 Personen**

3 küchenfertige Schnepfen • Pfeffer aus der Mühle • Salz • 30 g Butterschmalz • 100 ml Rotwein. *Sauce:* 30 g Butterschmalz • 2 feingeschnittene Schalotten • 30 g in Scheiben geschnittene Mohrrübe • 30 ml Madeira • 1 Lorbeerblatt • 5 Wacholderbeeren • 1 Liebstöckelzweig • abgeriebene unbehandelte Zitronenschale • 50 g kalte Butter • Pfeffer • Salz • Zitronensaft • Zucker. *Trüffelklößchen:* 200 g Weißbrot ohne Rinde • 2 Eigelb • 2 geschlagene Eiweiß • 12 g geraspelte Trüffeln • 40 ml Trüffelsaft (aus dem Glas – hier mit Wasser angereichert – oder von ausgekochten Trüffelschalen) • Pfeffer aus der Mühle • Salz.

**Beilage:** Rucolasalat (Raukesalat).

Nährwert pro Portion: ca. 500 kcal = ca. 2.100 kJ.

Hilfsmittel: Bratentopf mit Deckel, Küchen- oder Geflügelschere, Topf, Haarsieb, Siebtuch, Stieltopf, Stabmixer, feuerfeste Schüssel, Küchenmaschine mit Mixmesser.

**Zubereitungszeit:** ca. 120 Min., Garzeit: ca. 50 Min.

**Zubereitung:** Backofen auf 200° C vorheizen. Schnepfen waschen, trockentupfen, pfeffern und salzen. Im Bratentopf Butterschmalz erhitzen, Schnepfen rundum anbraten. Rotwein zugießen. Schnepfen im Backofen 40–50 Min. schmoren, im geschlossenen Topf abkühlen lassen. Schnepfen herausnehmen, Topf zur Seite stellen. Fleisch in großen Stücken von den Knochen lösen. Knochen mit Schere zerkleinern.

**Sauce:** Butterschmalz im Topf erhitzen, Knochen anbraten. Schalotten und Mohrrübe zufügen. Bratensatz mit Madeirawein anlösen, übrige Gewürze zugeben, mit Wasser bedecken. Knochen ca. 20–30 Min. auskochen. Brühe durch Haarsieb in bereitgestellten Bratentopf gießen. Bratensatz loskochen. Sauce durch Tuch in den Stieltopf gießen, auf ca. 200 ml einkochen. In Stücke geschnittene Butter zugeben. Sauce mit Stabmixer schaumig schlagen, mit Pfeffer, Salz, Zitronensaft, Zucker abschmecken. Backofen auf 100° C aufheizen. Schnepfenfleisch in Scheiben schneiden, in eine feuerfeste Schüssel geben, mit der Sauce übergießen. Im Backofen erwärmen.

**Trüffelklößchen:** Weißbrot im Mixer zerreiben, in eine Schüssel geben. Übrige Zutaten zufügen, zu einem Teig verarbeiten. Klößchen formen, in kochendes Salzwasser geben, bei kleiner Hitze garziehen lassen.

# Auerwild *(Tetrao urogallus)*
# Birkwild *(Lyrurus tetrix)*
# Haselwild *(Tetrastes bonasia)*
# Alpenschneehuhn *(Lagopus mutus helveticus)*

Alle vier Arten zählen zu den Rauhfußhühnern. Ihnen gemeinsam ist die Befiederung der Beine (Ständer) und Zehen. Nach ihrem Lebensraum – naturbelassenen Laub-, Misch- und Nadelwäldern – werden sie, im Gegensatz zu den Feldhühnern, auch Waldhühner genannt. Anzutreffen sind sie in bergigen Regionen, insbesondere im Alpenraum, aber auch in Moor- und Heidegebieten (Ausnahme: Alpenschneehuhn). Größtes unter ihnen ist das Auerwild, bei dem der Hahn ein Lebendgewicht von 5.000 Gramm und mehr erreichen kann, wohingegen das Birkwild es „nur" auf maximal 1.500 Gramm bringt und das rebhuhngroße Haselhuhn wie das Schneehuhn bis zu 450 Gramm erreichen. Während die Rauhfußhühner in Deutschland ganzjährig von der Jagd verschont werden, dürfen sie in Österreich und in der Schweiz bejagt werden. In Österreich werden jährlich in der Balz (April/Mai) 500–600 Auerhähne und 2.000–2.500 Birkhähne, in der Schweiz 500–1.000 Birkhähne und an die 1.000 Alpenschneehühner erlegt; bescheidene Jagdbeute im Vergleich zu Norwegen/Schweden/Finnland, in denen in den Jahren 1993/94/95 folgende Strecken pro Jahr erzielt wurden (abgerundet): Auerwild (N/S/FIN): 16.000/28.000/63.000; Birkwild: 42.000/40.000/230.000 (!); Haselwild: 7.000/21.000/140.000 (!); Schneehühner: 490.000/64.000/90.000. – Rauhfußhühner lassen sich in Volieren großziehen; eine mühsame Arbeit, die nur zum Zweck der Auswilderung (Stützung zurückgehender Bestände), nicht zur kommerziellen Nutzung erfolgt. Der Rückgang der Waldhuhnbestände ist überall dort gegeben, wo der Wirtschaftswald den naturbelassenen Wald verdrängt hat. Sehr empfindlich reagieren Rauhfußhühner auf permanente Störungen, wie sie durch den Tourismus oft gegeben sind. Größte Feinde sind Habicht, Fuchs und Marder, in den Alpen auch der Adler.

**Gewicht küchenfertiger Waldhühner: Auerwild:** ca. 3.000 bis 3.500 g, **Birkwild:** ca. 1.000 g, **Haselwild/Schneehuhn:** ca. 250–300 g.

**Tiefkühllagerung:** bis zu ca. 8 Monaten, danach Ranzigwerden des Fleisches.

| | |
|---|---|
| Hauptjagdzeit: | (Achtung: regional stark unterschiedlich)<br>Mitteleuropa: April – Mai; Skandinavien: September – Januar |
| Qualitätsmerkmale: | dunkles, rotbraunes bis blaurotes Fleisch von hoher Geschmacksintensität, verursacht durch die knospenreiche Nahrung. Im Frühjahr erlegtes Auerwild hat ein an Tannennadelduft erinnerndes Aroma. |
| Zubereitungsempfehlung: | Verwertung der Brüste und Keulen: braten und schmoren, Auerwild gegebenenfalls vorkochen. |
| Bezugsquellentip: | Präparator fragen |

# Gespickte *Auerhahnbrust*

**Zutaten für 4 Personen**

2 ausgelöste, entsehnte Brustfilets vom Auerhahn • rote Pfefferkörner • 50 g Rauchspeck • zerriebene Liebstöckelblätter • zerstoßener Thymian • 10 ml Weinbrand • Pfeffer aus der Mühle • Salz • 30 g Butterschmalz • 2 Schalotten • 100 ml Geflügelbrühe • 100 ml Sekt oder trockener Weißwein • 200 ml Sahne.

**Beilagen:** Kroketten, Salat.

Nährwert pro Portion: ca. 560 kcal = ca. 2.300 kJ.

Hilfsmittel: kleines spitzes Messer, Küchengarn, Bräter mit Deckel, Haarsieb.

**Zubereitungszeit:** ca. 90 Min.

**Zubereitung:** Speck in Streifen schneiden. Diese in Liebstöckel und Thymian wälzen. In die Brustfilets mit dem Messer Spicklöcher schneiden, in jedes ein rotes Pfefferkorn und einen Streifen Speck geben. Brüste mit Küchengarn binden, von beiden Seiten mit Weinbrand beträufeln, 10 Min. einwirken lassen. Pfeffern und salzen. Im Bräter Butterschmalz erhitzen, Bruststücke von beiden Seiten anbraten, mit Liebstöckel und Thymian würzen. Feingeschnittene Schalotten zugeben, glasig werden lassen. Hitze zurückschalten, Brüste bei geschlossenem Deckel ca. 40–50 Min. braten. Bratenstükke zwischendurch mit Geflügelbrühe begießen. Fleisch herausnehmen und warm halten. Sekt zum Bratensatz gießen, diesen loskochen. Sahne zufügen, zu einer sämigen Sauce einkochen. Sauce durch Sieb gießen, mit Pfeffer und Salz abschmecken, mit roten Pfefferkörnern anreichern. Küchengarn vom Fleisch entfernen, Bruststücke aufschneiden und servieren.

**➥ Tip**

Die für die Zubereitung der Sauce benötigte Geflügelbrühe kann unter Zugabe von Suppengrün aus den verbliebenen Auerhahnknochen hergestellt werden: Knochen in kochendem Salzwasser 5 Min. brühen, kalt abspülen, mit dem Grün ansetzen.

# Auerhahnbrust im Schweinenetz

**Zutaten für 4 Personen**

2 ausgelöste, entsehnte Brustfilets vom Auerhahn • Fleisch von Keulen und Gerippe • 60 g entrindetes Weißbrot • 1 Ei • Muskat • Majoran • 30 ml Sahne • 20 ml Dessertwein (Port, Malaga, Madeira) • frisch gemahlener Pfeffer • Salz • Schweinenetz • 30 ml Pflanzenöl • 1 kleine Zwiebel • 200 ml Wildbrühe • 5 El Paniermehl • 20 g Butter • 250 ml Sahne • Dessertwein.

**Beilagen:** Kartoffelklöße, Mischpilze.

Nährwert pro Portion: ca. 650 kcal = ca. 2.700 kJ.

Hilfsmittel: Schüssel, Küchenmaschine mit Mixmesser, Bräter mit Deckel, Fettpinsel, kleine Bratpfanne, Haarsieb.

**Zubereitungszeit:** ca. 90 Min. Garzeit: ca. 60 Min.

**Zubereitung:** Weißbrot im Mixer zerreiben, in eine Schüssel geben. Von den Knochen abgelöstes und kleingeschnittenes Fleisch unter Zugabe von Ei, Sahne, Dessertwein im Mixer pürieren. Weißbrot wieder zufügen, durchmixen. Masse mit Pfeffer, Salz, etwas Muskat und Majoran würzen. Zum Abschmecken der Würzung ein Klößchen formen, in kochendem Wasser garen. Schweinenetz wässern, Brustfilets pfeffern, salzen, mit Muskat und Majoran würzen. Schweinenetz auslegen, in zwei gleich große Teile teilen. Jedes Teil mit etwas Püriermasse bestreichen, Brustfilets auflegen, restliche Masse aufstreichen. Stücke ins Netz einschlagen. Im Bräter Öl erhitzen, Brustfilets anbraten. Geviertelte Zwiebel zugeben, glasig werden lassen. Bei milder Hitze und geschlossenem Deckel ca. 50 Min. braten. Zwischendurch mit der Brühe begießen. In der Bratpfanne Butter erhitzen, Paniermehl darin bräunen. Backofen auf 150° C vorheizen. Fleischstücke aus dem Bräter nehmen, mit Sahne bestreichen, mit Paniermehl bestreuen, im Backofen warm halten. Bratensatz mit der restlichen Sahne loskochen, Sauce etwas eindicken lassen. Mit Pfeffer, Salz und Dessertwein abschmecken, durch ein Sieb gießen. Auerhahnbrüste aufschneiden, mit den Mischpilzen auf einer Platte anrichten.

# Geschnetzelte *Birkhahnbrust*

**Zutaten für 4 Personen**

2 ausgelöste, entsehnte Bruststücke vom Birkhahn • 100 ml Sekt oder Weißwein • 30 g Butterschmalz • 1 feingeschnittene Zwiebel • 1 gestr. Tl gemahlene Kräuter der Provence • 200 ml Sahne • Pfeffer aus der Mühle • Salz • 1 Chicorée.

**Beilagen:** Reis, gedünstete Champignons.

Nährwert pro Portion: ca. 450 kcal = ca. 1.900 kJ.

Hilfsmittel: Schüssel, Sieb, Bratpfanne mit Dekkel, Küchenkrepp, großer Teller.

**Zubereitungszeit:** ca. 60 Min. Garzeit: ca. 20 Min.

**Zubereitung:** Brustfilets in dünne Scheiben schneiden, in eine Schüssel geben, mit dem Sekt begießen. 30 Min. ziehen lassen, Fleisch auf Sieb abtropfen lassen, Flüssigkeit auffangen. In der Pfanne Butterschmalz erhitzen, Geschnetzeltes und Zwiebel in die Pfanne geben, unter ständigem Rühren anbraten. Pfeffern und salzen. Aufgefangenen Sekt zugießen, aufschäumen lassen. Sahne zugeben, mit Kräutern der Provence aromatisieren, mit Pfeffer und Salz abschmecken. Pfanne mit Deckel schließen, Geschnetzeltes bei milder Hitze ca. 15 Min. garen. Vom Chicorée große Blätter ablösen, waschen, mit Küchenkrepp trockentupfen. Chicoréeblätter auf einen großen Teller setzen, unteres Ende mit Reis beschweren. Geschnetzeltes in die Blätter füllen, Champignons auf dem Teller verteilen.

# Sonstiges Federwild

Ein Blick in alte Kochbücher belegt es: Bei den gefiederten Wildtieren gibt es praktisch keine Art, die nicht schon irgendwann einmal in der Wildküche verwertet wurde. Die Palette reicht vom Adler über den Schwan bis zu den Krammetsvögeln (Wacholderdrosseln), Amseln und Spatzen. Selbst Rabenvögel fanden schon den Weg in den Kochtopf. In früheren Jahrhunderten gebräuchlich – heute noch in einzelnen Ländern praktiziert – war der Fang der Vögel mit Leimruten und Netzen. Unsere Einstellung hierzu hat sich geändert. Realistisch betrachtet, war es aus Sicht der diese Jagd ausübenden Personen eine ehrliche Angelegenheit, da sie das Wild ausschließlich des Verzehrs, nicht einer Trophäe wegen erbeuteten. Grundsätzlich sollte auch in unserer Zeit all jenes Federwild in der Wildküche verwertet werden, auf das zu jagen nicht nur gesetzlich erlaubt, sondern aus Gründen regionaler Überpopulationen auch erforderlich ist. Hierzu zählen die Bläßhühner (Bellchen), deren Jagd in Deutschland selten ist, in der Schweiz jedoch gepflegt wird. Nach abgezogener (wie traniger) Haut mit trockenem Weißwein und würzigen Kräutern zubereitet, gelten sie örtlich als Delikatesse. Gleiches gilt für die Brustfilets und das Keulenfleisch von jungen Schwänen und Wildtruthühnern. Letztere sind eine aus Amerika regional bei uns ausgewilderte Wildhuhnart. Feine, würzige Suppen und Suppeneinlagen liefern Krähe, Elster und Eichelhäher. Eine Sonderstellung in der Wildküche nehmen Wachteln und Perlhühner ein. Erstere sind Zugvögel und unser kleinstes Feldhuhn, das zwar dem Jagdrecht unterliegt, jedoch keine Jagdzeit hat. Große Vorkommen an Wachteln gibt es in den südlichen Ländern Afrikas. Heute im Handel erhältliche Wachteln stammen alle aus der Farmaufzucht. Sie sind Abkömmlinge der gegenüber der europäischen Wachtel etwas größeren japanischen Wachtel. Ebenfalls in Afrika beheimatet ist das Perlhuhn, wo es in Völkern bis zu 100 Stück angetroffen werden kann. Die bei uns auf den Märkten und in Geschäften angebotenen Perlhühner stammen, wie die Wachtel, aus kommerzieller Aufzucht und sind um einiges schwerer und fettreicher als jene aus freier Wildbahn. Längst nicht mehr nur aus den Steppen Afrikas kommt auch das bei uns angebotene Straußenfleisch. Es ähnelt in Struktur und Farbe dem Rindfleisch. Lieferanten sind in Straußenfarmen aufgezogene Vögel. Ihrem Fleisch fehlt, wie bei vielen kommerziell nach dem Prinzip der Haustierhaltung aufgezogenen Wildtieren, jenes Aroma, das sich nur bei aus freier Wildbahn stammenden Tieren findet.

| | |
|---|---|
| Hauptjagdzeit: | (Achtung: regional stark unterschiedlich)<br>Wildtruthühner: Oktober – Januar<br>Höckerschwäne: September – Januar<br>Bläßhühner: September – Januar<br>Krähen, Elstern, Eichelhäher: regional unterschiedlich, geschont in der Brut- und Aufzuchtzeit der Jungen. |
| Qualitätsmerkmale: | Wildtruthühner: rotbraunes Fleisch, sehr aromatisch, von unterschiedlicher Faserstruktur.<br>Höckerschwäne: hellrotes Fleisch von zartem Aroma, ältere Tiere leicht tranig.<br>Bläßhühner: dunkles, rotblaues Fleisch, kurzfaserig, kräftiges Aroma.<br>Rabenvögel: rotbraunes Fleisch, langfaserig, kräftig im Geschmack. |
| Zubereitungsempfehlung: | Generell alles sichtbare Fett entfernen, Vorkochen angeraten, Teilstücke schmoren und braten. |

# Gegrillte *Wachteln*

**Zutaten für 4 Personen**

8 küchenfertige Wachteln • 500 ml trockener Weißwein • 2 feingeschnittene Schalotten • je 2 El frischer gehackter Estragon und Kerbel • 1 Zweig Thymian • 1 Zweig Rosmarin • 10 weiße Pfefferkörner • Salz • 40 ml Pflanzenöl. *Sauce:* 150 g Butter • 1 Ei • frisch gemahlener Pfeffer • Salz.

**Beilagen:** Reis, Tomatenspalten.

Nährwert pro Portion: ca. 500 kcal = ca. 2.100 kJ.

Hilfsmittel: Stieltopf, hohe, schmale Schüssel, Sieb, Grillspieß (ersatzweise Fettpfanne, Backpapier), Küchenpinsel, Schlagschüssel, Schneebesen.

**Zubereitungszeit:** ca. 70 Min. ohne Marinieren. Garzeit: ca. 20 Min.

**Zubereitung:** Weißwein mit Schalotten, Estragon, Kerbel, Thymian, Rosmarin, Pfefferkörnern in Stieltopf geben, einmal aufkochen, abkühlen lassen. Wachteln in die Schüssel schichten, Weinsud darübergießen. 4–5 Stunden einwirken lassen, zwischendurch Wachteln umschichten. Wachteln aus der Schüssel nehmen, in ein Sieb legen. An den Vögeln anhängende Kräuter (werden beim Grillen bitter) über einem Sieb abspülen, in den Weinsud geben. Thymian-, Rosmarinzweig und Pfefferkörner entfernen. Wachteln auf Grillspieß stecken (oder auf die mit Backpapier ausgelegte Fettpfanne legen). Mit Öl bepinseln, pfeffern und salzen. Im Grillgerät oder im Backofen bräunen.

Wein mit Kräutern in Stieltopf geben, bis auf ca. 50 ml einkochen. Ei in der Schlagschüssel schaumig schlagen. Butterstücke unterarbeiten.

Im Wasserbad eine Sauce aufschlagen, Wein-Kräuter-Sud einarbeiten. Mit Pfeffer und Salz abschmecken.

**➥ Hinweis**

Die Buttersauce ist anfangs flockig, wird dann jedoch glatt und dickflüssig.

# Perlhuhn-Reh-Kartoffel-Eintopf

**Zutaten für 6 Personen**

1 Perlhuhn • 1 Rehblatt • 4 El Mehl • Pfeffer aus der Mühle • Salz • 3 x 20 g Pflanzenfett • 400 g frischer Schweinebauch • 1 Bund Suppengrün • 1 Gemüsezwiebel • 2 große Mohrrüben • 150 g Sellerieknolle • 2 Knoblauchzehen • 6 Petersilienzweige • 1 Lorbeerblatt • 4 Zweige Thymian • 500 ml Rotwein • 300 g Champignons • 500 g kleine geschälte Kartoffeln • 1 kleines Glas Perlzwiebeln • Zitronensaft • Pfeffer • Salz.

Nährwert pro Portion: ca. 650 kcal = ca. 2.700 kJ.

Hilfsmittel: Schneidbrett, Ausbeinmesser, Küchen- oder Geflügelschere, Schnellkochtopf, Schaumlöffel, Bratpfanne, Schmortopf

**Zubereitungszeit:** ca. 150 Min.

**Zubereitung:** Perlhuhn zerlegen (s. S. 125). Keulen ausbeinen, Brustfilets halbieren. Rehblatt ausbeinen (s. S. 15), in große Stücke schneiden, pfeffern, salzen. Schweinebauch in Stücke teilen. Knochen, Flügel des Perlhuhns zerkleinern, mit Wasser, Suppengrün, Salz im Topf ansetzen, Brühe kochen (Schnellkochtopf Stufe II 20 Min., normaler Topf 60 Min.). Alles mit Schaumlöffel herausnehmen, Flüssigkeit auf 250 ml einkochen. Zwiebel, Mohrrüben, Sellerie klein schneiden. Mehl mit Pfeffer, Salz mischen. Perlhuhn- und Schweinebauchstücke darin wälzen. Backofen auf 160° C vorheizen. In der Pfanne 20 g Fett erhitzen. Rehblatteile anbraten, herausnehmen, in den Schmortopf geben. Bratensatz mit etwas Rotwein loskochen, zum Fleisch gießen. 20 g Fett in der Pfanne erhitzen, gemehlte Fleischteile anbraten, herausheben, zur Seite stellen. Restfett in der Pfanne erhitzen, Zwiebel, Gemüse anbräunen. Perlhuhnbrühe angießen, Bratensatz loskochen, in den Schmortopf gießen. Alle Würzzutaten zugeben. Schmortopf abgedeckt in den Backofen setzen. Nach 20 Min. Perlhuhn und Schweinebauch einlegen, Hälfte vom Rotwein zugießen. 30 Min. schmoren. Perlzwiebeln ohne Saft, Pilze und Kartoffeln, restlichen Rotwein in den Topf geben. Auf 180° C hochschalten, 25–30 Min. garen. Mit Zitronensaft, Pfeffer, Salz abschmecken. In tiefen Tellern servieren.

# Bouillon von Krähen

**Zutaten für 4 Personen**

2 küchenfertige Krähen • 30 ml Pflanzenöl • Pfeffer aus der Mühle • Salz • Porree • Mohrrübe • Sellerieblatt • 1 Zweig Liebstöckel • 2 ungeschälte Zwiebeln • Lorbeerblatt • 1 El Senfkörner • 10 weiße Pfefferkörner • Sherry • je 30 g in feine Streifen geschnittene Mohrrübe, Porree, Sellerieknolle.

**Beilage:** Baguette.

Nährwert pro Portion: ca. 100 kcal = ca. 410 kJ.

Hilfsmittel: Küchen- oder Geflügelschere, Schüssel, Bratpfanne, Schaumlöffel, Alufolie, Schnellkochtopf oder Topf, Haarsieb, Durchseihtuch, Entfettungsgefäß.

**Zubereitungszeit:** ohne Wässerung ca. 50 Min. Garzeit: ca. 30 Min.

**Zubereitung:** Brustfilets auslösen, in Streifen schneiden, pfeffern und salzen. Keulen abtrennen und halbieren. Sichtbares Fett entfernen. Knochen zerkleinern. Keulen und Knochen 2 Stunden in Salzwasser wässern. Auf ein Sieb geben und gut abtropfen lassen. In der Pfanne das Öl erhitzen, die Brustfiletstreifen ca. 3–4 Min. braten. Mit dem Schaumlöffel herausheben, auf Alufolie legen und einschlagen. Im gleichen Fett die Knochen und Keulenstücke scharf anbraten. Bratensatz mit etwas Wasser anlösen. Zusammen mit den Knochen in den Schnellkochtopf geben. Wurzelgemüse, Zwiebeln und Gewürze zufügen, mit heißem Wasser bedecken. Bei Garstufe II 15 Min. kochen (normaler Topf 30 Min.). In Streifen geschnittenes Gemüse in kochendem Wasser kurz garen, herausnehmen und zur Seite stellen. Brühe durch ein mit einem Tuch ausgelegtes Haarsieb gießen, entfetten. Nochmals erwärmen. Mit Pfeffer, Salz und Sherry abschmecken. Brustfiletstreifen und das in Streifen geschnittene Gemüse in eine Terrine geben, Brühe aufgießen.

**➥ Hinweis**

Außer Krähen können auch Elstern und Eichelhäher verwendet werden. Variante bei der Suppeneinlage: Vögel ganz kochen, Fleisch von den Knochen ablösen, erkaltet mit Ei und Sahne im Mixer pürieren, mit Pfeffer und Salz würzen. Klößchen formen, separat im Wasser garen.

# Innereien vom Wild

Der Verzehr von Innereien des Wildes hat in der Wildküche eine Jahrtausende alte Tradition. Gepflegt wurde sie insbesondere in den Küchen des Jagdpersonals, dem als Deputat für seine Arbeit – Verfolgen, Ausweiden und Liefern des Wildes – das sogenannte Jägerrecht zustand. Dieses beinhaltete als „großes Jägerrecht" zusätzlich zu Zunge, Herz, Lunge, Leber, Nieren und Milz noch den Hals des Wildtieres. Gelegentlich wurden zur Versorgung der Familie des Jägers ihm großzügig auch Rippen und Bauchlappen überlassen. Als sich später die Sitte einbürgerte, erlegtes Haarwild als ganzes Stück an den Wildhandel und die Gastronomie zu liefern, reduzierte sich das große Jägerrecht auf das „kleine Jägerrecht" ohne Hals, Rippen und Bauchlappen. Anspruch hierauf hat der Erleger des Wildes nur dann, wenn er auch die „rote Arbeit", das Ausweiden, selbst besorgt. Ansonsten gehört das kleine Jägerrecht demjenigen, der diese Aufgabe übernimmt. Eine Einschränkung in der Verfügbarkeit über das kleine Jägerrecht brachte die Einbeziehung des Haarwildes in das Fleischhygienegesetz. Bei Stücken, die an den Wildgroßhandel geliefert werden und dort der amtlichen Fleischuntersuchung unterliegen, müssen die inneren Organe mitgeliefert werden. Viele Jäger, insbesondere jene, die im Verlauf des Jahres mehrere Stücke Haarwild erlegen, verzichten auf die Mitnahme des kleinen Jägerrechts und belassen Herz, Lunge, Leber, Nieren und Milz gleich dort, wo sie das Stück ausgeweidet haben – letztlich der Verlust eines durchaus hochwertigen und schmackhaften Nahrungsmittels, dessen Verzehr jedoch in Grenzen gehalten werden sollte. Dies hat folgende Gründe: Einmal beinhalten die inneren Organe viele Purine, die zu einer Erhöhung eigener Harnsäurewerte führen. Letztere fördern Gicht und rheumaähnliche Erkrankungen. Außerdem sind vor allem die Nieren teilweise mit Schwermetallen belastet. Der gelegentliche Verzehr der inneren Organe von Wild – ein Herz-, Leber- Lungen- oder Nierengericht pro Monat – ist nach Aussage von Humanmedizinern gesundheitlich unbedenklich, da die pro Person verspeisten Mengen recht gering sind. Bezugsquellen für Innereien vom Wild sind einmal der Revierinhaber oder der Jäger selbst, zum anderen vermag der Wildeinzelhandel auf Vorbestellung diese zu besorgen. Auch die Nachfrage bei Forstämtern, speziell zur Zeit der im Herbst und Winter durchgeführten Jagden auf Schalenwild, wie Reh-, Hirsch- und Schwarzwild, ist meist erfolgreich.

**Tiefkühllagerung:** bis zu 6 Monaten, so daß sich das Ansammeln von kleineren inneren Organen lohnt.

Verwertung der Innereien:

Wildzungen: ungepökelt und gepökelt, gekocht, gehäutet, für Salate, Ragouts, als Einlage für Terrinen und Pasteten.

Wildherzen: ungepökelt, gepökelt, im Ganzen geschmort, in Scheiben oder zu Ragout geschnitten, gebraten, geschmort.
Große Wildherzen auch geräuchert als Aufschnitt.

Wildlungen: nur von jungen Stücken, von Einschlüssen unbelastet, gekocht, in Streifen geschnitten, Ragout.

Wildlebern: gehäutet, ganz, geschnetzelt, in Scheiben geschnitten, gebraten oder geschmort, Grundlage für Wildleberwürste, Terrinen und Pasteten.

Wildnieren: gehäutet, halbiert, gewässert, gebraten oder geschmort, fritiert.
Verarbeitet in Wildleberwürsten, Terrinen, Pasteten.

Wildhirne: gehäutet, gewässert, gebraten, gedünstet.

# Zurichten von Herz, Nieren, Lunge, Leber

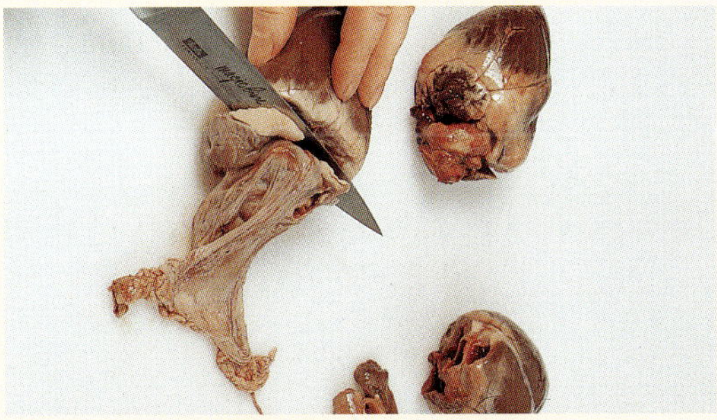

*1. Herzbeutel abziehen, Herzkappe abschneiden.*

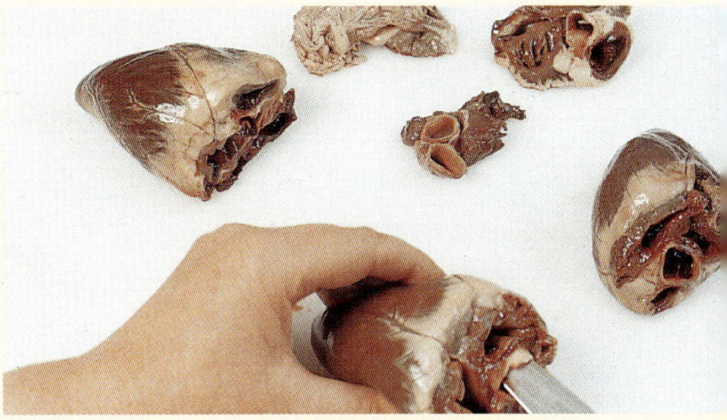

*2. Herzscheidewände durchtrennen, ausspülen.*

*3. Herzen mit Füllmasse füllen, verschließen.*

*4. Gefüllte Wildherzen für 4–6 Personen.*

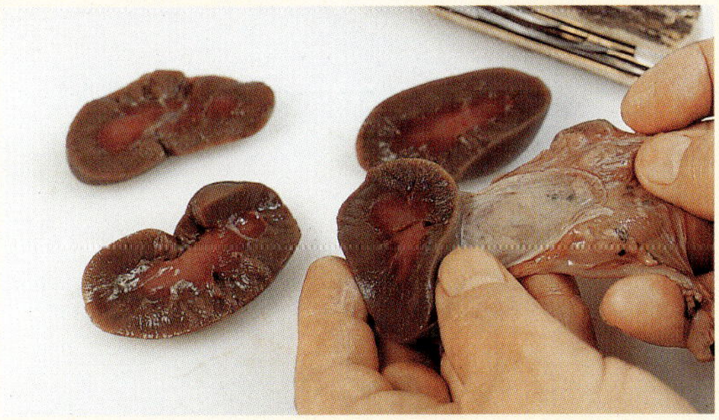

*5. Nieren halbieren, häuten, wässern.*

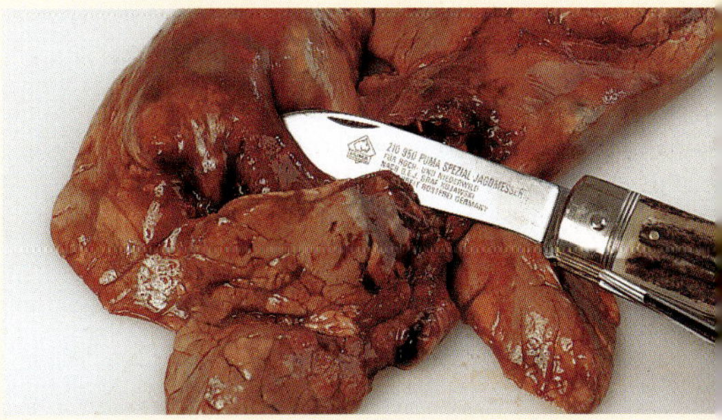

*6. Aus Lunge Bronchialäste herausschneiden.*

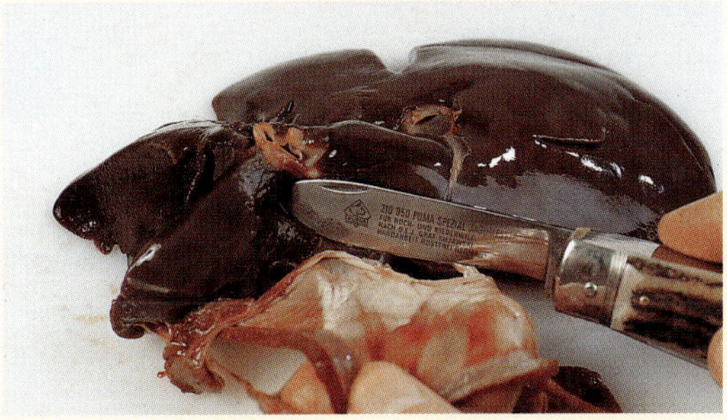

*7. Bauchhaut, Gallengänge von Leber entfernen.*

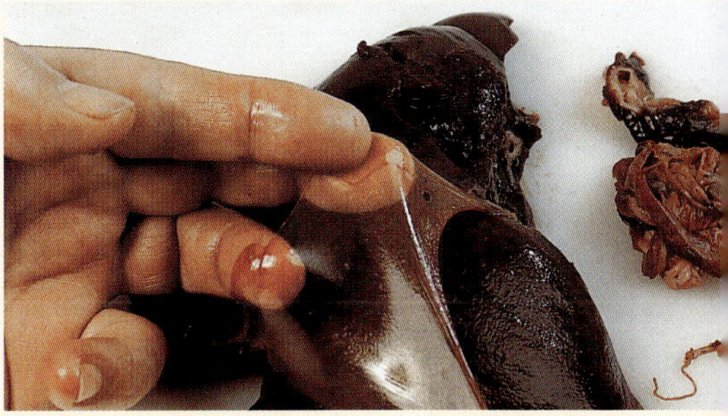

*8. Leberhaut lösen, mit den Fingern abschieben.*

# Gewinnen von Zungen und Hirn

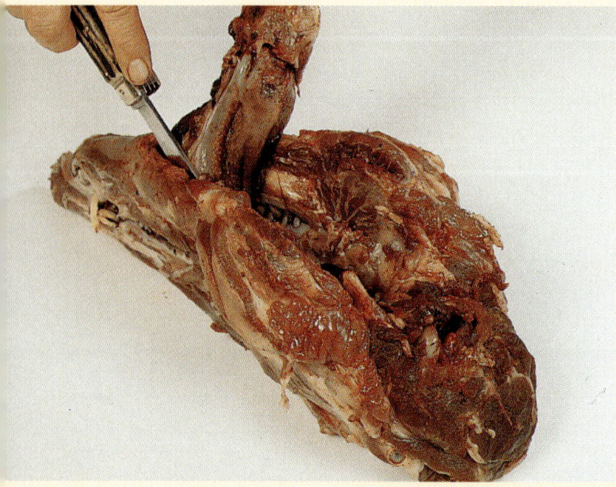

*1. Zunge mit Schnitten am Kiefer auslösen.*

*2. Zungen säubern und in Pökellake einlegen.*

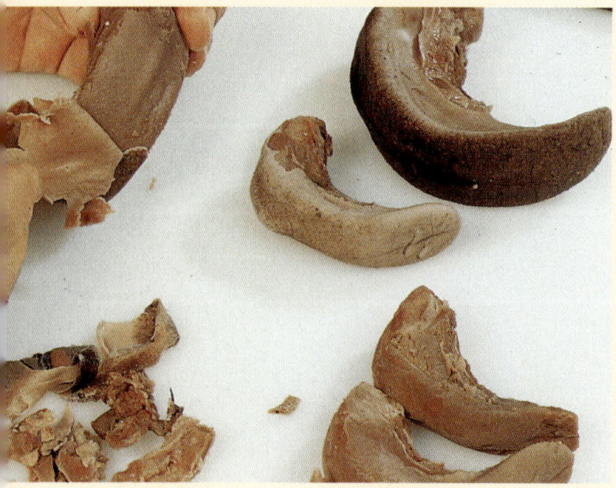

*3. Zungen weich kochen, kalt abschrecken, häuten.*

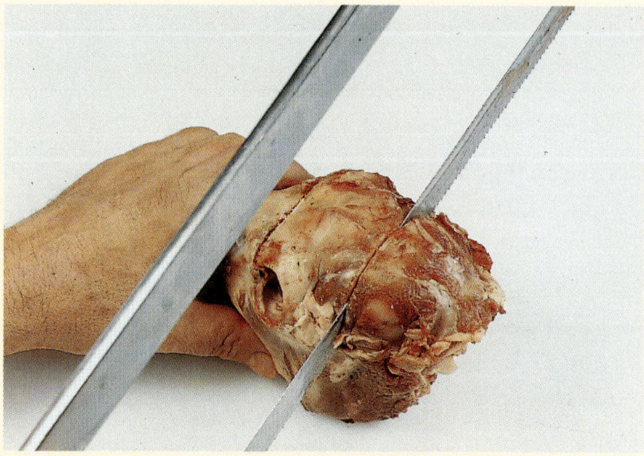

*1. In die Hirnschale zwei Querschnitte sägen.*

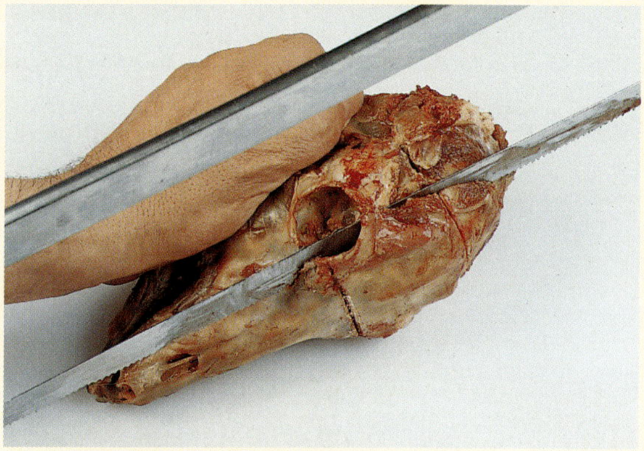

*2. Querschnitte mit Sägeschnitten verbinden.*

*3. Hirn entnehmen, wässern, mit Ei zubereiten.*

# Gefüllte Wildherzen

**Zutaten für 4 Personen**

2 Herzen vom Rotwild oder 3 Herzen vom Schwarz-/Damwild oder 6 Herzen vom Rehwild (Herzen nicht aufgeschnitten) • Liebstöckelsalz • 30 ml Pflanzenöl • 1 Mohrrübe • 1 Zwiebel • 50 g Sellerieknolle • 4 Zweige Petersilie • 1 Stück Porree • 1 Tomate • 150 ml Rotwein • 150 ml Sahne. *Füllung:* 50 g Edelpilze • 100 g Wildfleischabschnitte • 1 Zwiebel • 1 Ei • Pfeffer aus der Mühle • 2 g Pökelsalz • 1 gestr. Tl Zucker.

**Beilagen:** Kartoffelpüree, Salat der Saison.

Nährwert pro Portion: ca. 550 kcal = ca. 2.300 kJ.

Hilfsmittel: Fleischwolf, Schüssel, Zahnstocher, Küchengarn, Schere, Bräter mit Deckel, Haarsieb, Entfettungsgefäß, Stieltopf, Alufolie.

**Zubereitungszeit:** ca. 100 Min. Garzeit: ca. 80 Min.

**Zubereitung:** Von den Herzen obere Kappe ab-, Herzinnenwand herausschneiden. Abschnitte aufheben. Herzen kalt ausspülen.

**Füllung:** Wildfleisch mit Pilzen und Zwiebel durch den Fleischwolf drehen, in eine Schüssel geben. Fleischmasse leicht pfeffern, Pökelsalz, Zucker und Ei zufügen, gut durchmischen.
Herzen mit Wildhack füllen. Mit Zahnstochern und Küchengarn schließen (s. S. 181). Herzen mit Liebstöckelsalz, Pfeffer würzen. Gemüse klein schneiden. Im Bräter Öl erhitzen, Herzen und Abschnitte anbraten. Gemüse zufügen und anschmoren. Mit Rotwein Bratensatz anlösen, etwas warmes Wasser zugießen, Deckel schließen. Bei mittlerer Hitze, je nach Größe der Herzen, 60–80 Min. schmoren. Herzen herausheben, in Alufolie einschlagen. Bratenflüssigkeit durch Sieb gießen, entfetten, in den Stieltopf geben. Um ein Drittel einkochen. Sahne zufügen, Sauce dickflüssig einkochen. Zahnstocher aus Herzen ziehen, Garn abheben, aufschneiden.

# Südländische *Wildherzpfanne*

**Zutaten für 4 Personen**

800 g Wildherzen • frisch gemahlener Pfeffer • Salz • 40 g Butterschmalz • 250 ml Fleischbrühe • 60 ml Essig • 2 El Honig • 1 mittelgroße Zwiebel • 1/2 Stange Porree • 4 Tomaten • 1 mittelgroße Zucchini • 50 g Rosinen • 2 Tassen Reis • Safran • 50 g geraspelter Parmesankäse.

**Beilage:** Salat der Saison.

Nährwert pro Portion: ca. 670 kcal = ca. 2.800 kJ.

Hilfsmittel: Sieb, Bratpfanne mit Deckel, Stieltopf, Auflaufform.

**Zubereitungszeit:** ca. 80 Min. Garzeit: ca. 50 Min.

**Zubereitung:** Wildherzen waschen, abtropfen lassen, Sehnen entfernen, in Würfel schneiden. Pfeffern und salzen. In der Pfanne Butterschmalz erhitzen, Herzstücke anbraten. Fleischbrühe zugießen, Herzen weich schmoren (ca. 50 Min.). Zwiebel grob, Porree in Scheiben schneiden. Rosinen im Essig einweichen. Tomaten in kochendem Wasser kurz brühen, kalt abspülen, häuten, in grobe Stücke schneiden. Zucchini im gleichen Wasser ca. 5 Min. vorgaren, abkühlen, in Scheiben schneiden. Rosinen auf Sieb abtropfen lassen, Essig auffangen. Gegen Ende des Schmorens Essig, Honig, Zwiebel und Porree zugeben. Pfanne vom Herd nehmen, warm halten. Reis mit Safran im Salzwasser kochen, abseihen, in eine feuerfeste Form geben. Herzragout mit Tomatenstücken, Zucchinischeiben, Rosinen vermischen, auf dem Reis verteilen. Mit dem geraspelten Käse überstreuen, mit dem Backofengrill überkrusten.

# Geschnetzeltes von der Wildleber

**Zutaten für 4 Personen**

500 g Wildleber • 50 g Butterschmalz • 1 feingeschnittene Zwiebel • 300 ml Fleischbrühe (darf auch Instant sein) • gerebelter Majoran • gemahlene Kräuter der Provence • Muskat • Pfeffer • Salz • 60 ml Sahne • 20 ml Calvados • 40 g Butter • 1 El Weizenmehl.

**Beilagen:** Wilder Reis, Salat, gedünsteter Chicorée.

Nährwert pro Portion: ca. 550 kcal = ca. 2.300 kJ.

Hilfsmittel: Bratpfanne mit Deckel, Schüssel.

**Zubereitungszeit:** ca. 30 Min.

**Zubereitung:** Leber häuten, in 1 cm dicke Streifen schneiden. In der Pfanne Butterschmalz erhitzen, Leberstücke mit Zwiebel anbräunen. Fleischbrühe zugießen, aufkochen, mit den Gewürzen aromatisieren. Mit Sahne und Calvados verfeinern. Butter in die Schüssel geben, Mehl mit Gabel in die Butter einarbeiten. Sauce mit der Mehlbutter binden. Nicht mehr aufkochen lassen (Butter trennt sich sonst!).

# Schaschlik von der Wildleber mit Herz und Nieren

**Zutaten für 4 Personen**

600 g Leber vom Schalenwild • 1–2 Wildherzen (je nach Größe) • 3–4 halbe Nieren vom Schalenwild • je 1 roter, gelber, grüner Paprika • 1 kleine Zucchini • 1 Bund Frühlingszwiebeln • 1 Päckchen Bacon (dünn vorgeschnittener Frühstücksspeck) • Pflanzenöl • Pfeffer aus der Mühle • Salz • Curry-Pulver.

**Beilagen:** Basmati-Reis, Salat.

Nährwert pro Portion: ca. 400 kcal = ca. 1.675 kJ.

Hilfsmittel: Grill mit Rost, kleiner Kochtopf, Schaschlikspieße aus Holz, Schneidbrett, Fettpinsel, Pfanne.

**Zubereitungszeit:** ca. 70 Min. Garzeit: ca. 30 Min.

**Zubereitung:** Im Kochtopf Wasser erhitzen. Die Herzen darin ca. 30 Min. vorkochen, im Sud erkalten lassen. Grill aufheizen. Herz, Leber, Nieren in spießgerechte Stücke schneiden. Leberstücke in Bacon einschlagen. Den Paprika halbieren, entkernen und in aufspießbare Stücke schneiden. Zucchini in ca. 2 cm dicke Scheiben schneiden. Von den Frühlingszwiebeln die weißen Köpfe mit etwas Grün daran abschneiden. Die Stücke bunt durcheinander auf die Schaschlikspieße stecken. Grillgut mit Pflanzenöl einpinseln. Mit Pfeffer leicht übermahlen. Spieße auf den heißen Grillrost legen und grillen. Vor dem Servieren mit Salz und Curry würzen.

**➥ Tip**

Den heißen Reis auf Tellern verteilen. Darauf einige Butterflocken geben, dann den Schaschlikspieß auflegen.

# Wild-Beuscherl

**Zutaten für 4 Personen**

800–1.000 g frische Wildlunge • 50 g Sellerieknolle • 100 g Porree • 1 Mohrrübe • 2 Zwiebeln • 1/2 Bund Petersilie • 2 Lorbeerblätter • 1 Tl Wacholderbeeren • 1 Zweig Thymian • 8–10 Pfefferkörner. Sauce: 100 g Butter • 1 feingeschnittene Zwiebel • 2 El Mehl • 500 ml konzentrierte Wildknochenbrühe • 2 Tl Zucker • je 1 El gehackter frischer Kerbel und Estragon • gerebelter Majoran • Muskat • Saft einer Zitrone • Worcestershiresauce • Pfeffer aus der Mühle • Salz • 100 ml Sahne.

**Beilagen:** Semmelknödel, Salat der Saison.

Nährwert pro Portion: ca. 650 kcal = 2.700 kJ.

Hilfsmittel: Topf, Sieb, Schaumlöffel.

**Zubereitungszeit:** ca. 90 Min.

**Zubereitung:** Wildlunge häuten, in große Stücke schneiden, Bronchialäste entfernen. Leicht gesalzenes Wasser mit Wurzelgemüse und Gewürzen zum Kochen bringen. Lungenstücke ins Wasser geben, Eiweißschaum abschöpfen. Lunge bei mittlerer Temperatur ca. 70 Min. kochen. Auf ein Sieb geben, kalt abspülen, erkalten lassen. Lungenstücke in feine Streifen schneiden.

**Sauce:** Im Topf Butter erhitzen, Zwiebel darin anschwitzen, mit dem Mehl bestreuen. Glattrühren, Wildknochenbrühe zugießen, aufkochen lassen. Nacheinander Zucker, Zitronensaft, Kräuter zugeben, mit Majoran, Muskat, Worcestershiresauce, Pfeffer, Salz abschmekken. Sahne einrühren, geschnittene Lunge hineingeben und erwärmen.

**➥ Hinweis**

Da Lungenstücke anfangs immer aufschwimmen, müssen sie unter die Wasseroberflache gedrückt werden. Bewährt hat es sich, hierfür ein Metallsieb mit ebenem Lochboden zu verwenden. Das Sieb auf das Kochgut setzen, einen Topfdeckel umgedreht auflegen und auf diesen ein kleines, mit Wasser gefülltes Gefäß als zusätzliches Beschwernis aufsetzen. Nach ca. 15 Min. Kochzeit Sieb entfernen.

# Rehzunge auf Kiwi-Scheiben

**Zutaten für 4 Personen**

4 Zungen (Lecker) vom Reh • 4 Kiwis. Pökellake: 1 l Wasser • 150 g Pökelsalz • 1 Knoblauchzehe • 3 Wacholderbeeren • 1 Bund Wurzelgemüse (Porree, Sellerieknolle, Mohrrübe) • 1 Zwiebel • 1 Lorbeerblatt • 8 Pfefferkörner. Sauce: 15 g frisch geriebener Meerrettich • 150 ml Sahne • Salz. Dekoration: Liebstöckelblätter oder Eichblattsalat • Cocktailtomaten.

**Beilage:** Baguette.

Nährwert pro Portion: ca. 150 kcal = ca. 625 kJ.

Hilfsmittel: Topf oder Schnellkochtopf.

**Zubereitungszeit:** nach Pökeln und Wässern ca. 80 Min. Garzeit: ca. 50 Min.

**Zubereitung:** Zungen unter fließendem Wasser abbürsten. Ins Wasser Pökelsalz einrühren. Zungen mit geviertelter Knoblauchzehe, zerdrückten Wacholderbeeren einlegen. 2 Tage pökeln. Anschließend Zungen 4 Stunden wässern. Wurzelgemüse putzen. Im Topf Wasser mit Wurzelgemüse, Zwiebel, Lorbeerblatt, Pfefferkörnern zum Kochen bringen. Zungen hineingeben, ca. 50 Min. (Schnellkochtopf Stufe II ca. 25 Min.) kochen. Zungen in kaltem Wasser auskühlen lassen, häuten und kühl stellen.

**Sauce:** Frisch geriebenen Meerrettich mit Zitronensaft beträufeln. Sahne steif schlagen, etwas Salz zufügen, geriebenen Meerrettich unterarbeiten. Kiwis schälen, in Scheiben schneiden, je eine Frucht auf einem Teller anrichten. Zungen schräg aufschneiden, je eine auf die Kiwischeiben legen. Teller mit Eichblattsalat, Cocktailtomaten ausdekorieren. Mit der Meerrettichsahne servieren.

**➥ Hinweis**

Statt Zungen vom Reh oder von der Gams können für diese Zubereitung auch Zungen von anderem Wild verwendet werden. Die erforderliche Zahl verringert sich entsprechend. Wildzungen sind eine ausgezeichnete Vorspeise für ein Wildmenü. Sie lassen sich langfristig vorbereiten, da die abgekochten, geschälten Zungen über mehrere Tage im Tiefkühlfach aufbewahrt werden können.

# Wildhirn-Pilzmischung

## in der Blätterteigrolle

**Zutaten für 4 Personen**

200 g Wildhirn (z.B. vom Reh, Wildkalb, Überläufer) • 100 g Pfifferlinge (oder andere Edelpilze) • 30 g Butter • 1 feingeschnittene Zwiebel • 2 Eiweiß • Pfeffer aus der Mühle • Salz • 1 El feingeschnittene Petersilie • 2 Eigelb • Blätterteig aus der Tiefkühlung.

**Beilagen:** Salat der Saison.

Nährwert pro Portion: ca. 300 kcal = 1.250 kJ.

Hilfsmittel: Topf, Sieb, kleine Bratpfanne, Fettpinsel, Backpapier.

**Zubereitungszeit:** ca. 70 Min.

**Zubereitung:** Hirn im Salzwasser ca. 30 Min. wässern, von Blutgerinnseln säubern. Im Salzwasser ca. 15 Min. kochen, auf Sieb geben, kalt abspülen, erkalten lassen. Haut abziehen, Hirn fein hacken. Pfifferlinge putzen, fein schneiden. Eiweiß leicht anschlagen. In der Pfanne Butter erhitzen, Pfifferlinge anbraten, Zwiebel zufügen, mitbraten. Pfifferlingmasse abkühlen lassen, mit Eiweiß unter das Hirn mischen. Mit Pfeffer übermahlen, salzen, mit Petersilie vermischen. Backofen auf 200° C vorheizen. Blätterteig auslegen, an den Rändern mit Eigelb bestreichen. Hirn-Pfifferling-Masse auf dem Blätterteig ca. 1 cm dick auftragen. Blätterteig zu einer Rolle formen, Oberfläche mit Eigelb bepinseln. Rollen auf mit Backpapier ausgelegtes Blech geben, in den Backofen schieben, ca. 20 Min. ausbacken.

# Sülzen – Terrinen – Pasteten

Sie gelten auch in der Wildküche als etwas Besonderes und dienen Hausfrauen und Köchen zur Verwertung auch weniger edler Wildteile, selbst wenn mancher Küchenchef oder Gourmet meint, ein zur Terrine oder Pastete verarbeiteter Rehrücken verleihe diesen besonderen Glanz. Ausnahme: Das Rückenfilet wird als Einlage verwendet. Für durch den Fleischwolf getriebene und im Mixer pürierte Terrinen- oder Pastetenmassen genügen auch weniger edle Teile. Letztlich bestimmen Art der Herstellung, sonstige Zutaten und Würzung Geschmack und Qualität einer Sülze, Terrine oder Pastete.

Über Monate sammeln sich in Haushalten, die über reichlich Wild verfügen, in der Kühltruhe viele Wildbretteile an, deren Verwertung immer wieder hinausgeschoben wird. Dies können sein: zerschossene Rehschultern, Rippenbögen, Bauchlappen, magerer Rehhals, Ragout von verschiedenem Wild, ein Stück Federwild, gesammelte Wildzungen und -herzen, ein, zwei Wildlebern. Wer nur gelegentlich Wild für die eigene Küche erwirbt, kann für die Herstellung von Sülzen, Terrinen und Pasteten ebenfalls auf im Einkauf günstigere Wildbretteile zurückgreifen.

Aus Wildfleisch und -innereien hergestellte Füllmassen sind dunkler als solche, für die Fleisch vom Kalb, Schwein, Geflügel oder Fisch verwendet wird. Um ein auch optisch ansprechendes Ergebnis zu erzielen, wird wie folgt verfahren: Zungen und Herzen, die als Einlage in eine Terrine / Pastete vorgesehen sind, werden 2–3 Tage gepökelt (Pökellake s. S. 205), dann 8–10 Stunden gewässert und vorgekocht. Ihre rötliche Farbe bildet zur umhüllenden Fleischmasse einen angenehmen Kontrast. Wird nur Wildfleisch verarbeitet, dann wird ein Teil (30 Prozent) gepökelt, gewässert und vorgekocht. Das Endergebnis ist eine appetitlich aussehende Terrine, Pastete oder Sülze.

Zum Wildfleisch werden meist weitere Zutaten benötigt: frischer Schweinebauch, frischer, ungesalzener Speck (beides ohne Schwarte, meist für aus abgekochten Fleisch-, Leber-, Speckteilen hergestellte Terrinen), Gemüsezwiebeln, frisch gemahlener Pfeffer, Salz, Muskat, Pastetengewürz, Wildgewürz, Liebstöckelsalz, gemahlene Kräuter der Provence, Sahne, Eier, Sherry, Weinbrand oder Portwein, Wurzelgemüse für das Wasser, in dem alle fleischlichen Zutaten mit und ohne Knochen vorgekocht werden.

**Abkochzeiten:** Schweinebauch, Speck (ca. 30 Min.), vorhandene Innereien (ca. 40 Min.), ungepökelte Wildteile (ca. 60 Min.).

Die Abkochbrühe wird auf die Hälfte eingekocht, entfettet, durch ein Tuch gegossen. Ein Teil davon kommt später zur Fleischmasse. Gepökelte Teile werden separat abgekocht, die Brühe weggegossen. Auf den folgenden Seiten werden Grundrezepte für Sülzen, Terrinen und Pasteten vorgestellt, die nach eigenen Vorstellungen beliebig abgewandelt werden können. Terrinen und Pasteten lassen sich in der Tiefkühltruhe bis zu 6 Monaten aufheben. Wichtig: Befindet sich rohes Wildfleisch im Terrinen- oder Pastetenteig, dann sollte dieser aus gesundheitlichen Gründen nicht roh verkostet werden (s. S. 209: Wissenswertes in der Wildküche). Zur Feststellung von späterer Festigkeit und Geschmack wird von der Masse ein Löffel voll in kochendes Wasser gegeben, kurz gegart und dann verkostet.

# Herstellung von Terrinen, Pasteten und Sülzen

*1. Abgekochte, in Stücke geschnittene Zutaten (Leber, gepökeltes und ungepökeltes Wildbret, Schweinebauch, Speck) und Zwiebeln sind bereitgestellt.*

*2. Sämtliche Zutaten abwechselnd durch die feine Scheibe des Fleischwolfes treiben, würzen und gut durchmengen. Gesamtmasse in kleine Portionen teilen.*

*3. Teigportionen unter Zugabe von Sahne, Ei, Sherry, aber auch Abkochbrühe im Mixer der Küchenmaschine durchmixen. Gesamtmasse durchmengen, abschmecken.*

*4. Masse in gefettete Terrinenformen füllen, im auf 180° C vorgeheizten Backofen oder im Wasserbad ca. 45 Min. garen. Anschließend auskühlen lassen.*

*5. Die Oberfläche der Terrinen mit einer Fruchtsaftglasur versiegeln und, sofern sie nicht eingefrostet werden, mit Früchten und Blättern ausdekorieren.*

*6. Beim Backen von Pasteten (mit Teig umhüllte rohe Fleischmasse) sollte eine Kerntemperatur von 80° C erreicht, aber nicht wesentlich überschritten werden.*

*Aus abgekochtem, in kleine Würfel geschnittenem Wildfleisch, vermischt mit verschiedenen Zutaten, entstehen schmackhafte Sülzen.*
*Das Foto zeigt eine aus dem Fleisch von Wildkaninchen hergestellte Sülze.*

# *Wildententerrine* mit Orangensauce

**Zutaten**

2 küchenfertige Wildenten • Herzen und Mägen der Enten • 1/4 Stange Porree • 50 g Sellerieknolle • 1 mittelgroße Mohrrübe • 1 Zwiebel • 1/2 Petersilienwurzel • 6–8 weiße Pfefferkörner • 1 gehäufter El Majoran • 1 gestr. Tl gemahlene Kräuter der Provence • 150 ml Sahne • 1 El gehackte Petersilie • 3 feingeschnittene Blätter Basilikum • 2 Eier • 1 El Butter • Pfeffer und Salz. *Orangensauce:* 200 ml konzentrierte Wildentenbrühe • Saft einer Orange • 1 Eigelb • 60 ml Sahne • Pfeffer • Salz • Zucker.

**Beilagen:** Kartoffelschaum (Terrine warm serviert), Baguette (Terrine kalt serviert).

Nährwert pro 100 g: ca. 350 kcal = ca. 1.500 kJ.

Hilfsmittel: Topf, Schaumlöffel, Schüssel, Küchenmaschine mit Mixmesser, Handrührstab, Schneebesen, Terrinenform (ca. 1 l), Bräter mit Deckel, Haarsieb.

**Zubereitungszeit:** ca. 140 Min. Garzeiten: Enten ca. 60 Min., Terrine ca. 40–45 Min.

**Zubereitung:** Enten waschen, halbieren, mit Innereien, Wurzelgemüse, Pfefferkörnern in heißem Wasser aufsetzen. 60 Min. kochen. Im Sud erkalten lassen. Fleisch von Knochen ablösen, klein schneiden, in Schüssel geben. Innereien in grobe Würfel schneiden, zur Seite stellen. Wurzelgemüse mit Schaumlöffel herausnehmen, Pfefferkörner auslesen. Eigelb vom Eiweiß trennen. Fleisch mit Gemüse, Eigelb, Sahne, Majoran, Kräutern der Provence im Mixer pürieren, kräftig mit Pfeffer und Salz abschmecken. Terrinenmasse kalt stellen. Backofen auf 180° C vorheizen. Eiweiß steif schlagen, Petersilie und Basilikum mit Schneebesen unterziehen. Eischnee unter Terrinenmasse mischen. Terrinenform ausbuttern, Füllmasse und Innereien schichtweise hineingeben. Mit Deckel schließen, in Bräter setzen, warmes Wasser bis kurz unter den Terrinenrand zugießen. Im Backofen 40 Min. garziehen lassen.

**Sauce:** Entenbrühe auf ca. 200 ml einkochen. Orangensaft zugeben. Eigelb mit Sahne verquirlen. Sauce damit binden. Mit Pfeffer, Salz, Zukker abschmecken. Sauce vor dem Servieren durch ein Haarsieb gießen.

# Wildleberterrine mit Kirschsauce

**Zutaten**

750 g Wildleber • 500 g Wildfleisch (Reh, Hirsch o.a.) • 300 g frischer Schweinebauch ohne Schwarte • 200 g frischer Speck ohne Schwarte • 1 Gemüsezwiebel • Suppengrün • Pfefferkörner • 1 Lorbeerblatt • 30 g Butter • 500 ml Sahne • 6 Eier • gerebelter Majoran • Muskat • gemahlene Kräuter der Provence • Pfeffer • Salz. *Pro 1.000 g Pastetenmasse:* 1 Tl Pastetengewürz • 30 g grüne Pistazienkerne. *Sauce:* 150 g Sauerkirschen aus dem Glas • 20 g Butter • 1 El Zucker • 10 ml Zitronensaft • 30 ml Sahne • 10 ml Kirschwasser.

**Beilagen:** Bauernbrot, Baguette.

Nährwert pro 100 g: ca. 300 kcal = ca. 1.250 kJ.

Hilfsmittel: Topf, Schüsseln, Fleischwolf, Küchenmaschine mit Mixmesser, Bratpfanne, Terrinen-/Pastetenform, Backpapier, Haarsieb, Stieltopf, Passiersieb.

**Zubereitungszeit:** ca. 100 Min.

**Zubereitung:** 250 g Wildleber zur Seite legen. Wasser aufsetzen, zum Kochen bringen. Suppengrün, Pfefferkörner, Lorbeerblatt hineingeben. Speck (20 Min.), Schweinebauch (30 Min.), Leber (40 Min.) abkochen, herausnehmen, erkalten lassen. Brühe warm halten. Leber, Schweinebauch, Speck, Zwiebel in Stücke schneiden, durch den Fleischwolf treiben. Etwas durchgesiebte Brühe zufügen, würzen, gut durchmengen. Masse portionsweise im Mixer mit Ei und etwas Sahne pürieren. Alles in eine Schüssel geben, restliche Sahne zufügen, gut durchmischen, kräftig abwürzen. Zur Seite gestellte Leber pfeffern. In der Pfanne Butter erhitzen, Leber anbraten, etwas Brühe zugeben, ca. 10 Min. schmoren, erkalten lassen, in Streifen schneiden. Backofen auf 200° C vorheizen. Terrinenform (Pastetenform) mit Backpapier auslegen oder mit Butter fetten. Füllmasse ca. 2 cm hoch einfüllen, Leberstreifen und Pistazien einlegen, weiter auffüllen, Leberstreifen und Pistazien als 2. Schicht auflegen. Form mit der Masse füllen, mit Backpapier abdecken. Im Backofen 35–40 Min. ausbacken. Gut auskühlen lassen, stürzen.

**Sauce:** Kirschen auf Sieb geben, abtropfen lassen. Im Stieltopf Butter erhitzen, Kirschen anschmoren. Zucker, Zitronensaft zufügen, erkalten lassen. Topfinhalt mit Sahne im Mixer pürieren, durch Passiersieb streichen, mit Kirschwasser aromatisieren.

# Sülze vom Wildfleisch

## Zutaten

1.000 g abgekochtes, fettfreies Wildfleisch • 2 mittelgroße Mohrrüben • 5–6 Delikateßgurken • 1 kleines Glas Champignons • 1 roter oder gelber Paprika • frisch gemahlener Pfeffer • Salz • Essig • Gelatine.

**Beilagen:** Bratkartoffeln, Bauernbrot, Remouladensauce.

Nährwert pro 100 g: ca. 150 kcal = ca. 625 kJ.

Hilfsmittel: Schneidbrett und Messer, Schüssel, Stieltopf, Sieb, Porzellan-, Glasschüssel oder Kastenform.

**Zubereitungszeit:** ca. 30 Min. plus Auskühlzeit.

**Zubereitung:** Wildfleisch und Delikateßgurken in Würfel schneiden, in eine Schüssel geben. Mohrrüben schälen, in kleine Würfel schneiden, in kochendem Wasser bißfest garen. Auf Sieb geben, abtropfen lassen. Paprika halbieren, Kerngehäuse entfernen, in kochendes Wasser geben. Garen, bis die Haut sich löst. Herausnehmen, Haut abziehen, in Würfel schneiden. Champignons auf ein Sieb geben, abtropfen lassen. Mohrrüben, Paprika, Champignons zum Fleisch geben, pfeffern und salzen, gut durchmischen. Schüssel oder Kastenform in der Tiefkühltruhe vorkühlen. Gelatine (doppelte Menge als auf der Packung angegeben, Schnittfestigkeit!) in Wasser einweichen. Wasser in benötigter Menge mit Essig mischen, erwärmen, Gelatine darin auflösen. Mit Gelierflüssigkeit in Schüssel oder Form einen Spiegel gießen. Erstarren lassen. Masse einfüllen, mit Gelierflüssigkeit bedecken. Erstarren lassen, stürzen, aufschneiden.

### ➥ Hinweis

Wird die vom Abkochen des Fleisches verbliebene Brühe zur Herstellung der Gelierflüssigkeit verwendet, muß sie entfettet und geklärt werden. Klärung: In die kalte Brühe geschlagenes Eiweiß geben und unter ständigem Rühren erhitzen. Aufkochen lassen. Brühe durch ein mit Mulltuch (Baumwollwindel, gibt es im Kaufhaus oder Drogerie) ausgelegtes Sieb gießen.

### ➥ Tip

Als Gefäße für Sülzen und Terrinen eignen sich im Handel erhältliche Aluschalen. Stürzen der Sülze wird erleichtert: Form innen nass machen, mit Klarsichtfolie auskleiden.

# Wildpastete würzig und pikant

**Zutaten für 4 Personen**

300 g Filet aus dem Rehrücken • 100 g kleine, frische, weiße Champignons • 250 ml dunkler Wildfond • 30 g Butterschmalz • 1 kleingeschnittene Schalotte • 50 ml Sahne • 2 Messerspitzen Stärkemehl • 2 Tl Sherry • Pfeffer aus der Mühle • Salz.

**Beilage:** mit Kronsbeeren gefüllte, gedünstete Apfelviertel.

Nährwert pro Portion: ca. 450 kcal = ca. 1.880 kJ.

Hilfsmittel: 8 Königin-Pasteten-Hüllen, Backtrennpapier, Ofenrost, Stieltopf, Haarsieb, Pfanne mit Anti-Haft-Beschichtung, Hand-Mix-Gerät, Kochlöffel, Schüssel.

**Zubereitung:** ca. 30 Min., Garzeit: ca. 10 Min.

**Zubereitung:** Filet häuten, dann in Scheiben und diese in kleine Würfel schneiden. Pfeffern und salzen. Beiseite stellen. Champignons häuten und in Scheiben schneiden. Pilzhäute mit dem Wildfond im Stieltopf erhitzen und leicht köcheln lassen. Butterschmalz in der Pfanne erhitzen, darin die Wildfleischwürfel und Champignonscheiben anbraten, die Schalotte zufügen und glasig werden lassen. Wildfond durch ein Haarsieb zugiessen und alles köcheln lassen. Die Sahne steif schlagen und das Stärkemehl einarbeiten. Sahne in die Pfanne geben, alles durchmischen, Flüssigkeit etwas einkochen lassen. Mit Sherry, Pfeffer und Salz aromatisieren. Ragout warm halten. Pastetenhüllen auf einem mit Backtrennpapier ausgelegten Ofenrost setzen und im Backofen erwärmen. Hüllen mit dem Ragout füllen, Rest auf dem Teller anlegen. Mit den Beilagen servieren.

# Feine Wildpastete

**Zutaten**

750 g Keulenfleisch • 250 g frischer Schweinebauch • 250 g frischer Speck (beides ohne Schwarte) • 3 Eigelb • 3 Eiweiß • 100 ml Sahne • Wildgewürz • Liebstöckel (getrocknet) • Kräuter der Provence (beides gemahlen) • Muskat • Pfeffer • Salz • 40 ml Sherry • 50 g grüne Pistazien. *Einlage:* 200 g gepökeltes Rehrückenfilet. *Teig:* 600 g feingesiebtes Mehl • 250 g Wildschwein- / Schweineschmalz • 1 Ei • 100–120 ml Wasser • 1 Tl Salz • 1 gestr. Tl Ingwer • *Guß:* 250 ml Johannisbeersaft • 5 Blatt Gelatine • 1 El Zucker.

**Beilagen:** keine.

Nährwert pro 100 g: ca. 360 kcal = ca. 1.550 kJ.

Hilfsmittel: Fleischwolf (feine Scheibe), Küchenmaschine mit Mixmesser, Stabmixer, Stieltopf, Teigroller, Kasten- oder Pastetenform, Backpapier, Alufolie.

**Zubereitungszeit:** ca. 180 Min. Backzeit: ca. 90 Min.

**Zubereitung:** Wild-, Bauchfleisch, Speck würfeln, mischen, würzen, in Tiefkühlung anfrosten. Durch Wolf drehen, erneut anfrosten, nochmals durchdrehen, kühlen. Mit Eigelb und Sherry im Mixer pürieren. Erneut kühlen. Eiweiß, dann angeschlagene Sahne portionsweise einarbeiten. Zwischendurch kühlen. 1/4 der Füllung zur Seite stellen, zum Rest Pistazien geben. Rehrückenfilet 15 Min. kochen, erkalten lassen, streifig schneiden. Aus Mehl, Schmalz, Ei, Wasser, Salz, Ingwer Pastetenteig herstellen. 1 Stunde kühlen. Von Füllmasse Probebällchen in kochendem Wasser 5 Min. garziehen lassen. Festigkeit und Geschmack prüfen, eventuell nachwürzen. Backofen auf 200° C vorheizen. Pastetenteig 4–5 mm stark ausrollen, Deckel separat zuschneiden. Form mit Backpapier auslegen, mit Pastetenteig auskleiden, seitlich überhängen lassen. Boden und Wände mit Füllmasse ohne Pistazien beschichten. Übrige Füllung und Filetstreifen einlegen, mit Füllung ohne Pistazien abdecken. Teigränder umklappen, mit Teigstreifen abdecken. Mit Eigelb bestreichen, Deckel aufsetzen. Zwei Löcher ausstechen, aus Alufolie gedrehte Schornsteine einsetzen. Im Backofen 15 Min. vorbacken, bei 160° C weitere 70 Min. backen. Kerntemperatur (80° C) kontrollieren. Pastete gut auskühlen lassen. Gelatine in kaltem Wasser einweichen, Johannisbeersaft erwärmen, zuckern. Gelatine darin auflösen. Etwas abkühlen lassen, in die Schornsteine füllen. Auskühlen lassen. Pastete aus Form nehmen, aufschneiden.

# Verwertung von Wildresten

Immer wieder geschieht es: Vom Wildessen bleiben Fleischstücke übrig, die von ihrer Menge her für eine neue Mahlzeit nicht ausreichen. Sie mehrere Tage im Kühlschrank aufzuheben, um sie als Ergänzung zu einem weiteren Wildgericht zu verwenden, lohnt meist auch nicht. Handelt es sich um das Endstück eines Bratens, dann gibt es eine vorzügliche Verwertungsmöglichkeit: Das Fleisch über die Brotmaschine als Brotbelag dünn aufschneiden. Ein mit Scheiben kalten Wildbratens belegtes Butterbrot, mit Meerrettich oder mildem Senf bestrichen, ist mehr als eine sinnvolle Resteverwertung. Es beglückt Zunge und Gaumen – zumal wenn vor dem Auflegen der Scheiben das Brot noch mit etwas kalter Sauce bestrichen wurde.

Die Alternative zum Brotbelag: Verarbeitung der Bratenreste als Bestandteil eines Wildsalates. Hierfür wird das Fleisch in Scheiben oder in kleine Stücke (Gulaschreste) geschnitten und in eine Schüssel gegeben. Die weiteren Zugaben können nach eigenem Geschmack variiert werden: In Streifen oder Stücke geschnittener Schnittkäse, Delikateßgurken, Zucchini, grüne Gurke, Tomatenstücke. Mit Essig und Öl, Pfeffer und Salz abgewürzt, durchgemischt und in einer Schüssel zu Baguette serviert, ist der Salat eine gute Beigabe zum Abendessen bzw. eine willkommene Unterbrechung beim Kartenspiel mit Familienangehörigen oder Freunden. (Foto oben: Sinnvolle Resteverwertung: ein schmackhafter Wildfleischsalat).

# Wildes Bami goreng

**Zutaten für 4 Personen**

250–300 g Bratenreste vom Wild • Saucenrest • 1 Päckchen Fertiggewürz Bami goreng • 1 Tiefkühlpackung Mischgemüse (ca. 450 g) • Sojasauce • frisch gemahlener Pfeffer • Salz.

**Beilagen:** Glasnudeln oder Reis.

Nährwert pro Portion: ca. 200 kcal = ca. 830 kJ.

Hilfsmittel: Töpfe, Sieb.

**Zubereitungszeit:** ca. 30 Min.

**Zubereitung:** Wildfleischreste in Streifen oder Würfel schneiden. Fertiggewürz nach Packungsangabe aufkochen. Wildfleischreste, Tiefkühlgemüse und Restsauce zufügen, erhitzen und ca. 8–10 Min. garen. Nach Belieben mit Sojasauce, Pfeffer und Salz abschmecken. Glasnudeln in kochendes Wasser geben, nach Packungsangabe garen, auf ein Sieb schütten, mit kaltem Wasser abschrecken. Zur Wild-Gemüse-Mischung geben oder separat servieren.

# Wildreste-Auflauf

**Zutaten für 4 Personen**

250–300 g Bratenreste vom Wild • 500 g Spiralnudeln • Grüne Kräuter (Salbei, Oregano, Zitronenmelisse, Petersilie) • Muskat • Pfeffer aus der Mühle • Salz • je 250 ml saure und süße Sahne • 100 g geriebener Emmentaler • 100 g Frühstücksspeck • 1 feingeschnittene Zwiebel • 20 g Butter.

Nährwert pro Portion: ca. 950 kcal = ca. 3.950 kJ.

Hilfsmittel: Töpfe, Sieb, Schüsseln, flache Auflaufform.

**Zubereitungszeit:** ca. 60 Min.

**Zubereitung:** Bratenreste in Streifen, Frühstücksspeck in Würfel schneiden. Nudeln in Salzwasser kochen, kalt abbrausen. In Schüssel geben. Kräuter schneiden, mit der sauren und der süßen Sahne, Muskat, Pfeffer, Salz zu einer Sauce verrühren. Backofen auf 220° C vorheizen. Im Topf Butter erhitzen, Zwiebel anschwitzen, Speckwürfel zufügen, auslassen. Nudeln mit Fleisch, Kräutersauce, Käse und Speck mischen. In Auflaufform geben, im Backofen ca. 30 Min. braten.

# Kartoffelsuppe mit Wildfleisch-Streifen

**Zutaten für 4 Personen**

100 g Wildfleischreste • 500 ml Wildbrühe • 100 ml Sahne • 200 g gekochte Kartoffeln • 10 ml Cognac • 50 g gewürfelter Speck • 1 kleine Zwiebel • 1 Tl feingeschnittenes Basilikum • 1 Tl feingeschnittener Dill (Petersilie oder Schnittlauch) • Pfeffer aus der Mühle • Salz.

Nährwert pro Portion: ca. 350 kcal = ca. 1.500 kJ.

Hilfsmittel: Topf, Stabmixer, Handrührstab, kleine Pfanne, Schaumlöffel.

**Zubereitungszeit:** ca. 20 Min.

**Zubereitung:** Fleisch in feine Streifen, Zwiebel klein schneiden. Wildbrühe (s. S. 49) erhitzen, Kartoffeln reiben, zur Brühe geben, mit einem Stabmixer glattrühren. In der Pfanne Speck zerlassen, Zwiebel zufügen und anschwitzen. Mit Cognac ablöschen. Speck und Zwiebel zur Suppe geben. Sahne halbsteif schlagen, unter die Suppe ziehen. Mit Pfeffer, Salz abschmecken. Fleischstreifen auf Teller geben. Mit heißer Kartoffelsuppe auffüllen, mit Kräutern bestreuen.

# Wildconsommé mit Kräuterflädle

**Zutaten für 4–6 Personen**

2 kg Wildknochen und Fleischabschnitte • je 150 g Möhren und Sellerieknolle • 1 Petersilienwurzel • 3 Zwiebeln • 1 El gerebelter Liebstöckel (oder frischen Liebstöckel) • 2 Lorbeerblätter • 10 weiße Pfefferkörner • 1 Tl Salz • 2 Eiklar. *Kräuterflädle:* 1 Ei • 30 g Mehl • 60 ml Sahne • 1 El Wasser • Prise Salz und Pfeffer • 1 Tl geschnittene krause Petersilie • 1 Tl kleine Schnittlauchröllchen • Speiseöl • Juliennestreifen von Mohrrübe und Lauch.

Nährwert pro Portion: ca. 150 kcal = ca. 627 kJ.

Hilfsmittel: Backofen mit Fettpfanne, Kochlöffel, großer Kochtopf, Suppenkelle, Haarsieb, Durchseihtuch (Mullwindel), große Schüssel, Crêpes-Pfanne, Schüssel, Handrührgerät, Pfannenwender, Schneidbrett, Messer.

**Zubereitungszeit:** ca. 80 Min. Nach dem Erkalten der Suppe: ca. 30 Min.

**Zubereitung:** Backofen auf 240° C vorheizen. Knochen und Fleischabschnitte in die Fettpfanne geben, in den Ofen schieben und bräunen lassen. Klein geschnittenes Wurzelgemüse zufügen, und immer wieder einmal mit dem Kochlöffel durchmischen. Pfanneninhalt in den großen Kochtopf geben, Gewürze zufügen, mit Wasser auffüllen, aufkochen und bei mittlerer Hitze köcheln lassen. Brühe abseihen und erkalten lassen. Eiklar steif schlagen, in die kalte Brühe geben und unter Umrühren aufkochen lassen. Nach zwei Minuten Kochzeit Brühe durch ein Tuch seihen und warm halten.

**Kräuterflädle:** Zutaten in eine Schüssel geben, gut durchrühren und den Teig 20 Min. ruhen lassen. Jetzt die Petersilie und den Schnittlauch einarbeiten. In der Pfanne Öl erhitzen und einen Crêpe backen. Diesen einrollen und in dünne Scheiben schneiden. Wildconsommé mit den Kräuterflädle und den Juliennestreifen servieren.

# Wildsamtsuppe unter Blätterteighaube

**Zutaten für 4 Personen**

1.000 g Knochen und Fleischreste vom Wild • 30 ml Pflanzenöl • 1 Bund Suppengrün • 1 Liebstöckelzweig • 2 Zwiebeln • 1 Lorbeerblatt • 30 g Butter • 2 Schalotten, feingeschnitten • 3 El Mehl • 200 ml Sahne • 100 g Wildfleisch aus dem Rücken • 10 g Butter • Pfeffer aus der Mühle • Salz • 1 Tl Majoran, gerebelt • 1 Eigelb • Blätterteig aus der Tiefkühltruhe.

Nährwert pro Portion: ca. 250 kcal = ca. 1.500 kJ.

Hilfsmittel: Bräter oder Schnellkochtopf, Sieb, Passiertuch, Schneebesen, kleine Pfanne.

**Zubereitungszeit:** ca. 120 Min.

**Zubereitung:** Das Pflanzenöl im Bräter erhitzen. Die Knochen und Fleischreste darin anbraten. Das Suppengemüse, den Liebstöckelzweig, die Zwiebeln und das Lorbeerblatt zugeben, alles mit Wasser bedecken. Bei milder Hitze ca. 90 Min. (Schnellkochtopf Stufe I 40 Min.) köcheln lassen. Brühe durch ein mit einem Passiertuch ausgelegtes Sieb gießen, entfetten und auf 750 ml einkochen.

Die Butter in einem Topf zerlassen, die Schalotten darin andünsten und mit dem Mehl bestäuben. Das Mehl mit der Butter verrühren, die Brühe angießen, einmal aufkochen lassen und glattrühren. Die Sahne zufügen, aufkochen lassen, mit Pfeffer und Salz würzen. Suppe erkalten lassen.

Das Wildfleisch in Streifen schneiden, pfeffern und salzen. In einem Pfännchen die Butter erhitzen, die Fleischstreifen ca. 4 Min. braten, anschließend abgedeckt erkalten lassen. Blätterteig mit Hilfe einer Tasse und kleinem Überstand in runde Form schneiden. Das Fleisch auf die Tassen verteilen, mit Majoran bestreuen. Die Suppe in die Tassen füllen. Den Backofen auf 200° C vorheizen. Den Rand der Tassen mit Eigelb bestreichen. Den Blätterteig auflegen und am Rand andrücken. Nach einer Ruhezeit von 10 Min. die Tassen auf einem Blech in den Backofen schieben und ca. 15 Min. backen.

# Jägerbigos

**Zutaten für 4 Personen**

300 g Reste vom Wildbraten • 400 g frisch gehobelter Weißkohl • 400 g naturgesäuertes Sauerkraut • 10 g getrocknete Steinpilze • 100 g Frühstücksspeck • 50 g Räucherspeck • 300 g geputzte Pilze (z.B. Champignons) • 1 Zwiebel • 4–5 Tomaten • 6 Wacholderbeeren • 1 Lorbeerblatt • 100 ml trockener Rotwein • 1 geschälte Kartoffel • Pfeffer aus der Mühle • Salz.

**Beilagen:** Scheiben von Bauernbrot, Salzkartoffeln.

Nährwert pro Portion: ca. 450 kcal = ca. 1.900 kJ.

Hilfsmittel: Topf, Schüssel, Stieltopf, Auflaufform, Kartoffelreibe.

**Zubereitungszeit:** ca. 90 Min. Garzeit: ca. 60 Min.

**Zubereitung:** Wildbratenreste in Streifen schneiden. Weißkohl in sprudelndem Wasser garen, kalt abspülen und abtropfen lassen. Sauerkraut, sofern zu salzig, kurz wässern und ausdrücken. Weißkohl und Sauerkraut in eine Schüssel geben und miteinander vermischen. Steinpilze zerbröseln und in etwas warmem Wasser einweichen. Frühstücksspeck und Räucherspeck in Würfel, die Pilze in Scheiben schneiden. Zwiebel hacken, Tomaten heiß abbrühen und schälen. Räucherspeck im Stieltopf auslassen, die Zwiebel und die Pilze im Speckfett anbraten. Steinpilze mit Einweichwasser zufügen und alles solange schmoren, bis die Flüssigkeit verdampft ist. Pilzmasse zu dem Krautgemisch geben. Backofen auf 180° C vorheizen. Gewürfelten Frühstücksspeck, Wildbratenreste, in Stücke geschnittene Tomaten, Wacholderbeeren, Lorbeerblatt zufügen und alles gut durchmischen. Masse in eine Auflaufform füllen, Rotwein zugießen und im Backofen ca. 60 Min. schmoren. Nach der Hälfte der Garzeit die rohe Kartoffel über die Masse reiben. Alles vorsichtig durchheben. Zum Schluß mit Pfeffer und Salz abschmecken.

**➥ Hinweis**

Beim Bigos handelt es sich um ein polnisches Nationalgericht, das es in den Familien früher einmal in der Woche zu essen gab. Sein Vorteil: Es lassen sich im Bigos fast alle Fleischreste und Saucen bunt gemischt verarbeiten. Keinesfalls dürfen die Pilze fehlen. Der Variantenreichtum zeigt sich auch in den verwendbaren Gewürzen, die von Majoran über Kümmel bis zu Kerbel und Estragon reichen können.

# Schinken und Würste

Schinken und Würste vom Wild gehören zu den Spitzenerzeugnissen der Wildküche und lassen sich relativ leicht selbst herstellen. Für Schinken werden nur die edelsten Teile verwendet: Nuß, Ober- und Unterschale aus der Keule oder die ganze, ausgebeinte Keule, der gehäutete Rückenmuskelstrang, das Fleisch der ausgelösten Schulter. Herstellen lassen sich Wildschinken von nahezu allem Haarwild: Reh, Hirsch, Wildschwein, Gams, Mufflon, Steinbock, aber auch Dachs, Bär, Antilope, Gazelle. Wichtig ist, daß das für die Anfertigung von Schinken vorgesehene Fleisch von Tieren stammt, die vor dem Erlegen nicht gehetzt, sauber erlegt und unmittelbar danach ausgeweidet wurden. Außerdem sollte das Fleisch durchgereift, gekühlt, trocken, aber nicht vorgefroren sein.
Drei Verfahren können für das Pökeln im Haushalt eingesetzt werden:

**1. Trockenpökelung:** Das Fleisch wird kräftig mit Pökelsalz eingerieben, in einer Wanne oder einem Gefäß auf einem Rost (Lake muß sich unter dem Fleisch sammeln) neben- und aufeinandergelegt und jede Lage mit Pökelsalz zusätzlich bestreut. Nach jeweils sechs Tagen wird umgeschichtet. Pökelzeit je nach Dicke des Fleisches: 22–30 Tage. Danach das Pökelgut noch 3 Tage freigelegt ruhen lassen, 24 Stunden wässern, 4–6 Tage im kühlen, luftigen Raum trocknen, räuchern.

**2. Pökelung in eigener Lake:** Verfahren wie bei der Trockenpökelung, wobei die Lake nicht abfließt, sondern das Fleisch umhüllt. Der Eigenlake kann eine Gewürzlake zugesetzt werden. Umschichtung, Pökeldauer und Verfahren wie zuvor.

*Die aufschwimmende rohe Kartoffel zeigt, daß genügend Pökelsalz eingerührt wurde.*

**3. Pökelung in separat hergestellter Lake:** Ein Verfahren, das der Autor bevorzugt, da es die Schinken insgesamt saftiger macht. Ansatz der Lake: Wasser – Menge richtet sich nach dem Fassungsvermögen des Pökelgefäßes – mit Gewürzen (pro Liter: 2 gestoßene Wacholderbeeren, 1 Lorbeerblatt, 1 g Ingwerpulver, 1 Zweig Thymian, 1/2 Knoblauchzehe) aufkochen, erkalten lassen, durchsieben. Eine rohe, geschälte Kartoffel ins Wasser geben. Solange Pökelsalz einrühren, bis die Kartoffel aufschwimmt. Kartoffel herausnehmen. Ins Pökelgefäß eingeschichtetes Fleisch mit Lake bedekken. Variante: Hälfte des benötigten Wassers mit der doppelten Menge Gewürze abkochen. Nach dem Erkalten und Abseihen mit preiswertem Rotwein auffüllen und Pökelsalz einrühren. Pökelzeit wie bei Trockenpökelung, danach Fleisch – je nach Größe – 10–24 Stunden wässern, hängend trocknen, binden, räuchern.

**Rollschinken:** Ausgebeinte Keule nach dem Pökeln, Wässern, Trocknen im Innenbereich mit frisch gemahlenem Pfeffer (verhindert Schmierigwerden und Fäulnis) einreiben, rollen und binden.

*Gepökelte, abgetrocknete Schinkenteile, die gerollt werden, innen pfeffern.*

**Lachsschinken:** Gehäuteten, gekühlten, an der Oberfläche trockenen Rückenmuskel vor dem Pökeln mit Fladen frischen Specks umwickeln, gut binden.

**➥ Hinweis**

Das Räuchern überläßt man seinem Fleischer oder jemandem, der eine Räucherkammer besitzt. Geräuchert wird pro Tag einmal mit trockenem Buchenmehl über 5–8 Tage mit Kaltrauch (Rauchtemperatur bis 30° C).

**➥ Tip**

Wildschinken nach dem Räuchern ganz oder in Teilstücken einschweißen und tiefkühlen. Im angefrorenen Zustand mit der Maschine dünn aufschneiden. Bleibt der getrocknete Schinken ungeräuchert, wird aus dünn aufgeschnittenen Scheiben eine Carpaccio-Variante: Scheiben auf dem Teller anrichten und mit einer aus Olivenöl, Weinessig, frisch gemahlenem Pfeffer und feingeschnittenen Schalotten oder Schnittlauchröllchen hergestellten Sauce beträufeln.

# Wildsalami

### Zutaten

6.000 g Fleisch vom Hirsch, Wildschwein, Gams oder Mufflon (kann auch gemischt sein) • 2.000 g Schweinefleisch • 2.000 g frischer Speck. *Gewürze pro 1.000 g Fleischmasse:* 24 g Pökelsalz, 4 g Liebstöckelsalz, 2 g Grillgewürz, 3 g Zucker, 3 g frisch gemahlener Pfeffer, 2 Scheiben von der Knoblauchzehe (in Salz zerrieben), 1/4 geriebene Muskatnuß.

Nährwert pro 100 g: ca. 230 kcal = ca. 960 kJ.

Hilfsmittel: Fleischwolf (mittelfeine Lochscheibe, Wursteinfüllstutzen), Wanne, Küchenmaschine mit Knetwerk, Schüssel, 5–6 m Naturdarm (Mitteldarm, Kaliber 55/60), 3 Zwiebeln, Salz, Wurstkordel, eventuell Einweckgläser.

**Zubereitung:** Zwiebeln schälen, vierteln. Naturdarm in warmem Wasser mit den Zwiebeln ca. 1 Stunde wässern, abstreifen, in 40 cm lange Stücke schneiden, an einem Ende mit einer Aufhängeschlaufe versehen. Wild-, Schweinefleisch, Speck in Stücke schneiden, in ein Behältnis geben. Gewürze zufügen, Fleisch durchmischen und durch Fleischwolf treiben. Masse mit der Hand durchmengen, partienweise mit der Knetmaschine ca. 15 Min. durchmischen, alles nochmals mit der Hand durchmengen. 30 Min. durchziehen lassen, mit der Hand durchmischen. Wurstmasse mit am Fleischwolf befestigten Einfüllrohr in die Därme füllen. Den auf das Rohr gezogenen Darm so halten, daß das Füllgut ihn langsam vom Rohr schiebt. Wurst abbinden, an luftigem, trockenem, nicht zu warmem Ort (8–12° C) auf einem Rundholz (Besenstiel) für 8 Tage zum Reifen und Trocknen aufhängen. Die anfangs graue Wurst wird mit dem Durchdringen des Pökelsalzes rot und verzehrfähig. Angelaufene Wurst mit lauwarmem Salzwasser abwaschen, wieder aufhängen. Nach dem Räuchern (4–6mal Rauch) die Würste weiter trocknen lassen oder einfrosten. In Gläser abgefüllte Wildmettwurst zwei Stunden einkochen.

*1. Wildbret, Speck, Schweinefleisch durch den Fleischwolf treiben.*

*2. Gewürzte Wurstmasse mit Knethaken in Partien durcharbeiten.*

*3. Wurst über Einfüllstutzen in die Därme füllen, Därme binden.*

# Wild-Leberwurst

**Zutaten**

1.000 g Wildleber (Reh, Hirsch, Wildschwein) • 1.000 g Schweinebacke • 400 g Schweineschwarten • 400 g dicker Speck mit Schwarte (alles frisch, ungesalzen). *Gewürze:* Salz • Weißer Pfeffer • geriebene Muskatnuß • gerebelter Majoran • 1 El gemahlene Kräuter der Provence • 4 Gemüsezwiebeln.

Nährwert pro 100 g: ca. 350 kcal = ca. 1.500 kJ.

Hilfsmittel: Geräte wie bei Wildsalami, dazu Topf, Wanne, Haarsieb, Schaumlöffel, Nadel, Schweinedarm Kaliber 36/40, Wurstkordel, eventuell Einweckgläser.

**Zubereitung:** Gemüsezwiebeln schälen, vierteln. Därme mit 2 Zwiebeln in lauwarmem Wasser 1 Stunde wässern, abstreifen, Zwiebelstücke wegwerfen. Schweinebacke (30 Min.), Schwarten (40 Min.), Leber (40. Min.) in kochendes Wasser geben, abkochen. Aus Sud nehmen, abkühlen lassen, in Stücke schneiden. Speck ca. 15 Min. abkochen, erkalten lassen. Brühe warm halten. Schweinebacke, Schwarten, Leber, Zwiebeln durch den Fleischwolf treiben, in eine Wanne geben. In Speckseite Längs- und Querlinien (Abstand ca. 5 mm) schneiden, parallel zur Schwarte mit Messer kleine Speckwürfel abschälen, zur Seite stellen. Wurstmasse mit Kochsud anreichern, damit sie breiig wird. Mit Salz, Pfeffer, Muskat, Majoran kräftig abwürzen, übrige Gewürze zugeben. Alles mit der Hand gut durchmischen. Nach 30 Min. Ruhezeit erneut durchmischen, nachwürzen, Speckwürfel unterarbeiten. Wurstmasse in Därme füllen.

Abkochbrühe mit Wasser auf 2/3 Topfhöhe auffüllen. Auf 80° C erhitzen. Würste bei 85°–90° C Wassertemperatur (Thermometer!) 70–80 Min. ziehen lassen, mit Schaumlöffel immer unter Wasser drücken. Luftblasen in der Wurst mit Nadel aufstechen. Würste in kaltem Wasser steif werden lassen. Zum Trocknen einen Tag aufhängen, anschließend räuchern (2–3mal Rauch) oder einfrosten. In Gläser verfüllte Wildleberwurst 2 Stunden einkochen. Gläser auf den Kopf gestellt auskühlen lassen, zwischendurch schütteln, damit sich das Fett gleichmäßig im Glas verteilt.

**➥ Tip**

Da die Wurst gekocht wird (Würzverlust!), sollte die Wurstmasse leicht überwürzt schmecken. Wird sie in Gläser abgefüllt, darf es an Schärfe weniger sein.

**➥ Hinweis**

Einkochen ohne Einkochgerät: In Topf oder Bräter Tuch legen, Gläser daraufstellen, mit Wasser bedecken. Zugedeckt im Backofen bei 225° C 3 Stunden durcherhitzen.

# Wissenswertes in der Wildküche

Wer sich zum erstenmal an die Zubereitung eines Wildgerichtes heranwagt, der ist – leider – oft der irrigen Auffassung, es bedürfe besonderer Fertigkeiten und spezieller Zubereitungen, um ein Wildgericht so auf den Tisch zu bringen, daß die Esser damit zufrieden sind und am Ende – vielleicht – noch ein Lob für Köchin oder Koch abfällt. Bis in unsere Zeit haben es die jagende Zunft, aber auch Profiköche und in der Zubereitung von Wild geübte Urgroßmütter, Großmütter und Mütter verstanden, um das Thema Wild ein Netz von Mythen und Zubereitungsempfehlungen zu weben, das jeden Anfänger in der Wildküche zu verwirren vermag und ihn zaudern läßt. Das Gespinst läßt sich jedoch schnell zerreißen und Sicherheit gewinnen, wenn das erworbene Stück Wildfleisch zuerst nach einem eigenen bewährten Rezept für einen Rinder- oder Schweinebraten zubereitet wird. Das Gericht wird dennoch anders als diese schmecken, da die dem Wildfleisch eigenen Aromen auch bei solchen Zubereitungen voll zur Geltung kommen. Weiter sollte man wissen: Viele für Haar- und Federwild in alten Kochbüchern empfohlenen „Spezial"-Zubereitungen sind untereinander austauschbar und oft nichts anderes als die Variante einer Grundzubereitung.

Vielfach vergessen und leider auch manchem Berufskoch nicht bewußt ist die Tatsache, daß alles, was im Topf köchelt, in der Pfanne brutzelt und im Bräter schmort, einen chemisch-physikalischen Prozeß durchläuft und dessen Gesetzmäßigkeiten unterworfen ist. Ebenso wird oft nicht daran gedacht, daß Fleisch – insbesondere vom Wild – vor dem Eintreffen in der Küche unterschiedlichen Belastungen und äußerlich oft nicht erkennbaren biochemischen Veränderungen unterliegt. Das eine wie das andere beeinflußt letztlich das auf dem Teller servierte Ergebnis.

Nachstehend deshalb einige wichtige Erkenntnisse, die einmal aus einer über Jahrzehnte währenden Praxis in der Jagd und Wildküche stammen, zum anderen durch wissenschaftliche Untersuchungen belegt sind:

**Beizen und Marinaden**
verändern den feinen Eigengeschmack des Wildfleisches wesentlich. Ob Buttermilch-, Rotwein- oder Essigbeize – sie alle vermögen bei größeren Wildteilen, wie Keule, Rücken oder Schulter, das Fleisch nicht zarter zu machen, da sie – auch bei einer Beizung über mehrere Tage – nur in eine Tiefe von 8–12 mm einwirken. Ein tieferes Eindringen ihrer Säure, die zur Aktivierung der das Fleisch zart machenden Enzyme beiträgt, wird von den tiefer gelegenen Fleischzellen neutralisiert und damit wirkungslos gemacht. Nur bei gulaschgroßen Stücken vermag eine Beize oder Marinade eine zartmachende Wirkung zu erzielen.

**Belastung mit Cäsium 134 und 137**
ist beim Wildfleisch kein Thema, da nur solches vermarktet wird, dessen Belastung unter dem Grenzwert von 600 Becquerel pro 1.000 g liegt. Die tatsächlichen Werte liegen weit unter 100 bec/kg. Immer wieder auftauchende Meldungen von hoher Belastung beim Wild sind Ergebnisse amtlicher Untersuchungen in bekannten Gebieten, in denen aufgrund der Pflanzenstruktur Wild zeitlich begrenzt belastete Nahrung aufnimmt. Kontrollabschüsse bestätigen dies. Die Tiere werden entsorgt, der Revierinhaber entschädigt. 3–4 Monate später ist das Wild wieder belastungsfrei, da es das Cäsium 134 und 137 ausgeschieden hat.

**Brat- und Garzeiten**
Wildfleisch sollte wegen der Gegebenheiten bei seiner Gewinnung, bei der ein Eindringen von Erregern in die Muskelzellen grundsätzlich nicht auszuschließen ist, stets auf eine Kerntemperatur von 80° C erhitzt und diese über 10 Min. gehalten werden. Dies wird von in der Fleischhygiene tätigen Veterinärmedizinern, dem deutschen Bundesinstitut für gesundheitlichen Verbraucherschutz und Veterinärmedizin (Nachfolgeorganisation des Bundesgesundheitsamtes in Berlin) und dessen Nachfolger, dem Bundesinstitut für Risikobewer-

# Aufschneiden von Rücken, Keule, Federwild

1. Medaillonstränge: Entlang des Rückgrats zu den Rippen schneiden.

2. Kleine Filets: Von der Rückenmitte nach außen wegschneiden.

3. Fleischstücke: Quer und schräg zum Verlauf der Faser schneiden.

1. Unterseite Keule: Entlang des Knochens Fleisch durchschneiden.

2. Knochen auslösen: Knochen am Kopf fassen und herausschneiden.

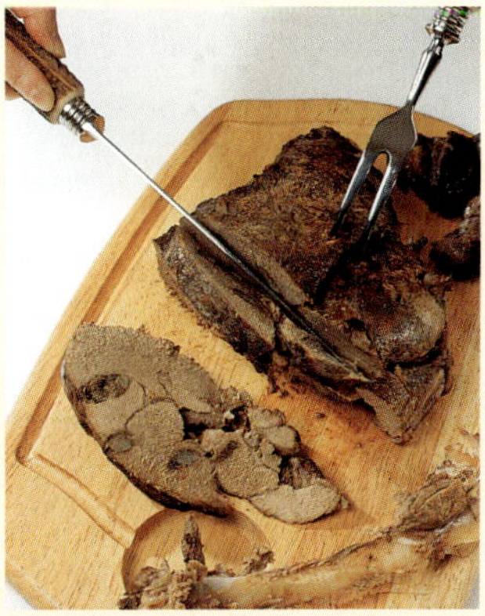

3. Oberseite Keule: Scheiben quer zum Knochenbett aufschneiden.

1. Federwild: Zuerst Flügel, dann Keulen im Gelenk abtrennen.

2. Brustfilets: Von Brustmitte am Knochen herunterschneiden.

3. Keule: Knochen auslösen, wie Brust quer zur Faser aufschneiden.

tung, seit Jahren empfohlen. Man weiß, warum! Solange beim Anschnitt kein klarer, sondern roter Fleischsaft austritt bzw. das Fleisch noch roh wirkt, ist die empfohlene Kerntemperatur nicht erreicht. Rohe Zubereitungen von Wildfleisch, wie Carpaccio oder Tatar, sollten gemieden werden. Die Aussage: Veterinärmedizinisch auf für den Verzehr gesundheitliche Unbedenklichkeit untersucht, ist letztlich keine Garantie dafür, daß sich nicht doch Erreger unterschiedlichster Art im Wildfleisch befinden. Einige von ihnen können mit einer Verzögerung von 8–14 Tagen schwere und langwierige grippeähnliche Erkrankungen hervorrufen – etwas, das bei durcherhitztem Wildfleisch ausgeschlossen ist.

### Brat- und Kochprobe

sollten jedesmal dann vorgenommen werden, wenn einem Bedenken hinsichtlich der Fleischqualität kommen. Dabei wird ein kleines Stück Fleisch in heißes Fett gegeben oder mit kaltem Wasser aufgesetzt. Riecht und schmeckt es nach dem Erhitzen unangenehm ätzend bzw. stickigdumpf, dann ist das Fleischstück nicht verwertbar. Hilfen: Reklamation beim Verkäufer.

### Cholesterin im Wildfleisch

Untersuchungen haben ergeben, daß Wildfleisch nicht mehr Cholesterin enthält als das Fleisch von Schlachttieren.

### Fleischreifung

Ein biochemischer Prozeß, der sich nach Eintritt des Todes vollzieht und die Säuerung des Fleisches, seine Aromabildung, Zartheit, Saftigkeit und Fleischfarbe beeinflußt. Dabei wird muskeleigenes Glykogen (Reservekohlenhydrat) zu Milchsäure umgebaut. Die Säuerung wiederum fördert Enzyme, die die sich in den Muskeln befindenden Muskelverhärter (Myofibrillen) und die im Bindehautgewebe eingelagerten großen Eiweißkörper zersetzen.

### Fleisch riecht unangenehm

Meist Folge einer stickigen Reifung, die unter anderem auch von einer ins Ziegelrot reichenden Verfärbung des Fleisches begleitet wird. Kann aber auch Folge der Paarungszeit oder einer bakteriellen Erkrankung des Tieres sein. Hilfen: Reklamation beim Verkäufer.

### Fleisch spicken, mit Speck umwickeln

Es ist eine nach wie vor auch bei Profiköchen verbreitete Mär, Spicken oder das Umwickeln mit Speck mache das Fleisch saftiger. Biochemisch ein Unding, da abgestorbene Zellmuskulatur kein Fett aufnimmt. Es verbleibt an der Oberfläche. Die angebliche Saftigkeit besteht aus reinem, sich außerhalb der Fleischzellen befindendem Speckfett, das zusammen mit dem Fleisch aufgenommen wird. Mit Speck umwickeltes Fleisch wird in der Oberfläche nicht so krustig. Die Versiegelung der Zelloberfläche gegen Saftaustritt erfolgt wesentlich später als beim direkten Anbraten in heißem Fett. Spicken mit in Gewürzen gewälzten Speckstreifen bringt die Aromen ins Innere des Fleisches, vorausgesetzt, es wurde auf die Verwendung einer Spicknadel verzichtet (Gewürze werden abgestreift, Zellen nicht eröffnet) und das Spickloch statt dessen mit einem Messer geschnitten.

### Fleisch ist zäh

Dies kann mehrere Ursachen haben:

1. Die Fleischreifung ist ungenügend verlaufen, weil das Tier, von dem das Fleisch stammt, vor dem Erlegen gehetzt wurde. Dabei wurde das sich in den Muskeln befindende und als Energiespender dienende Glykogen so stark abgebaut, daß es für die Fleischreifung nicht in ausreichender Menge zur Verfügung stand.
2. Das Stück Wild konnte nach dem letztlich tödlich wirkenden Schuß unter erheblichem Energieverbrauch und damit Glykogenabbau noch flüchten, bevor es verendend zusammenbrach.

3. Das Wild wurde unmittelbar nach dem Erlegen und Ausweiden in eine Kühlung mit Luftzirkulation gebracht und dabei in kurzer Zeit so schnell heruntergekühlt, daß die Körpertemperatur eher die Marke +10° C erreicht als die Säuerung des Fleisches einen pH-Wert von 6,0 und darunter. Folge: Äußerlich nicht erkennbare Verhärtung der Muskelfasern, die sich auch nachfolgend nicht mehr auflöst.
4. Die Wildbretteile wurden noch vor Beendigung der Fleischreifung tiefgefroren. Dies stoppte den Reifeprozeß. Hilfen: In den ersten beiden Fällen vermag eine Verlängerung der Schmorzeit noch ein passables Ergebnis zu bringen. In den letzten beiden Fällen das Fleisch durch den Wolf drehen, zu Terrinen, Pasteten oder Fleischklößen verarbeiten.

### Fleisch schmeckt nach Leber

Dieses Fleisch stammt von einem Wild, bei dem der Schuß Magen und Darm verletzt hat oder das erst Stunden nach dem Verenden aufgefunden wurde. Im ersten Fall wurden Erreger aus dem Magen-Darm-Bereich in die Muskeln eingespült, haben sich dort vermehrt und Stoffwechselprodukte ausgeschieden. Letztere verursachen den leberartigen, teils etwas muffigen Nachgeschmack (Brat-, Kochprobe!). Der gleiche Effekt ergibt sich, wenn die Magen-Darm-Barriere zusammenbricht (ca. 45–60 Min. nach Eintritt des Todes) und die Erreger in die Muskulatur einwandern. Stets gegeben bei verspätet ausgeweidetem Wild. Hilfen: Entweder Reklamation beim Verkäufer oder das Fleisch vorgaren, bei offenem Deckel über Nacht auskühlen lassen (Aromen verduften), dann fertigschmoren.

### Fleisch soll saftig sein

Dies läßt sich erreichen:
1. Wenn das Fleisch an kühlem Ort über Nacht in leicht gesalzene Wildbrühe oder Wasser gelegt wird. Die oberen Zellschichten nehmen die Fremdflüssigkeit auf und geben sie statt dem eigenen Fleischsaft als erste beim Braten ab. Verluste an Mineralstoffen durch das Wässern sind unbedeutend.
2. Wenn das Fleisch nach dem Braten aufgeschnitten und für einige Minuten in die Sauce gelegt wird. Es nimmt Flüssigkeit auf, die Zellfasern quellen an.

### Gespickte Wildteile

Bei im Handel erhältlichen gespickten Teilen ist wegen Überlagerung die Gefahr gegeben, daß der Speck bereits ranzig ist. Erkennen läßt sich dies, indem man einen Streifen Speck herauszieht, ihn anbrät und dann verkostet. Riecht oder schmeckt er ranzig, sollte zur Sicherheit auch ein kleines Stück Wildfleisch der Brat- oder Kochprobe unterzogen werden. Das in der Muskulatur eingelagerte Fett kann ebenfalls bereits ranzig sein. Hilfen: Ist nur der Speck ranzig, ihn austauschen. Schmeckt das Wildfleisch unangenehm, beim Verkäufer reklamieren.

### Hautgout

Fälschlicherweise als „wildtypischer Eigengeschmack" bezeichnet und bereits vor Jahrzehnten beliebte Ausrede für Wildhändler und Köche für nicht ordnungsgemäß gewonnenes und gereiftes Wildfleisch. Der als Hautgout bezeichnete Geruch und Geschmack ist das Ergebnis eines durch Fäulnisbakterien verursachten Zersetzungsprozesses und nicht der durch Enzyme erfolgten Fleischreifung. Letztere liefert einen angenehmen, leicht säuerlichen Geruch.

# Beigaben zu Wildgerichten

*Ob frisch, getrocknet oder aus der Dose: auf die Aromen kommt es an!*

Hier gilt: Erlaubt ist, was gefällt – solange es mit dem zubereiteten Wildgericht geschmacklich harmoniert. Klassisch in der Wildküche ist die Verwendung von Maronen (Eßkastanien) und von Topinamburs (Wildkartoffeln) anstelle von Kartoffeln, Klößen und Teigwaren. Bei Topinamburs sollte nur die hellschalige Sorte genutzt werden; die bläulich schimmernde Sorte ist im Geschmack zu streng und wird selbst vom Wild verschmäht. Auch der Einsatz von wilden oder aus gärtnerischem Anbau stammenden Früchten, aus diesen hergestellten Säften, Gelees und Marmeladen hat in der Wildküche eine jahrhundertealte Tradition. Einmal dienen sie als Beigabe, wie die mit hocharomatischen Preiselbeeren gefüllte Birnenhälfte, zum anderen zum Aromatisieren von Saucen. Favoriten unter den Wildfrüchten sind neben der Preiselbeere die Himbeere, die Brombeere, die Walderdbeere, dann die Wildkirsche und die Hagebutte (hier nur die Schalen). Bei den Gartenfrüchten sind es die Rote und die Schwarze Johannisbeere, Äpfel, Birnen, Aprikosen, Pfirsiche, aber auch Mirabellen und Pflaumen, die, in vielfältiger Form verarbeitet, direkt zum Hauptgericht oder im Rahmen eines Wildmenüs als Nachtisch gereicht werden. Zu ihnen und den Weintrauben, von denen mehr die hellen als die dunklen verwendet werden, haben sich in den vergangenen Jahrzehnten auch exotische Früchte, wie Orangen, Mandarinen, Feigen, Ananas und andere, hinzugesellt. Viele der Früchte stehen heute fast das ganze Jahr über frisch zur Verfügung. Gleiches gilt für Gemüse und Salate, die eine große Variationsbreite an Beigaben zu Wildgerichten ermöglichen.

Ein in bestem Sinne delikates Kapitel stellen in der Wildküche die Pilze dar. Praktisch jeder eßbare Pilz hat schon als Beilage zu Wildgerichten und als Aromat für würzige Saucen gedient. Dies wird trotz des Reaktorunfalles in Tschernobyl auch weiterhin so bleiben. Die alljährlich in der Presse auftauchenden Meldungen über radioaktiv belastete Pilze müssen als das gesehen werden, was sie tatsächlich sind: Ergebnisse wissenschaftlicher Untersuchungen, von denen letztlich nur die bei einzelnen Pilzen und Pilzarten und nicht in der Gesamtheit der Pilze ermittelten Spitzenwerte publiziert werden. Hinzu kommt, daß ein Teil dieser Pilze an jenen Orten eingesammelt wird, von denen bekannt ist, daß sie vom radioaktiven Niederschlag besonders betroffen waren. Sie dienen den Wissenschaftlern als Hinweis über die Veränderung der Bodenbelastung mit radioaktiven Stoffen. Es ist zwar kein Trost, aber eine Tatsache, daß schon vor Jahrzehnten Pilze, die vielfältig belastet waren (oberirdische Nukleartests!), dennoch offensichtlich ohne bekannte Folgen

*Frische Pfifferlinge und Steinpilze krönen jedes Wildgericht.*

gegessen wurden und geschmeckt haben. Wer sich seine Pilze selbst sucht, der sollte wissen: Es bedarf schon mehrerer Mahlzeiten, deren Grundlage mit Caesium 134 und 137 hochbelastete Pilze sind, ehe eine Strahlenbelastung erreicht wird, die z.B. der eines Fluges von Europa nach Australien entspricht. Durch gründliches Waschen der in Stücke geschnittenen Pilze werden, so Ergebnisse wissenschaftlicher Untersuchungen, die radioaktiven Elemente bis zur Hälfte ausgespült. Im Handel angebotene, frische wie konservierte Pilze sind auf ihre Belastung hin durchkontrolliert und können unbedenklich verzehrt werden. Wer Pilze – ausgenommen feinaromatische Trüffeln – als Beigabe oder als Aromat bei Wildgerichten einsetzt, wird schnell erkennen, daß nur ein Teil von ihnen bei den üblichen Gartemperaturen ihr volles Aroma entfaltet. Viele Pilze bedürfen einer Erhitzung über 100° C, damit die in ihnen enthaltenen ätherischen Öle aufgeschlossen werden. Dies gilt speziell für den Pfifferling (auch aus der Dose), der erst in heißem Fett gebraten werden muß (150° C), bevor er eine Sauce mit seinem Aroma verfeinern kann. Auch der Schirmpilz (Parasolpilz) und der Blutreizker bedürfen hierfür hoher Temperaturen. Anders dagegen der schon im rohen Zustand nach Anis duftende Waldchampignon und der hocharomatische Steinpilz, die beide ihre Aromen schon bei Temperaturen unter 50° C freisetzen. Tiefgefrorene Pilze sollten grundsätzlich in gefrostetem Zustand in die Pfanne oder in heiße Flüssigkeit gegeben werden, um volles Aroma und Bißfestigkeit zu erhalten. Vorab aufgetaut, werden sie lappig und schmecken leicht bitter.

*Maronen, eine traditionelle Beigabe zu Wild.*

*Früchte aus Wald, Flur und Garten dürfen in der Wildküche nicht fehlen!*

# Wild und Wein

„Kein Wildgericht ohne einen guten Wein", heißt es. Was Nase und Gaumen erfreuen soll, will mit Bedacht ausgewählt sein. Vorbei sind jene Zeiten, in denen nach der gar nicht so falschen Regel gehandelt wurde: Dunkles Fleisch – roter Wein; helles Fleisch – weißer Wein. Heute gilt: Erlaubt ist, was mundet. Einzige Bedingung: Der Wein hat mit der jeweiligen Wildzubereitung, insbesondere mit der Sauce, zu harmonieren. Wer zur Abrundung der Sauce gleich den Tischwein verwendet, ist meist, aber nicht immer auf der sicheren Seite. Im Einzelfall, z.B. bei einem kräftig gewürzten Wildschwein- oder Hirschbraten mit fruchtiger Sauce, darf der Wein auch in einem angenehmen, Zunge und Gaumen beglückenden Kontrast stehen. So kann ein spritziger fruchtiger Riesling zu einem Hirsch-, Reh- oder Hasenbraten genauso richtig gewählt sein wie ein leichter halbtrockener Rosé- oder Rotwein mit fruchtigem Bouquet zu Fasan, Rebhuhn, Taube und Wildente.

Ist ein mehrgängiges Wildmenü angesagt, dann macht es Sinn, im Verlauf der Speisenfolge zwei, drei verschiedene Weine zu kredenzen. Dabei sollten sie so ausgewählt werden, daß der erste mit Vorspeise und Suppe, die anderen mit dem Zwischengang und dem Hauptgericht harmonieren. Generell gilt: trockene, fruchtige Weine sind stets die bessere Wahl zu einem Wildmenü als halbtrockene, schwere, vollmundige Weine. Wer sich allerdings persönlich auf ein bestimmtes Weinanbaugebiet festgelegt hat und die aus ihm stammenden Weine über alles stellt, der wird es schwer haben, stets den richtigen Wein zu jedem Wildessen zu finden.

Ob die Weine tatsächlich mit der jeweiligen Wildspeise harmonieren oder den erwünschten, angenehmen Kontrast bieten, läßt sich mit letzter Sicherheit nur feststellen, wenn sie direkt zum Gericht verkostet werden. Dabei kann man schon mal die Erfahrung machen, daß ein preiswertes und weniger bekanntes Gewächs einem teuren, hochdekorierten Wein mit großem Namen die „Schau" stiehlt. Auch versierte Weinkenner und Wildliebhaber, befragt, welchen Wein sie zu diesem oder jenem Gericht wählen würden, lagen mit ihrer Empfehlung schon völlig daneben, als die Abstimmung mit der Speise erfolgte. Der Grund: In ihrer geschmacklichen Erinnerung waren zwar das Bouquet und die auf Zunge und Gaumen erlebte aromatische Fülle der in der Vergangenheit verkosteten Weine verankert, nicht aber die Geschmackskomponenten einer Wildzubereitung, deren Rezeptur sie nicht kannten, sie selbst nie gekocht und schon gar nicht zuvor verkostet hatten. Auch die Nachfrage des um Rat gebetenen Weinkenners, wie denn der Wildbraten zubereitet wird, erweist sich als wenig hilfreich und kann nur eine allgemeine, letztlich jedoch unverbindliche Empfehlung zeitigen.

**➥ Tip**

Das Gericht vorkochen, mehrere hierzu als passend angenommene Weine verkosten, dann die Entscheidung fällen. Diese gilt nur für das eine Rezept. Wird es in der Würzung verändert, kann der erwählte Wein bereits wieder falsch sein – etwas, das auch manchem in der Gastronomie dienstbaren Geist anzuraten ist, der bei der Weinempfehlung zu einem Wildgericht mehr den Preis des Weines im Kopf hat als die feine Abstimmung von Getränk und Speise. Übrigens: Ein frisches, kühles Pils hat da schon manchem aus der Verlegenheit geholfen und sich als akzeptable Wahl erwiesen.

ZERBA
BREGANZE
1991
Domaine
Clos du Château
Dôle
DÔLE
BLANCHE
AOC
VALAIS
1995
OEIL-DE
PERDRIX
DOLL
1995
WEISSBURGUNDER
Silvaner - SPÄTLESE

# Wertvolle Küchenhelfer

Was nützten alle guten Zutaten zu einem Wildessen, wären in der Küche nicht jene Dinge vorhanden, die es letztlich ermöglichen, ein Gericht so zuzubereiten, daß das Ergebnis Augen, Gaumen und Zunge gleichermaßen erfreut? Da zweckdienliches, qualitativ hochwertiges Küchengerät nicht gerade preiswert ist und schon einmal das Haushaltsbudget strapazieren kann, wird man sich die Einzelstücke im Verlauf der Jahre anschaffen. Clevere Hausfrauen und Hobbyköche lassen sich diese auch zum Geburtstag, zu Weihnachten oder aus einem anderen Anlaß schenken. Dies hat zwei Vorteile: Einmal kommt man schneller in den Besitz eines begehrten Küchenhelfers, zum anderen erleichtert man dem Schenkenden die Suche nach einem Präsent, von dem er weiß, daß es geschätzt wird.
Nachstehend eine Auflistung wertvoller Küchenhelfer, die einem die Herstellung einer Speise wesentlich erleichtern und Zeit einsparen helfen:

*Schlagschüsseln, Siebe und Gefäße aus Edelstahl sind robust und langlebig.*

### Messer, Knochensäge, -schere, Schneidunterlage, Schärfgerät

Benötigt werden ein Ausbeinmesser, ein Filetiermesser, ein kleines Messer mit gerader Klinge, ein Schinkenmesser, ein Kochmesser mit leicht gerundeter Klinge und starkem Klingenrücken, dazu Wetzstahl und Fleischgabel. Die Knochensäge sollte aus pflegeleichtem Edelstahl, die Schneidunterlage eine weiße Kunststoffplatte sein. Als Knochenschere eignet sich eine Rosenschere. Zum Schärfen von Messern gibt es inzwischen hervorragende elektrische Schärfmaschinen (z. B. von Graef).

*Küchenutensilien, die man haben sollte.*

### Küchenmaschine

Es sollte ein Universalgerät mit Schneidmesseraufsatz (s. S. 191) und Fleischwolf (unterschiedlich große Lochscheiben und Wursteinfüllstutzen) sein. Ganz wichtig: Der Motor muß leistungsmäßig so ausgelegt sein, daß er kräftig durchzieht und sich nicht überhitzt. Tip: Nach jedem Arbeitsgang dem Motor eine Abkühlzeit geben!

### Töpfe, Pfannen, Bräter (Schmortöpfe)

Bewährt haben sich Geräte aus Edelstahl bzw. mit qualitativ hochwertiger Beschichtung. Hier sollte mehr auf Nutzen und Langlebigkeit sowie auf bewährte Markenprodukte und weniger auf den Preis geachtet werden. Geradezu unentbehrlich sind ein Schnellkochtopf oder eine Schnellbratpfanne, in denen in kurzer Zeit Fleischgerichte und Gemüse gegart, aber auch Brühen und Saucen gezogen werden können.

## Sonstige Gerätschaften

Fleischthermometer mit digitaler Anzeige, Terrinen- und Pastetenformen aus Porzellan, Keramik, Aluminiumguß mit verschraubbarem Deckel (s. S. 191), Edelstahl oder Weißblech, Entfettungsgefäß mit tief angesetzter Ausgußtülle (s. S. 49), ein zum Schneiden feiner Gemüsestreifen (Julienne) geeigneter Gemüsehobel und ein hölzerner Krauthobel werden bei der Zubereitung vieler aus Wildfleisch hergestellter Speisen benötigt. Des weiteren: Ein mit einer kräftigen Feder ausgestattetes Passiersieb mit unterschiedlichen Lochscheiben und eine auch höheren Druck aushaltende Gebäckspritze mit langer Fülltülle (s. S. 36 u. 125). Siebe, Schaumlöffel, Pfannenheber, Topflöffel gibt es aus unterschiedlichen Materialien und in diversen Ausführungen. Auch hier gilt: Das Beste sollte gerade gut genug sein. Fragen Sie den Fachmann!

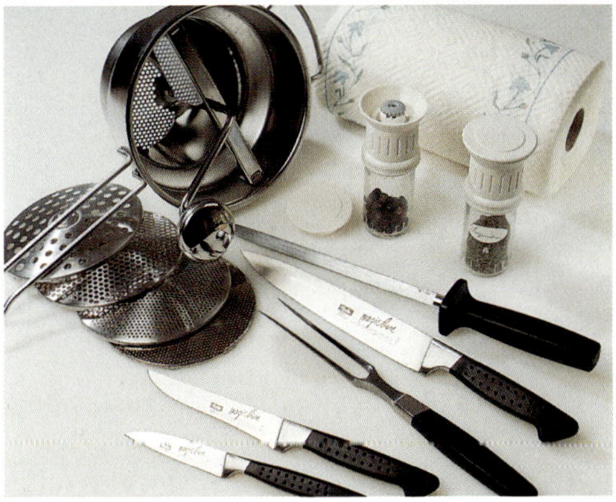

*Ein hochwertiges Passiersieb mit unterschiedlichen Lochscheiben, scharfe Messer und Gewürzmühlen sollten nicht fehlen!*

*Vom Schnellkochtopf bis zum Bräter: Gediegenes Kochgeschirr macht sich immer bezahlt!*

# Nährwert und Fettsäureanteile bei Wildfleisch

## Nährwert je 100 g verzehrbarer Anteil

| Wildart | Energie kcal (g) | kJ (g) | Hauptnährstoffe Eiweiß (mg) | Fett (mg) | Phosphor (mg) | Mineralstoffe Eisen (mg) | Vitamin B2 (mg) |
|---|---|---|---|---|---|---|---|
| Hase (Durchschnitt) | 124 | 517 | 21,6 | 3,0 | 220 | 2,4 | 0,06 |
| Hirsch (Durchschnitt) | 122 | 512 | 20,6 | 3,3 | 249 | 3,4 | 0,48 |
| Reh, Rücken | 132 | 553 | 22,4 | 3,6 | 220 | 3,0 | 0,25 |
| Reh, Keule | 106 | 444 | 21,4 | 1,3 | 220 | 3,0 | 0,25 |
| Wildschwein (Durchschnitt) | 118 | 493 | 19,5 | 3,4 | 120 | – | 0,10 |
| Fasan | 133 | 557 | 23,6 | 3,7 | 230 | 1,2 | 0,15 |

kcal = Kilokalorie, g = Gramm, mg = Milligramm (1 mg = 0,001 g)
*Quelle: AID „Wild und Wilderzeugnisse" (2006)*

## Fettsäureanteile im Fleisch

| Tierart | mehrfach ungesättigte Fettsäuren | davon Omega-3-Fettsäuren |
|---|---|---|
| Rotwild | 68,1 % | 13,3 % |
| Damwild | 62,4 % | 11,8 % |
| Rehwild | 65,4 % | 15,0 % |
| Feldhase | 66,5 % | 22,9 % |
| Schwarzwild | 64,7 % | 7,0 % |
| **zum Vergleich:** | | |
| Hausschwein | 48,2 % | 5,6 % |
| Stallhase | 44,6 % | 3,6 % |
| Rind | 34,5 % | 8,9 % |
| Schaf | 31,5 % | 7,6 % |
| Pferd | 64,5 % | 7,2 % |
| Huhn | 35,9 % | 3,1 % |
| Strauß | 51,7 % | 5,6 % |
| Lachs | 33,5 % | 27,8 % |

*Quelle: Die Pirsch, 10/2005, Teresa Valencak/Prof. Dr. Thomas Ruf (Forschungsinstitut für Wildtierkunde und Ökologie der Veterinärmedizinischen Universität Wien)*

# Rezeptregister

# Rezeptregister

# Rezeptregister

# Danksagung

Unser Dank gilt folgenden Personen und Unternehmen, die durch kleine und große Dienste zum Gelingen dieses Buches beigetragen haben: Herrn Hartmut Baier, Pilzkonservenfabrik Georg Baier GmbH (Pressrath); Frau Brigitte Canenbley (Wuppertal); den Gemüsehändlern des Remscheider Wochenmarktes; Wildhandel Geti Wilba GmbH (Bremervörde); Herrn Ralf Heuser, Weinhaus Heuser (Dillenburg); Frau Ingrid Jamniak (Remscheid); Herrn Dr. Rainer Kalbhenn (FA Herborn); Herrn Matthias Kruse (Münster); Herrn Klaus Lattner, Landmetzgerei Coen (Wermelskirchen); Herrn Klaus-Eberhard Liese (Göttingen); Frau Ilse Lipka (Remscheid); Herren Gerd und Stefan Lochner (Witten-Bommern); Herrn FOI Wolfgang Pohl (Siegbach-Tringenstein); Herrn Prof. Dr. Dr. habil. Christian Ring (Hannover/München).

Ein besonderer Dank gilt Herrn **Christian Teubner (Füssen)** für sein Einverständnis gegenüber dem Autor, dieses Werk zu veröffentlichen, sowie den **Redaktionen der deutschsprachigen Jagdfachzeitschriften,** die dem Autor in den vergangenen Jahren die Möglichkeit geboten haben, im Bereich Wildbrethygiene und Wildküche zu publizieren und dadurch die Grundlage für „Die neue Wildküche" zu erarbeiten.

# Food-Aufnahmen

Bei Zubereitung/Aufnahmen konnten wir Produkte folgender Unternehmen einsetzen:
Berndes Haushaltstechnik (Arnsberg), Braun-Küchenmaschinen (Kronberg/Ts.); Continenta (Freiburg); Eschenbach-Porzellan (Schwarzenbach/Saale); Fissler GmbH (Idar-Oberstein); Hutschenreuther (Selb); Jupiter Küchenmaschinen (Schorndorf); Lorey (Dreieich); Kaiser-Porzellan (Staffelstein); Nordtek-Tischwäsche (Weinheim); Porzellanfabrik Schirnding Bavaria (Schirnding); Puma-Werk (Solingen); Rösle Metallwarenfabrik (Marktoberdorf) ; Winterling-Porzellan AG (Schwarzenbach/Saale); WMF-Bestecke (Geislingen); Schott Jenaer Glaswerk GmbH (Jena); Schott Zwiesel-Glaswerke AG (Zwiesel); Silit-Werke (Riedlingen); Soehnle (Murrhardt); Spring AG (Eschlikon); Zeller Keramik (Zell).

# Literaturnachweis


**AID:** Wild und Wilderzeugnisse (2006).

**Bezzel, E:** Vogelkunde für den Jäger, BLV-Verlagsgesellschaft mbH, München, 1980.

**Dedek J. u. Steineck Th.:** Wildhygiene, Gustav Fischer Verlag Jena, Stuttgart, 1994.

**Fehlhaber K. u. Janetschke P.:** Veterinärmedizinische Lebensmittelhygiene, Gustav Fischer Verlag Jena, Stuttgart, 1992.

**Jagd Lexikon,** BLV-Verlagsgesellschaft mbH, München, 6. Aufl. 1994.

**Krug, W.:** Jagd, Tierschutz und Wildbret, Deutsche Jagd-Zeitung, Paul Parey Zeitschriftenverlag GmbH & Co. KG., Singhofen, Ausg. 2/96.

**Koch, Fuchs, Gemmer:** Die Fabrikation feiner Fleisch- und Wurstwaren, Deutscher Fachverlag GmbH, Frankfurt/Main, 20. Auflage 1992.

**Kujawski O. E. J.:** Das Große Buch vom Wild, Teubner-Edition bei Gräfe und Unzer, Füssen, 4. Auflage 1996.

**Kujawski O. E. J.:** Vorsicht, Wild!, essen & trinken, Gruner + Jahr AG & Co, Hamburg, Ausg. 11/1994.

**Kujawski O. E. J.:** Trichinenuntersuchung bei Schwarzwild, RFL, Rundschau für Fleischhygiene und Lebensmittelüberwachung, Verlag M. & H. Schaper, Alfeld/Leine, Ausgabe 12/96.

**Kujawski O. E. J.:** Wildbrethygiene, BLV-Verlagsgesellschaft mbh, München, 2. Auflage 2007.

**Kujawski O. E. J.:** Wildfleischgewinnung, BLV-Verlagsgesellschaft mbh, München, 1. Auflage 2007.

**Ring, Ch. et alt.:** Wildbrethygiene/Gesundheitsvorsorge, Forschungsvorhaben im Auftrag und mit finanziellen Mitteln des Bundesministeriums für Gesundheit, Bonn/Hannover 1995.

**Statistisches Bundesamt,** Berlin/Bonn.

**Wiese, M.:** DJV Handbuch, Verlag Dieter Hoffmann, Mainz, 2007.

# Über den Autor

**Olgierd Expeditus Johannes Graf Kujawski** entstammt einer alten polnischen Adelsfamilie, in der Jagd und Wildbret zu den Selbstverständlichkeiten des Lebens zählten. Gelernter Redakteur und Fotojournalist, Autor zahlreicher einschlägiger Fach- und Sachbücher. Für seinen Titel „Das große Buch vom Wild" (Füssen 1992) erhielt er die Goldmedaille der „Gastronomischen Akademie Deutschlands".

Seine Gattin und rechte Hand **Ursula Gräfin Kujawski** († 2006) stand auf dem Standpunkt: „Auch das Auge ißt mit!" Hier ein Zweig Thymian, dort eine kleine Blume. Selbst Jägerin, kochte sie gerne und wußte, worauf es im Revier und in der Küche ankommt, damit der servierfertige Wildbraten Auge, Zunge und Gaumen erfreut.